ALREDEDOR DEL MUNDO CON $50

ALREDEDOR DEL MUNDO CON $50

Cómo salí sin nada y
regresé un hombre rico

Christopher Schacht

GRUPO NELSON
Desde 1798

NASHVILLE   MÉXICO DF.   RÍO DE JANEIRO

Para mi madre, que se preocupó lo que no
está escrito durante esos cuatro años.
Mamá, quizá es mejor que no leas el libro ;-).

«*Es muy peligroso, Frodo, cruzar la puerta…*
Vas hacia el camino y si no cuidas tus pasos no
sabes hacia dónde te arrastrarán».
—J. R .R. Tolkien, *La comunidad del anillo*

La vida
te está
esperando.

CONTENIDO

CUARTA ETAPA: ASIA Y MEDIO ORIENTE

RESUMEN

ES EVIDENTE QUE, EN cuatro años viajando por el mundo, he vivido muchas más experiencias de las que caben en este libro. Sin embargo, quería ofrecer un vistazo de los momentos más emocionantes, ilusionantes, anecdóticos y extravagantes. Quién sabe, ¡quizá sirvan para despertarle a alguien las ganas de vivir!

Este es un resumen general:

- Cuarenta y cinco países
- 1.512 días
- Más de cien mil kilómetros por tierra y mar
- Cinco de las siete maravillas del mundo
- Cuatro idiomas nuevos
- Cuatro muelas de juicio menos
- Encuentros divertidísimos
- Nuevas amistades profundas
- Fotos para la envidia
- Comida repugnante
- Ideas que cambian la vida
- Todo tipo de aventuras
- Y mucho más

Ahora sí, ¡comencemos!

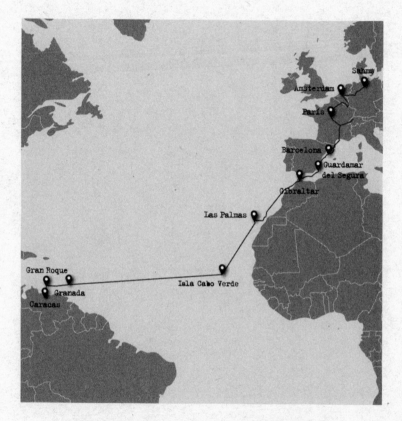

EUROPA, EL OCÉANO ATLÁNTICO Y LAS ISLAS DEL CARIBE

1

UNA NUEVA AVENTURA

◎ 1 de julio del 2013

LA CERRADURA HIZO EL primer clic. Le di una vuelta más y se escuchó el segundo. *¡Ya está!* Eché las llaves en el buzón de al lado de la puerta y traté de grabarme el momento en la mente. El sol brillaba, el viento soplaba con suavidad y dejaba a su paso un olor de abetos y prados recién cortados. ¡Mejor inicio imposible para el mes de julio! Le sonreí al sol como un niño; por fin llegó el momento que había esperado durante un año y medio.

Dejaba atrás un año estresante, lleno de exámenes finales, con más de doscientas horas de trabajo para un concurso de programación y un trabajo a media jornada en Hamburgo. Hasta ese momento, tenía la agenda ocupada siempre con un mínimo de tres semanas de antelación. Pero ahora borré todas las citas. Ante mí, ¡la libertad!

Me cargué la mochila, bajé las escaleras hasta la calle y recorrí el kilómetro que me separaba de la calle principal de mi pueblo, donde se encuentra la parada de bus. Por el camino me despedí de algunos antiguos vecinos que aprovechaban la mañana del lunes para la jardinería, y pasé revista a los últimos días.

El fin de semana habíamos celebrado el 90.º cumpleaños de mi abuelo y allí me despedí de la familia, ya fuera por años o por meses (aún era pronto para saberlo). Mi hermana pequeña y mi madre lloraron; mi hermano gemelo y mi padre se mostraron más tranquilos. Ahora estaban de vacaciones en Dinamarca. Sin mí, por primera vez en diez años.

«¡Te has vuelto loco!», me dijo un amigo mientras negaba con la cabeza. «¡No sé cómo piensas hacerlo con tan poco dinero!».

Se refería a mi objetivo: dar la vuelta al mundo con cincuenta euros en el bolsillo (aproximadamente cincuenta dólares) y ningún plan concreto. En realidad, el plan consistía en no tener planes. Quería marcharme y ver por dónde me llevaba la vida; encontrar algún sitio que me gustara, quedarme allí el tiempo que quisiera y marcharme cuando me apeteciera. Sin fechas ni metas concretas. Es decir, lo opuesto a mi vida hasta ese momento. ¡Libertad y punto!

«¿Seguro que no quieres estudiar? ¿Y dónde vas a dormir? ¿Dónde vas a lavar la ropa?». Algunas preguntas eran bastante graciosas. Como si mi vida dependiera de la lavadora…

Evidentemente, tomé algunas precauciones. Me informé de lo que suelen llevar los mochileros (hay muchos blogs y videoblogs sobre ello), compré una tienda de campaña decente, me vacuné y fui a hacerme el pasaporte. También les expliqué poco a poco a mis padres lo que quería hacer para que se fueran acostumbrando y les sonara cada vez más comprensible ;-).

Pero para lo que más me preparé fue para *no* estar preparado. Podían surgir miles de problemas e imprevistos, así que mi preparación consistió principalmente en estar listo para cualquier posibilidad. Por ejemplo, compré una tienda de campaña por si no encontraba sitio para dormir, busqué mapas para consultar rutas alternativas, aprendí algunas expresiones en otros idiomas y descargué aplicaciones de traducción automática. También me abastecí de medicamentos, una buena alimentación y me vacuné para evitar enfermedades. Cuando uno tiene tiempo, buenos contactos y bajas expectativas de comodidad se abre un mundo de posibilidades. Y cuando surgen problemas se encuentra rápido la solución si uno sabe lo que quiere y no deja de ser optimista.

❖

El autobús dio un último giro y se detuvo con un breve chirrido de neumáticos. Los pasajeros me miraron extrañados al verme arrastrar la mochila.

En la siguiente parada principal bajé y fui a pie hasta una salida relativamente transitada de la autopista A1. Levanté el brazo, extendí el pulgar y sonreí con convicción (o eso intenté), dispuesto a esperar a que algún coche viera el cartel que sostenía con la mano izquierda y se detuviera. Había escrito «A1 hacia Bremen» con rotulador negro y debajo una carita sonriente.

Llevaba ya media hora. Los coches pasaban de largo, los conductores me ignoraban. Seguí esperando. Pero nada… *¡Un poco de paciencia!* Pero nada…

La sonrisa cada vez era más forzada, los brazos se me cansaban y el aroma a libertad ya empezaba a oler a los gases de escape que me daban en la cara. El sol, que por la mañana parecía tan amigable, ahora al mediodía me quemaba la piel sin compasión alguna. No había sombra en ningún lugar. En mí nacía una voz que cada vez reclamaba más atención: *Hacer autoestop ya no se lleva; ¡nadie lo hace! Nadie te recogerá. Esta misma noche se te acaba la aventura sin ni siquiera haberla comenzado de verdad.*

De repente, la voz de un transeúnte interrumpió los murmullos de mi cabeza:

—Oye, ¿por qué no pruebas un poco más adelante, donde el Burger King?

—Cierto… Gracias —le respondí. Me reí de mí mismo.

¡Estaba emprendiendo un viaje alrededor del mundo y bastó con media hora de espera en la salida de la autopista para que dudara de todo!

Ignoré los pensamientos negativos riéndome de ellos y, motivado otra vez, volví a cargar la mochila para seguir el consejo del desconocido.

Unos minutos más tarde estaba en el asiento trasero de un Opel Corsa azul oscuro con dos niños de primaria. Nos pusimos en marcha. Por la ventana trasera vi cómo dejábamos atrás los matorrales, que se iban volviendo borrosos.

⁂

En Osnabrück me recogió una pareja sueca. Aunque nunca había viajado en autoestop, la verdad es que no se me hacía extraño. De hecho, todo lo contrario. El ambiente al viajar a dedo es muy abierto y amable. Al fin y al cabo, la gente que se detiene es porque quiere llevarte. En ningún momento sentí que molestaba.

Además, al contrario de lo que se podría imaginar, no se tiene la sensación de charlar con extraños, por mucho que no conozcas a las personas que te han recogido y probablemente no las vuelvas a ver más. Las conversaciones fluyen enseguida desde las primeras preguntas («¿Y de dónde eres? ¿Adónde quieres ir?») y se acaban convirtiendo en momentos profundos y divertidos.

Hacer autoestop me dio la oportunidad de conocer las vidas de personas con las que probablemente jamás habría tenido contacto, ya fuera por edad, diferencias de intereses o de entorno social. Y lo cierto es que en la carretera te encuentras de todo: médicos, amas de casa, criadores de cocodrilos, obreros, antiguos reclusos y hasta mafiosos. Es casi como encender la tele, cambiar de canal a canal, dejar una serie diez minutos y volver a cambiar. Te abre una breve perspectiva sobre la vida de alguien, pero no sabes ni qué ocurrió antes ni qué será de esa persona en el futuro. Y lo más divertido es todo lo que se aprende sobre profesiones, países y estilos de vida.

Llegamos a los alrededores de Ámsterdam, el primer objetivo, por la tarde. La siguiente meta era Barcelona vía París.

«¡Esta noche hay que divertirse!», decidimos los dos suecos de los que me había hecho amigo y yo. Dejamos el equipaje en un hotel barato que habían reservado ellos y salimos de fiesta.

En las calles estrechas y circulares del centro de Ámsterdam nos topamos con un gran grupo de gente. Les preguntamos dónde iban y un chico nos invitó a unirnos. Llevaba una camiseta roja con una frase en el pecho: «*Pub crawl*; la noche que no recordarás pero que jamás olvidarás». Al cabo de un rato estábamos en un disco-bar bajo una luz rojiza y tenue. Un sueco leyó el folleto de la puerta, según el cual se ofrecían cervezas a un dólar.

«¡Esto es el paraíso!», exclamó.

❖

Parpadeé. La luz del sol inundaba el coche. Me pasé la mano por la cabeza; me sentía un poco desorientado. Probablemente por la falta de sueño, la hierba o todo lo que bebimos (quizá una mezcla de todo). Habíamos ido en taxi hacia el hotel unas horas antes y los suecos me dejaron durmiendo en el vehículo.

Tenía la boca seca. Di un par de tragos a una botella de agua que había en el salpicadero y abrí la puerta. La brisa era fresca y agradable. Miré hacia el aparcamiento del hotel, metí la mano en el bolsillo y saqué el dinero que llevaba, un chicle y una nota hecha añicos. Uno de los chicos con camiseta roja me la había dado mientras charlábamos sentados en la acera frente al bar.

Metí la nota de nuevo en el bolsillo y conté el dinero. *¡Oh, no!* ¡Me había gastado treinta y cinco de los cincuenta dólares la primera noche!

«¡Estupendo!». Me felicité a mí mismo con ironía por el desastre. Una cosa estaba clara: necesitaba urgentemente trabajo y un lugar donde dormir. La mejor (y única) opción del momento era la nota que me había dado el chico que me invitó al *pub*. Tenía que encontrarlo.

La búsqueda me llevó al parque más grande de Ámsterdam, el Vondelpark. Es una zona atractiva, ya que tiene grandes espacios verdes y un ambiente tranquilo, especialmente para estudiantes y artistas. Había un chico con el pelo largo sentado en un banco que tocaba la guitarra y cantaba tranquilamente. Tenía la funda del instrumento abierta para que le echaran dinero. Detrás de él, una joven vigilaba sus mochilas, que eran enormes. A diferencia del chico, tenía el pelo corto y un *piercing* en la nariz.

«¿De dónde son?», les pregunté.

Eran de Eslovenia y llevaban unas semanas viajando por Europa con el dinero que conseguían tocando en la calle. Charlamos un rato y enseguida hicimos buenas migas. Les pedí si podían vigilarme el equipaje mientras buscaba trabajo. Parecían de fiar. Me ayudaron encantados y me dijeron que estarían allí hasta entrada la noche, ya que era una buena ubicación.

Unas horas más tarde volví al parque feliz como unas castañuelas por haber encontrado trabajo como guía turístico de grupos, un guía que se encarga de llevar a los turistas de fiesta en fiesta, por bares, discotecas, etc. No pude creerme lo que vi. O, mejor dicho, lo que no vi. Ahí, bajo la luz de las farolas, estaba el banco donde había dejado la mochila con la pareja eslovena.

¡Y ahora *no había nadie*!

Miré a mi alrededor hecho un manojo de nervios, buscando siluetas entre los arbustos. No había un alma a la vista. ¡No podía ser! El corazón se me aceleraba; ¡no podía creérmelo! La lluvia me salpicaba los hombros, como si me comprendiera. Lo llevaba todo allí: la documentación, el poco dinero que me quedaba, el material de acampada… Llevaba un día fuera de casa y no solo me había quedado sin dinero, ¡sino que además lo había perdido todo! ¿Cómo podía haber sido tan ingenuo de confiar en dos desconocidos a las primeras de cambio? Al parecer, no se me daba tan bien como pensaba eso de evaluar las intenciones de la gente.

«¡Chris!».

Aparecieron dos personas entre las sombras y los árboles. *¿Serán ellos?* Corrí a alcanzarlos a toda prisa y me sentí profundamente aliviado.

«Perdona que te hayamos asustado», se disculpó el chico del pelo largo. «Comenzó a llover y tuvimos que refugiarnos bajo un árbol».

¡Me sentí tan aliviado que lo abracé! Se sorprendió un poco, pero me devolvió el gesto. ¡Mi intuición no había fallado!

✦

Pasé el mes de julio como guía turístico de grupos en Ámsterdam. Luego me propuse llegar a París con el cartel de autoestopista. Tardé más de lo esperado, pero las circunstancias que parecían negativas acabaron convirtiéndose en oportunidades únicas.

Tuve el privilegio de rodear el Arco de Triunfo en coche a las cuatro de la mañana, mientras el resto de París dormía. La rotonda, que normalmente está hasta arriba de tráfico, estaba desierta. Fue tan épico que el conductor incluso dio un par de vueltas más de honor para que las disfrutara.

En Ámsterdam me puse en contacto con un anfitrión de Couchsurfing que aseguraba que su apartamento tenía vistas a la Torre Eiffel y Montmartre. A pesar de las horas, en cuanto llegué me abrió. Los usuarios de esta red de alojamiento utilizan la web www.couchsurfing.com para encontrar hospedaje gratis durante los viajes u ofrecerlo a otras personas. La idea consiste en que el anfitrión no solo ofrece un sofá donde dormir, sino que además le enseña la ciudad al huésped. Cuentan ya con más de diez millones de afiliados. La idea me parecía estupenda, pero al final no la llegué a usar ni diez veces durante mi aventura. Mi estilo de viaje se volvió demasiado instantáneo para este tipo de servicios. Para usarlos necesitas acceso a la red, y yo no solía tenerlo, pero lo recomiendo mucho para la gente que viaja con menos improvisación.

Me fijé un presupuesto de cinco dólares al día para poder vivir en una de las ciudades más caras de Europa según mis posibilidades. Dos los dedicaba a la comida y tres a otras cosas. Fue difícil, pero no imposible. En otras ciudades con menor coste de vida gastaba un dólar o menos al día. Lo creas o no, en una semana solo necesité treinta y cinco dólares y me bastó para visitar los principales lugares de interés.

Próximo destino, España.

2

MÁS SUERTE QUE RAZÓN

📍 **Agosto del 2013**

LLEGUÉ RÁPIDO A BARCELONA para disfrutar de la agradable temperatura de 28 ºC, pero cargar con el pesado equipaje mientras rondaba la ciudad no era muy cómodo.

«¿Dónde Sants? ¿Fiesta?», le pregunté a la única persona con la que me encontré en mi, por aquel entonces, rudimentario español. Era una mujer de edad media, morena, con pelo castaño y apariencia amable. Se rio y dijo algo en español o catalán (en cualquier caso, no la entendí) y luego, en un inglés tan macarrónico como mi español, me dijo que la siguiera.

Su paciencia infinita e interés genuino por mí facilitaron la comunicación. Resultó que venía de Colombia, pero llevaba muchos años viviendo en Barcelona. Era maestra de parvulario. Traté de «explicarle» mi viaje como pude, con frases entrecortadas.

«¿Dónde duermes?», me preguntó haciendo el gesto de una almohada juntando las manos y recostando la cabeza en ellas.

11

Señalé la esterilla que llevaba atada a la mochila y me encogí de hombros. Se rio y me señaló: «Tú, dormir». Luego se señaló a sí misma: «Mi casa».

La entendí y me reí: «¡Gracias, gracias!», exclamé.

Era madre soltera y tenía dos hijos más o menos de mi edad. Durante los días siguientes me enseñaron la ciudad. Al principio no entendía mucho el español, pero la sensación de no poder expresarme me impulsó a querer mejorar mis conocimientos lingüísticos cuanto antes. La mujer colombiana tenía dos semanas de vacaciones y no parecía importarle enseñarme español. De paso, yo la ayudé a pulir su inglés.

Creo que no le hubiera importado adoptarme, pero me marché al cabo de una semana para seguir con mi viaje. Crecí rodeado de caballos y había un sueño que quería cumplir: trabajar en un establo en España. Años atrás, mi padre había comprado un semental andaluz al este de Murcia, en la Costa Blanca. Ese sería mi próximo destino.

Salir de Barcelona a dedo fue muy difícil. En España existe la creencia extendida de que solo los mendigos o los delincuentes hacen autoestop. Por eso es más probable que te recojan turistas.

Por suerte, las cosas cambiaron en cuanto llegué a mi destino. El propietario de la finca todavía recordaba a mi padre y el semental que compramos. ¡Y me contrató!

El Refugio se encontraba en una montaña del Parque natural de las Lagunas de La Mata y Torrevieja. Más allá de las dunas extensas, hay un mar con una playa enorme y desierta. Más al interior había bosques de hoja perenne y plantaciones de naranjos.

Además de cuidar de los caballos, limpiar estiércol, ocuparme de la jardinería, matar cerdos y hacer trabajos manuales, también daba recorridos guiados a turistas, cosa que me encantaba. Solían asistir personas que habían emigrado a España. Uno de ellos era un antiguo arquitecto alemán. Tenía 83 años y era dueño de un caballo del establecimiento.

En uno de los recorridos le conté al alemán mis planes de viajar por el mundo.

—¿Y cómo han permitido tus padres que hagas algo así con tu edad? —dijo mientras frenaba un poco su caballo zaino para que yo lo alcanzara. El caballo, igual que el hombre, estaba en plena forma para su edad, como pude comprobar durante el trayecto.

—Pues primero se opusieron. Supongo que esperaban que fuera una obsesión pasajera —le dije entre risas—. Pero cuando vieron que me ponía a buscar equipaje y vacunas, empezaron a entender que iba en serio.

—¿Y entonces? —preguntó—. ¿Trataron de disuadirte?

—Se sentaron a hablar conmigo para tratar de mellarme la conciencia. Me preguntaron si era consciente de que podría incluso morir en el intento. Les dije que lo sabía y que no me asustaba, que prefería morir disfrutando antes que pasar quince años sentado en un despacho y preguntándome por qué no lo hice.

—Eso es justo lo que hice yo —me contestó asintiendo con la cabeza—. Por eso vine aquí. ¿Y qué planes tienes ahora?

—Conquistar el mundo —le respondí guiñándole el ojo.

—Solo los ingenuos quieren conquistar el mundo —replicó negando con la cabeza—. Los sabios quieren conquistarse a sí mismos.

Tuve que sonreírle. Al parecer no había entendido que estaba bromeando. Con todo, lo que me dijo me hizo reflexionar. Repetí en silencio esas palabras y me las grabé en la memoria.

—¿Y qué harás cuando tengas que ir en avión? —preguntó.

—No tengo intención de hacerlo. Cuando vuelas lejos pierdes el sentido de la distancia. Embarcas en el punto A y en un par de horas estás en el punto B sin haber disfrutado del trayecto. Prefiero cruzar el océano en algún velero.

—¿Y ya sabes navegar? —dijo arqueando una ceja.

Tuve que admitir que prácticamente no.

—¡Pues estás de suerte! —Sonrió—. Yo era profesor de pilotaje antiguamente. Me ocuparé de que la navegación no resulte un problema.

—¿Crees que tengo posibilidades de que me acepten en algún barco?

—Si estás bien preparado, no veo por qué no. Los buenos patrones valoran la actitud y la experiencia por igual. La temporada para cruzar el Atlántico comienza en noviembre y termina en febrero, y reclutan a tripulantes a cambio de trabajo. Es decir, puedes navegar gratis siempre y cuando colabores en el barco. Yo que tú probaría en Gibraltar; muchos zarpan desde allí.

El agradecimiento que le tengo a ese hombre es inmensurable; encontrarme con él justo antes de la temporada de embarcación fue como un regalo del cielo.

Al cabo de unos días me trajo su manual de navegación, una navaja y ropa marinera.

—¿Y qué voy a hacer yo con todo esto?

—Espero que te resulten útiles —contestó—.

Y vaya si lo fueron. De hecho, durante todo el viaje.

AUTOESTOP POR EL ATLÁNTICO

Noviembre del 2013

ABANDONÉ EL REFUGIO LA primera semana de noviembre, tres días antes de cumplir los veinte años, y me dirigí hacia el sur.

Desde el parabrisas delantero de la camioneta que me recogió vislumbré por primera vez el peñón enorme que se alzaba en medio de un horizonte azul: *¡Gibraltar, la puerta al Atlántico!* Deseé que esa puerta se abriera para mí.

Al mediodía crucé la frontera a pie. Para mi sorpresa, tuve que esperar a que un avión despegara. Al otro lado de La Línea los ingleses han construido un aeropuerto, y todo el que quiere pasar de un lado a otro tiene que atravesarlo. Gibraltar es un destino de fin de semana ideal para viajeros, con su arquitectura de estilo británico, los monos que viven en el peñón y su fascinante historia.

15

«Cuelga tu folleto en el tablón de anuncios junto a los demás... Si es que cabe», me dijo el encargado de la oficina portuaria.

Me giré y tragué saliva; el tablón estaba repleto de notas de gente como yo, en búsqueda de un barco con el que cruzar el charco. Bastantes solicitantes contaban con experiencia y formación acreditada. Ante tal competencia, ¡mis posibilidades caían en picada! En realidad, eran nulas si pretendía encontrar un barco ese mismo año.

Con todo, empecé a ganar confianza al pasearme por los muelles y establecer tantos contactos como fuera posible. La gente que colgaba sus anuncios en el tablón parecía depositar toda su confianza en los folletos. Yo, por mi parte, podía causar una impresión personal, aunque tuviera que compartir la táctica con dos polacos, una joven inglesa y un australiano.

Pasé el cumpleaños acompañado por el sol, las gaviotas, sus graznidos y un poquito de *whisky* en la cabina de un velero francés del puerto. Los tripulantes cubrían sus gastos tocando en la calle y pretendían quedarse en el Mediterráneo. Esa noche fui a espigar en la basura con un checo. Encontramos material bastante útil. El checo llevaba cuatro años rebuscando en contenedores y nunca había sufrido problemas de salud. En París llegó a encontrar un traje Armani nuevo a estrenar. Algunos amigos suyos habían conseguido portátiles, tabletas y móviles cerca de las bases militares estadounidenses. No los habían tirado porque estuvieran rotos, sino por la falta de convertidores para los enchufes. ¡Es increíble la cantidad de cosas que se desperdician! Solo en Alemania, unos veinte millones de toneladas de comida acaban en la basura cada año. ¡Doscientos cincuenta kilos por persona!

Esa noche celebramos mi cumpleaños con algo especial que encontramos durante la caza de tesoros entre contenedores: una pizza congelada (o que lo había estado en algún momento). La calentamos al microondas. Mientras volvíamos, llamé a mi hermano gemelo para desearle un feliz cumpleaños. En aquel entonces aún tenía móvil; más adelante lo perdería en Argentina y acabaría viajando durante dos años sin ningún tipo de tecnología a excepción de la cámara digital antigua de mi madre. Sacaba buenas fotos, aunque había que pegarle un par de veces para que se encendiera.

Tres días más tarde recibí una agradable sorpresa: un italiano y su mujer tailandesa planeaban cruzar el Atlántico en un cúter precioso que habían construido ellos mismos. Dos de sus amigos supuestamente debían ayudarlo, pero nunca aparecieron. Lo que para él fue un contratiempo, para mí fue un golpe de suerte. Unos días antes había oído hablar de mí por casualidad. Tras un viaje de prueba y sin más dilación, me ofreció llevarme a las Canarias. Si todo iba bien, podría ayudarle a navegar hasta el Caribe.

¡No cabía en mí de alegría! Este capitán jamás habría consultado los anuncios del tablón. Bueno, quizá lo hizo, pero casi no sabía inglés, así que no habría podido leer los cientos de ofertas de los patrones experimentados.

No podía creérmelo. En menos de una semana zarpé junto con el italiano de 58 años y su mujer a bordo de su yate de vela de 13x4 m. Ella se mareaba a menudo, por eso les interesaba tanto que los acompañara alguien, por ayuda y seguridad.

Salimos al estrecho de Gibraltar casi por la noche. Este fue el primer gran momento de mi viaje. Ya llevaba cuatro meses viajando por Europa, pero cruzar el Atlántico parecía el paso más importante que había dado para conocer el mundo. Noté una sensación de libertad indescriptible. No hay palabras que puedan expresarlo. Lo único a la vista hacia occidente era la infinita expansión azul del océano. Era mi primera vez en el mar, ¡y pronto vería la puesta de sol a bordo!

El italiano me dio un consejo con voz misteriosa y con una mirada resabida: «Cuando el sol esté a punto de esconderse en el horizonte, ¡no le pierdas la pista! Hay un momento concreto en que se produce un destello verde. Los marineros solo tienen la suerte de verlo una vez en la vida como mucho. Es una ocasión especial en que las almas de los ahogados se reúnen».

Me quedé pasmado. *¿Podría experimentar algo así con mi corta experiencia navegando?* Vimos juntos la puesta de sol. Y sí, los destellos finales se volvieron verdes.

Le pregunté si era esa la luz a la que se refería, pero no respondió. Se había quedado boquiabierto.

Pese a que hacía buen tiempo, las olas hacían zozobrar el barco. El agua sobrepasaba la cubierta y me mojaba los pies. Teníamos el viento en contra, así que solo pudimos avanzar seis o siete nudos con la génova (una vela delantera grande), pero estábamos contentos de estar ya en camino. Gracias a Dios no me mareé ni un poquito. Pero, por desgracia, no todos podían decir lo mismo: la mujer del capitán se tumbó en un sofá en medio de la embarcación con los ojos cerrados para sentir el movimiento lo menos posible. Cada dos minutos vomitaba en una olla sopera.

El italiano llevaba casi siempre un chándal gris y un gorro azul. Se notaba que había dirigido una empresa de electromecánica durante años; a diferencia de la mayoría de italianos, valoraba la precisión y puntualidad alemanas y despotricaba de la baja ética laboral de sus compatriotas. Además, como jefe, siempre quería tener razón y podía enfadarse en un santiamén. Con todo, era un buen compañero y tenía mucho sentido del humor.

Su esposa era corpulenta. Lo influenciaba mucho más de lo que le gustaba admitir. Se reía mucho y hablaba de sí misma en tercera persona. Me divertían mucho sus errores gramaticales. A menudo parecía infantil, pero de vez en cuando tenía puntos y reflexiones de sorprendente sensibilidad sobre la naturaleza humana. Cuando no padecía mareos se dejaba llevar por los antojos (eso explicaba su voluminosa figura). Le tenía un poco de envidia, porque las ridículas porciones que comía yo me dejaban casi siempre con hambre.

Ninguno de los dos hablaba inglés, pero el italiano y el español se parecen lo suficiente para que nos entendiéramos a trompicones. Ellos hablaban italiano y yo español, pero poco a poco fui adaptándome a su lengua. Puesto que la que más me hablaba era ella, aprendí un italiano con idiosincrasias asiáticas que sin duda sonaba gracioso. En perspectiva, creo que eso explica las miradas extrañadas que me clavaban los marineros italianos con los que hablaba en las ciudades portuarias.

Cinco días y cinco noches más tarde llegamos a las Canarias. El trayecto había sido brutal: no disponíamos de piloto automático, de modo que siempre teníamos que estar al timón cuando el viento iba en contra y había olas. En teoría, nos lo dividíamos en doce horas entre el italiano y yo, pero como él era el responsable de la radio, equilibrar las velas, la navegación, y además era mayor y estaba en peor forma que yo, acabé haciendo quince horas diarias. Además, nos turnábamos cada dos horas, de modo que no había tiempo para conciliar un sueño profundo. Con el balanceo del barco perdí completamente la orientación y tuve fe ciega en el pequeño led rojo de la brújula para no perder el rumbo. Los sueños y la realidad se difuminaron, y tuve que invertir toda mi fuerza de voluntad para fijar la vista en la pequeña aguja de la brújula que indicaba el camino.

Pero la recompensa valió mucho la pena. Por las noches veía muchos mares de ardora. Hay organismos diminutos en el agua que emiten señales lumínicas bajo ciertas condiciones. En la oscuridad parecía una lluvia submarina de chispas de neón azul. También nos visitaban delfines, que armaban jaleo jugando en las olas y nadaban con curiosidad junto al barco durante un rato. El brillo de las puestas y salidas del sol era mágico. Era mucho más que un placer para los ojos: me llenaba con una inmensa sensación de asombro.

Gran Canaria era la última parada antes de emprender la misma ruta que Cristóbal Colón quinientos años atrás. Además de aprovisionarnos para el viaje, reclutamos a un nuevo tripulante, un joven italiano. En este puerto tampoco faltaban las ofertas de trabajo: por lo menos cincuenta jóvenes adultos buscaban plaza gratis en alguna embarcación para cruzar el charco. Menos mal que yo ya había encontrado la mía.

Diciembre del 2013-enero del 2014

El 24 de diciembre pasamos un par de días en las islas de Cabo Verde, al oeste de Senegal. Fue la primera Navidad que pasé fuera de casa y sin familia. *¡Guau!* Se me hizo cuesta arriba superar lo mucho que los añoraba, pero la verdad es que era increíble llevar bañador en Nochebuena. «¡Yuju!», pensé mientras saltaba del barco al agua turquesa. En el norte de Alemania mi familia probablemente llevaba botas de caucho, chaqueta y se congelaba camino a casa al salir del culto de Navidad.

Exceptuando la falta de timón de emergencia, algunas cuerdas rasgadas y tensiones interpersonales, el resto del viaje transcurrió sin mayor complicación. En un espacio tan reducido no existen los secretos ni la posibilidad de evitarse unos a otros. La percepción que teníamos del tiempo también cambió. Al dividir las veinticuatro horas en turnos de tres horas, los días de la semana perdieron el sentido. ¿Qué significaba lunes, miércoles o jueves? Ni idea.

Una noche, a miles de kilómetros de tierra firme y navegando sobre seis mil metros de profundidad, un pájaro entró revoloteando a la cabina. Estaba agotado. Se quedó dos horas descansando y le di de beber. Luego echó a volar de nuevo. No me esperaba un encuentro así en medio del Atlántico. Los peces voladores sí que eran algo habitual. Por lo menos veía uno al día, sobre todo por la noche. Siempre aterrizaba alguno en cubierta. Incluso alguna vez aparecían pulpos o calamares voladores.

Dos semanas y media después de zarpar divisamos una isla en el horizonte. La noche anterior una tortuga ya nos había dado pistas de ello. Al cabo de un rato desembarcamos en la caribeña isla de Granada.

Me esperaba playas extensas, pero la costa estaba formada principalmente por acantilados que discurrían entre montañas llenas de vegetación tropical. Los habitantes eran de color y hablaban inglés con jerga caribeña. Se saludaban con un divertido ritual conocido como *pong*. Chocaban los puños y se golpeaban el pecho dos veces mientras decían algún saludo, como «respect», «jo» o «love». El 60 % de la población fuma marihuana habitualmente y otro 20 % lo hace de vez en cuando. Obtienen la mayor parte de dicho estupefaciente de la isla de San Vicente, donde se vende a un dólar el gramo. Diez veces más barato que en Ámsterdam.

Mis anfitriones querían ir a la Martinica para volar desde allí a casa y encargar que les mandaran el barco a Italia. La cantidad que les pedían era enorme, así que me ofrecieron dos mil dólares por hacerlo yo mismo. Los rechacé. El dinero me tentaba, pero la balanza se decantó por visitar Sudamérica.

Pasé un mes y medio en Granada alojado en el barco de un irlandés. Él iba a estar fuera un mes y me dejó quedarme a cambio de echarle un ojo a sus pertenencias. Quería tomarme la responsabilidad en serio, así que me empeñé en mi trabajo al son de Bob Marley. Cantaba *Don't rock my boat*, aunque cambié la letra por «Don't rob my boat».

El irlandés me dijo que si encontraba marihuana en el barco me la podía quedar (y encontré bastante).

También practiqué la pesca submarina y pasé mucho tiempo con los habitantes de la isla. A la vez, buscaba algún barco que me llevara a Sudamérica. Había pocos, ya que había muchos asaltos de piratas al norte de Venezuela y además la temporada de navegación aún no había comenzado.

Un día conocí a una familia suiza con dos hijos que buscaba ayuda. Juntos zarpamos rumbo a la preciosa y solitaria isla La Blanquilla, que nos acogió con sus coloridos arrecifes, aguas cristalinas, playas de arena blanca y bandadas de pelícanos.

Marzo del 2014

Los primeros días en la isla fueron de ensueño, pero la pareja suiza parecía cada vez más molesta conmigo. El ambiente era tenso, así que me esforcé por trabajar más duro. Pero cuanto más trabajaba, más disgustados parecían.

Al llegar a Los Roques decidieron ir al grano conmigo: por un lado, no conseguían relajarse si veían que yo trabajaba tan duro. Por el otro, por mucho que trabajara, jamás podría compensar lo que ellos me habían regalado: un viaje al paraíso. Consideraban que el trabajo que hice en el revestimiento de madera del barco tenía tan poco valor como mi ayuda durante la navegación, al cuidar a los niños o con el resto de tareas. Había cumplido con todo lo que habíamos acordado e incluso más, y no les habría costado más de cien dólares en los diez días que llevábamos juntos.

A pesar de mis esfuerzos por mejorar la situación, la tensión no se resolvía, así que nos separamos. Me dijeron algo que me molestó: «Con tu estilo de viaje solo causas problemas. Sin dinero, siempre te llevas más de lo que aportas».

Me tuve que preguntar a mí mismo si estaba viajando a costa de los demás.

¡Esa no era mi intención en absoluto! En ningún momento quise desatender mis responsabilidades y no me importaba trabajar gratis o por muy poco dinero. Tampoco mendigué nada. Lo único que pedía era agua y que me llevaran consigo.

Pero sí era cierto que recibía cosas de la gente que me encontraba por el camino. Muchas veces lo rechazaba a menos que insistieran mucho. Todos me ayudaban por voluntad propia y aparentemente con alegría, pero, aun así, ¿estaba viviendo a su costa? Por ejemplo, la familia colombiana de Barcelona: ¿acaso no recibí más de lo que podría haber aportado?

Desde un punto de vista estrictamente material, sí. Pero al final no todo se calcula con una relación directa de precio por servicio, como en el mercado empresarial. No me cabe duda de que las personas que me ayudaron no sintieron que se quedaban con la peor parte. Algunos que rara vez visitaban otros países y no habían experimentado la diversidad se sentían muy a gusto conmigo. La diferencia cultural, lo bien que se lo pasaban acogiéndome y las amistades que entablamos valieron la pena.

En los países extremadamente pobres di tanta comida y ropa como pude permitirme. De vez en cuando podía devolver el favor directamente. Por ejemplo, en Perú ayudé a la familia que me hospedó para que admitieran a su hija en una facultad de Medicina alemana.

Me hice muy amigo de algunas de las personas a las que conocí y hasta el día de hoy seguimos en contacto. Algunos incluso vinieron a mi boda, ¡y eso para mí no tuvo precio!

✳

El sol resplandecía, los barcos de madera colorida flotaban en la playa y un pescador arreglaba las redes con la radio al lado. ¡Era el paraíso! El archipiélago Los Roques es conocido como la perla del Caribe. Respiré hondo y espiré mientras hundía los pies en la arena caliente. Por un lado, todavía trataba de borrar los desagradables recuerdos de los últimos días, pero traté de buscarle el lado positivo.

—Busco una barca a Venezuela —pregunté mezclando italiano y español. Mi castellano había perdido terreno después de tantas semanas comunicándome solo en italiano.

—La Posada —dijo el pescador, y señaló por encima de sus hombros. Le di las gracias y seguí la dirección que me dio. Me llevó a un camino largo, ancho y lleno de arena. Aquí contaba como calle. Prácticamente no había coches, ya que la isla es demasiado pequeña. Vi una casa con aspecto acogedor con un letrero que leía «Posada», y debajo una placa plateada: «Trip Advisor Winner 2013». Allí descubrí lo que significaba *posada* en español.

—¡Hola! —grité desde la puerta de entrada. Una señora de unos cincuenta años con aspecto amigable apareció. Pregunté por el capitán y se echó a reír.

—Aquí no hay capitán. Siempre que alguien necesita ayuda me lo mandan a mí. ¿Eres alemán o italiano?

¡Qué simpática! Le conté sobre mi viaje y en menos de quince minutos me consiguió plaza gratis en un carguero y pidió que me prepararan comida. El contraste no podía haber sido mayor: media hora antes me sentí totalmente rechazado por la familia suiza y ahora esta increíble mujer me cuidaba entrañablemente.

Tenía un libro de cocina con platos de toda Venezuela y fotos de paisajes y personas del lugar. Una de las imágenes me encandiló: «¡Quiero ir ahí!». Era la foto de una casa de madera sin paredes edificada sobre pilotes en el agua. La gente de la imagen era bajita y con el pelo negro y brillante.

«Son los guaraúnos, una población indígena», me explicó la mujer. Investigué y descubrí que viven en la zona este de Venezuela, en el gigantesco delta del Orinoco, el segundo río más grande de Sudamérica, solo por detrás del Amazonas. Se encuentra en medio de la selva, lejos de la civilización y la infraestructura.

La idea de vivir entre aborígenes en la selva me seducía muchísimo. En Europa nosotros somos los «indígenas», pero no tenemos ninguna dependencia directa de la naturaleza ni conexión con ella. Por eso me llamaba tanto la atención. Quería aprender sobre esa vida independiente de los avances tecnológicos. Mi espíritu de explorador, que solo conocía los bosques del norte de Alemania, se sentía atraído por la flora y fauna de la selva amazónica como el metal por el imán. La aventura con los indígenas lo tenía todo: un estilo de vida completamente dependiente de la naturaleza en medio de la selva tropical y la experiencia en el agua, que también me había atraído siempre.

Busqué la manera de llegar a Caracas y de ahí a Ciudad Bolívar, que estaba más cerca del delta del Orinoco. Era un lugar seguro en comparación con otras zonas del país que era mejor evitar por razones políticas. Ya tenía un nuevo destino: ¡los guaraúnos!

Segunda etapa

SUDAMÉRICA

LA VIDA EN LA SELVA

Marzo-abril del 2014

CONSEGUÍ UNA PLAZA EN un barco de vapor que transportaba comida y llegué a Caracas en plena noche. Pese a las horas, en el metro de Gato Negro no faltaba actividad. Había vendedores ambulantes que ofrecían comida de olla y asada. Otros exponían sus productos en mantas en el suelo. Todo el mundo iba limpio y bien vestido, pero aparte del bus y el metro Caracas tenía un aspecto bastante haraposo. Muchas zonas de los suburbios estaban llenas de escombros, rocas y casas en ruinas. Casi todos los edificios eran bajos y no vi ni un turista. En muchas tiendas había filas enormes para comprar. Presencié, en vivo y en color, la economía del racionamiento socialista de la que me habían hablado mis abuelos.

Con todo, la infraestructura permanecía intacta. Incluso era moderna y cómoda. En un vagón de tren había una etiqueta donde decía «Made in France» y, a su lado, un cartel de propaganda a favor del partido del presidente Nicolás Maduro. Un año atrás, Maduro trabajaba de chófer de autobús. Tras el fallecimiento de Hugo Chávez, lo ascendieron al mayor puesto del país sin que hubiera tenido experiencia ni formación. ¡Un hombre del pueblo!

Esta vez decidí ir en bus. Por un lado, me habían recomendado encarecidamente que no hiciera autoestop por razones de seguridad. Por el otro, el billete de seiscientos kilómetros de La Guaira a Ciudad Bolívar solo costaba cuatro dólares con metro, bus y taxi incluidos. ¿Arriesgar la vida por cuatro dólares? No podía hacerles eso a mis padres.

El trayecto en autobús era barato porque los costes de combustible son prácticamente nulos en Venezuela. Literalmente, ¡sale a un dólar por cuatro mil litros! Además, la tasa de inflación en Venezuela es vertiginosa, a pesar de las múltiples medidas de reforma de divisas. Cuando llegué, un dólar estadounidense equivalía a setenta bolívares fuertes. En diciembre de 2018, a aproximadamente treinta millones.

Puesto que la gasolina es tan barata, la gente la desperdicia. Vi cómo repostaban los barcos en el puerto. Conectaban la boquilla a una manguera larga y la pasaban de barco en barco sin cerrar la espita. Hacían correr la manguera y rociaban a toda velocidad el barco siguiente. Caían litros y litros de combustible al agua que formaban una tela brillante de color arcoíris. La protección del medioambiente es un concepto desconocido en muchos lugares, y el reciclaje no tiene mucho éxito.

Buscaba cómo llegar a los nativos del delta. Como reto fue desalentador; al no haber calles, tampoco había tráfico que condujera allí. Muy poca gente tiene razones para viajar a esa región. Al final encontré a un misionero que accedió a llevarme con él. Nota mental: las tres profesiones con más probabilidades de viajar a lugares remotos son los misioneros, los médicos y los comerciantes (es decir, contrabandistas). En teoría los arqueólogos también, pero la cruda realidad es que hay muy pocos.

Aún no había salido el sol cuando subimos a una pequeña lancha motorizada y navegamos por el Orinoco durante seis horas, ciento cincuenta kilómetros en línea recta.

En el delta había muchas islas planas, y el mar estaba lo suficientemente cerca para que el nivel del agua aumentara y descendiera a diario, pero no tanto para que el agua fuera salada. La vegetación selvática era densa y brotaba a derecha e izquierda. Las inundaciones regulares servían de riego.

La población guaraúna, Arature, se encontraba en un afluente largo. La apariencia era la misma que la del libro de cocina: casas construidas sobre pilotes en el agua y sin paredes que dejaban el interior a la vista. Entre ellas había tablas estructuradas de manera que formaban puentes parciales. Hacía falta algo de equilibrio para no caer. A lo largo del río los niños saltaban al agua, jugaban y remaban en kayak. No exagero si digo que esos niños crecen en el agua. Para ellos es tan importante que en guaraúno el término que la designa es cortísimo: *ho*. Lo mismo podría decirse de las hamacas de madera hechas con hojas de palmera secas y tejidas, a las que llaman *ha*. Son casi sagradas y no se permite tocar la de otras personas por respeto al dueño.

El idioma es muy fácil de aprender, porque los verbos no se conjugan y la gramática es casi inexistente. O eso me pareció a mí, porque me entendían perfectamente cuando juntaba palabras. Para mi sorpresa, aprendí que no existe la palabra *amor* en guaraúno.

Tampoco *gracias* ni *por favor*. Basta con describir la situación como buena con el término *yakera*. Los guaraúnos son un pueblo de pocas palabras; para ellos, la compañía es más importante que la conversación.

Superada la timidez inicial, comprobé que los guaraúnos son un pueblo alegre, hospitalario y sin complicaciones. A pesar de su baja estatura, son muy atléticos y su sentido del equilibrio es sorprendente. Algunos eligen a su compañero de vida con solo trece o quince años y tienen hijos poco después. Antes de que el misionero les hablara de Dios, creían haber vivido en las nubes en tiempos pasados y que, al terminarse toda la comida del cielo, se deslizaron por un arcoíris hasta la tierra, donde había alimento en abundancia. Lo cierto es que el río estaba repleto de peces, y gracias a los ñames y las raíces de yuca que cultivaban, dos horas de trabajo bastaban para pasarse el resto del día comiendo y reposando en las hamacas. *¡Eso sí que es vida!*

Me prestaron una cabaña vacía para que me alojara. Por las noches era normal oír gritos de animales terroríficos. O al menos eso parecía. La realidad es que solo eran ruidos de anfibios. Más adelante conocí a una pareja de argentinos que me contaron cómo se habían sentido terriblemente asustados por esos ruidos de lo que parecían ser jaguares gigantes hambrientos y en búsqueda de alguna presa a la que devorar. Se cubrían del todo con los sacos de dormir para calmar el miedo, hasta el punto de casi derretirse de calor. Cuando les expliqué que no se trataba de depredadores sanguinarios sino de pequeñas ranitas, se sintieron aliviados, por un lado. Por el otro, un poco bobos.

Cada día era una aventura. La gastronomía era toda una experiencia. Probé el animal nacional, el chigüire o capibara, que sabía a pescado. La carne de iguana también les encanta. Me explicaron que las iguanas se orientan principalmente por el olfato y que, si atrapas una, le atas las patas y te la colocas bajo la axila, percibe el olor humano y se calma y se vuelve mansa. Al destripar las iguanas era habitual encontrar huevos en las hembras, más de veinticinco a la vez, que servían como un acompañamiento delicioso. Había muchos cerdos domésticos en la población. Una vez se me comieron el jabón mientras me bañaba en el agua marrón del río. Al parecer el aroma de cereza les despertó el hambre.

La parte más desagradable de la vida en la aldea era el enjambre de tábanos negros y triangulares, cuya picadura no solo dolía, sino que picaba a rabiar. También tenía que arrancarme los huevos de nigua de las plantas de los pies. Es un insecto parecido a la pulga. Por culpa de ese insecto sufría infecciones e inflamaciones en los pies cada dos por tres.

Plantaba mandiocas y ñames con los guaraúnos e incluso ayudé a construir una canoa. Después de tallarla, prenden fuego con paja para ensancharla y darle la forma adecuada. A menudo también salía a cazar y a pescar con ellos.

Los guaraúnos no dejaban de impresionarme con sus increíblemente desarrollados sentidos y agudos instintos. Una vez surcaba uno de los afluentes con un pastor y su hijo de ocho años. La vegetación a ambos lados era un muro impenetrable. La hierba era tan alta como nosotros y había hojas, enredaderas, helechos…

De pronto, el pastor alzó la mano para pedir silencio. Saqué la pala del agua, la apoyé en un costado del kayak y observé atentamente al hombre, que escuchaba sin respirar. No oí ni vi nada aparte de la gran cantidad de hojas verdes. Al instante, señaló al otro lado del río. Nos desplazamos lentamente hacia la otra orilla. Empuñó el arco y las flechas sigilosamente y saltó hacia fuera del kayak igual de quieto, casi sin balancearse, y desapareció en medio del espesor verde. Pasaron unos minutos sin que se oyera un murmullo.

«¡Machete!», espetó de repente. Su hijo saltó para agarrarlo y también se adentró en el muro verde. Al parecer, sabía exactamente dónde estaba su padre. Yo, por mi parte, no tenía ni la menor idea de en qué dirección se encontraba. Al cabo de un rato, las plantas de la orilla se dividieron y apareció el pastor con una sonrisa de oreja a oreja. Cargaba a hombros una especie de tapir de pelo marrón grisáceo, cola rayada y hocico corto. Del cuello le sobresalía una flecha guaraúna de tres puntas.

En otra ocasión, nos adentramos con el kayak en la profundidad de la selva por una rama del río pequeña y recóndita. Empujé las enredaderas a los lados y me quedé asombrado: había mariposas azules grandes y brillantes y, después de estas, unos guacamayos que volaban y garrían. La sensación de encontrarme en un cuento de hadas acabó de tomar forma cuando los delfines rosados asomaron la cabeza en el río.

La realidad me asestó un golpe cuando el guaraúno, que estaba atento, señaló una anguila eléctrica de varios metros de largo y tan gruesa como mi brazo. En medio del agua turbia la había confundido con un tronco. Solo con pensar que me podría haber acercado a ella y electrocutarme, me estremecía. Una sacudida de anguila basta para paralizarte y que te hundas al fondo del río y te ahogues. Decidí no nadar a solas por esos lugares.

Recuerdo que una vez esperamos hasta que el río alcanzara su nivel más alto y entonces llenamos los kayaks de agua. Yo no entendía por qué, pero me ceñí a las indicaciones que me daban y esperé a ver qué pasaba. Luego mis amigos nativos rompieron una rama que habían traído y vertieron la savia en el agua de los kayaks. Al mezclarse, tomó un color blanco roto.

Una mirada inquisitiva y un gesto de cabeza mutuo fueron la señal para volcar las barcas a la vez. Luego empuñaron los cuchillos y lanzas y siguieron el líquido blanco que se deslizaba río abajo. Cuando algún pez tocaba la savia perdía la orientación y se quedaba flotando panza arriba. Los pescadores no tenían más que recogerlos con la lanza. El líquido tardó veinte minutos en dispersarse y perder efecto, tiempo más que suficiente para pescar docenas de peces sedados. El resto de animales del río se despertaron tras una pequeña siesta y siguieron nadando.

Muy listos, estos guaraúnos.

DROGAS, ASESINOS
Y SEXO

Abril del 2014

UNAS TRES SEMANAS DESPUÉS de mi llegada a Arature tuve por casualidad la ocasión de ir en lancha motorizada al pueblo de Curiapo, donde había comercios. Me despedí de mis nuevos amigos. El pastor guaraúno me regaló su arco de caza de madera y lo cargué, desencordado, desde entonces. Resultó ser muy útil para subir caminos empinados, como soporte cuando tenía que estar de pie un buen rato y para aguantar la pesada mochila. También para defenderse de perros pesados.

Mi próxima meta era la Guayana británica. Mucha gente viaja allí desde Curiapo para hacer contrabando de gasolina, y solo se encuentra a unos kilómetros de la ruta desde la cual se embarca la cocaína para que cruce el Atlántico hacia Europa. Viajé en un barco de contrabando de combustible hacia el norte de Guayana para allí subir a un barco de vapor que transportaba alimentos a Georgetown, la capital.

Aunque su extensión es similar a la de Inglaterra, su capital tan solo cuenta con unos 135.000 habitantes, que suponen aproximadamente el 20 % de la población total. Las raíces étnicas de la mayoría de ciudadanos provienen de la India. El segundo grupo más grande tiene raíces africanas, y el tercero son indígenas. A continuación, los siguen los chinos y, por último, los blancos, que son tan pocos que ni siquiera me encontré con ninguno durante el tiempo que pasé allí.

Desde Georgetown quería dirigirme a una región de minería de oro en el río Cuyuní para luego regresar a Venezuela. El Mundial estaba a punto de comenzar en Brasil. Si me daba prisa, quizá llegaría para la final.

Mi próxima parada era Bartica, una ciudad pequeña y venida a menos. El municipio se encuentra en la confluencia del río y supone un punto de gran afluencia de tráfico desde donde se puede viajar a varias zonas mineras. Los comerciantes que organizan las provisiones y el trabajo van tan ocupados como las carreteras. Contratan a empleados para trabajos de minería y estos, cuando regresan al pueblo, se lo gastan en prostitutas y drogas, si no es que están recuperándose de la malaria.

En primer lugar me dirigí a la oficina de una empresa minera. Ahí descubrí que había camiones militares que de vez en cuando cruzaban las carreteras sin asfaltar que conducían a las zonas de minería para abastecer de combustible las bombas y excavadoras. Así que decidí unirme a uno de ellos.

Poco después de mi llegada me hice amigo de dos chicas de veintipocos años, que me ofrecieron lugar para pasar la noche. Me advirtieron de que vivían en pleno gueto, pero respondí que no importaba.

Íbamos avanzando por las calles alquitranadas y las casas cada vez eran más ruinosas. El asfalto era irregular y estaba agrietado, las cunetas laterales olían a aguas residuales, e incluso nos topamos con un par de burros que campaban a sus anchas. Al llegar a un quiosco rojo, giramos por un callejón lateral que daba a un patio trasero arenoso. En medio había una casa de madera tétrica sostenida por unos pilotes. Debajo, entre los pilares, había unos sofás con moho donde unas figuras oscuras daban caladas a unos tubos metálicos. Eran pipas de *crack*.

«Más vale que guardemos tus cosas en el piso de al lado... Llévate solo la hamaca. Aquí roban mucho», me advirtieron.

Había otra casa pequeña en la esquina trasera del patio que pertenecía a una prostituta a quien todos llamaban Black Woman. Unas siluetas tristes y sombrías se acurrucaban en un banco. Acabábamos de llegar cuando estalló una pelea entre una de las chicas que me había traído y el padre de su hijo. Decidí mantenerme al margen.

Volví al quiosco rojo y me senté en una silla de plástico. Se oía al almuédano desde los altavoces de una mezquita de la montaña. Me hizo pensar en un templo hindú colorido y alegre que habíamos visto por el camino.

«¡Esos monos tiene que armar jaleo cada noche!», gruñó un hombre con la cabeza rapada por un lado y llena de rastas por el otro. Se inclinó con los brazos cruzados sobre el mostrador del quiosco. El peinado le daba un aspecto algo ridículo, pero a la vez tenía porte e iba bien vestido. «¿A qué debo el honor, Ricitos de oro?».

Empezamos a hablar. Era de Barbados, hijo de médicos (o eso me contó; luego me di cuenta de que era complicado diferenciar cuándo mentía y cuándo no). En cualquier caso, mostraba buenos modales y un ingenio tan fino como difuso que hacían que su historia fuera creíble.

Le pregunté qué vendía. No parecía el típico puesto de hamburguesas y perritos calientes. De hecho, no parecía ofrecer nada comestible.

Miró a su alrededor, sacó una bolsa con unos pequeños cubos blancos y una pipa y los dejó sobre la mesa. Introdujo uno de los cubos por la abertura de la pipa y la encendió. Una vez ardió, se la puso en la boca desde el otro extremo e inhaló. Me miró de arriba abajo mientras aguantaba la calada.

—Vendo billetes al país de las maravillas. ¿Nadie te ha contado dónde estás? —me dijo tras exhalar.

—¿En un gueto? —respondí.

—No exactamente; en la sucursal de un cártel —me corrigió—. Te acuerdas de la chica que te ha traído, ¿verdad? Su hermano es un pez gordo del narcotráfico en el país. Y aquí ella se encarga de vender la mercancía en su nombre.

—¿Y tú?

—Me tiro a la madre de su mejor amiga y hago de perro guardián. —Se señaló los ojos y luego dirigió los dedos a la calle—. Nada sucede sin que yo lo sepa. Cuando viene la poli hago diez veces el mismo ruido que hacen los musulmanes en sus torrecitas y la gente se esfuma por la salida trasera.

—¿Nunca te han arrestado?

—Claro que sí. Pero conozco las leyes nacionales mejor que cualquiera de esos palurdos. Además, ya los he sobornado a todos y los he grabado. Si me enchironan, igual acaban siendo mis compañeros de celda. Quien paga manda. Volví al patio, que ahora estaba lleno de personajes que parecían zombis. Ahí se suponía que debía colgar la hamaca y pasar un par de noches. Cada dos por tres la rueda de algún mechero chispeaba y soltaba una llama, y al instante humeaba alguna pipa de metal. No alargaba los brazos para no tocar a ningún yonqui. Pero no era eso lo que me quitaba el sueño, sino el enjambre de mosquitos, que parecían ignorar a los demás para acribillarme a mí. Y tenía el repelente en la bolsa, en casa del vecino.

Ante la necesidad, tomé prestada una sábana del tendedero de Black Woman y me envolví con ella. ¡Paz, por fin! Menos mal que a la mujer no pareció importarle al día siguiente. Más adelante, cuando la gente me preguntaba por qué viajaba con una sábana rosa floreada, les decía que era un regalo de un cártel.

❖

Les conté a mis nuevas amigas que había conocido al perro guardián.

«¡Ese tío es un psicópata! Basta que se le crucen los cables para que te apunte con la pistola de un momento a otro. Estuvo en la cárcel por trece años por asesinato», me advirtieron.

Al final el hombre y yo acabamos llevándonos de maravilla. Los miembros del cártel se convirtieron en mi segunda familia. Era una situación tan ridícula como emocionante; todos se mantenían unidos y se cuidaban. También había algunos menores que no tenían familia. La comunidad se había formado por giros del destino bastante curiosos, y el cártel ofrecía a esos niños la única ayuda de la que disponían. Evidentemente, el jefe los formaba para su futuro trabajo, pero incluso eso era mejor que la vida que hubieran tenido solos en la calle.

Sin embargo, también conocí de primera mano el efecto de las drogas con las que mis nuevos amigos traficaban. Los consumidores se convertían rápidamente en zombis y estaban más muertos que vivos. Probablemente jamás saldrían de ese círculo vicioso. Por si no tenía claro que las drogas podían arruinarme la vida, ahora no me cabía ninguna duda.

❖

«¡Vamos, blanquito! Hoy te enseñaremos la ciudad», me dijo una de las chicas, y nos fuimos de fiesta.

No tenía planeado emborracharme, pero llevaba semanas sin beber alcohol, así que calculé mal. Sin quererlo, acabé en la cama con una atractiva guayanesa-brasileña de mi edad. Los rubios con ojos azules no abundan en América Latina, así que se los relaciona con estrellas de Hollywood. La chica se me insinuó desde el principio. No quería herir sus sentimientos, así que me hice el sueco diciéndole que pronto me iría de Bartica y jamás volveríamos a vernos. Me dijo que no importaba y la noche siguió su curso.

El típico rollo de una noche. O eso pensé.

Entrada la noche siguiente me desperté de repente. Me encontraba en la casa amarilla otra vez, tumbado en la hamaca. Ante mí, como flotando en la oscuridad, aparecieron dos ojos castaños. Traté de agarrarme a algún sitio.

—¡Te quiero mucho!

—No era ningún yonqui: ¡era la chica de la noche anterior! ¿Cómo me había encontrado?

—¡Te quiero mucho! —prosiguió—. ¡Quiero estar contigo, quiero irme contigo!

¡Ayayay! ¡Cómo se complica la cosa! ¡Pero si se lo había dejado bien claro!

—Te acompaño a casa y lo discutimos por el camino. —Me sentía fatal.

La experiencia me ayudó a darme cuenta de algo importante: no existe el sexo sin consecuencias. Las posibilidades de hacer daño a alguien son demasiado altas, ya seas tú, la pareja de la otra persona, los padres, la reputación… Puedes pensar en todo tipo de situaciones, pero al final siempre hay consecuencias y ninguna garantía. No quería volver a ser tan egoísta de hacer daño a alguien por falta de autocontrol. Quedé convencido de que el sexo es algo que solo debe compartirse con una persona en la vida y nadie más. En ese momento decidí esperar hasta encontrar a esa persona.

LA FIEBRE DEL ORO, EL MUNDIAL Y SALVADO POR UN BURRO

POR FIN ME ENCONTRABA de camino a la región de minería de oro. Eran las cuatro de la mañana cuando salí a esperar a uno de esos camiones militares de los que me habían hablado en la ciudad. El conductor era muy amable y me llevó consigo.

Avanzamos sin apenas detenernos durante más de dieciocho horas. Yo iba sentado en unos barriles de diésel grasientos en la plataforma del camión, y el combustible se me filtró por los pantalones y me dejó el trasero irritado. Con todo, los primeros rayos cálidos del sol y las vistas misteriosas y nebulosas de la selva tropical me fascinaron.

Algunos de los cráteres y arroyos fangosos por los que pasamos eran más profundos que la parte poco honda de una piscina cubierta.

Una y otra vez tuve que bajarme del vehículo a los terraplenes res-
baladizos para ayudar al conductor a enganchar un cable desde el
cabestrante a un árbol. De este modo podía elevar el camión para
pasar por tramos en los que se encallaría.

Era de noche cuando llegamos por fin al campamento minero.
Sentía que no podría sentarme en semanas. Estaba sucio, sudoroso
y hambriento, ya que no había comido en todo el día. Los brasileños solo hablaban portugués, pero eran muy hospitalarios. Me
llevaron hasta un barril con agua de lluvia donde pude lavarme y
me enseñaron unos barracones donde colgar la hamaca. También
me advirtieron de que no paseara de noche sin linterna.

Por la mañana me di cuenta de por qué: a escasos metros de mi
hamaca había una serpiente gris con rayas marrones en un tocón.

«Una picadura y en dos horas conocerás a tu Creador», me
explicó un hombre. «Tenemos una bengala para pedir auxilio, pero
para cuando lleguen ya estarás muerto». Con un palo largo golpeó a
la serpiente en la cabeza. «Más vale que te pongas botas de caucho.
Casi siempre muerden en los tobillos y se escurren con el plástico.
Si te picara alguna no pierdas la calma; acuérdate del aspecto de
la serpiente y mantén las pulsaciones bajas. Con eso mejoran las
posibilidades de supervivencia».

A la mañana siguiente caminé por la devastada región minera
en busca de trabajo. No había túneles como los de las típicas obras
mineras. Aquí las colinas se rociaban con mangueras de bombero. Se
generaba una especie de tapiz de lodo que atrapaba el oro, ya que es
más pesado que el barro y las piedras. Este método había convertido
el paisaje florecido en un vertedero de lagos marrones y tierra roja.
Podían verse algunos árboles solitarios en medio de los tocones.

Harán falta siglos para que la naturaleza se recupere a medias
de esa explotación.

Con todo, necesitaba dinero urgentemente, y no había más
opciones. Tras buscar y buscar, encontré a un tipo amable con

rastas que me dio trabajo por una semana. Se me asignó uno de los barracones de los trabajadores y me dieron una cama con una red antimosquitos. Como parte del alojamiento, había una cocina que proporcionaba tres comidas al día. Aquí no había días libres fuera de Navidad y los domingos por la tarde.

Trabajé con un grupo rociando masas de tierra arcillosa con mangueras de bombero y limpiando el camino de piedras y ramas. Algunos usaban una máquina a la que llamaban *crusher*, que aplastaba las piedras con un martillo de hierro. De los restos extraían el oro.

❖

«¡Siguiente!», ordenó el jefe.

Dos hombres sacaron un par de alfombras verdes artificiales, las subieron a la rampa de madera y las desenrollaron. El agua iba fluyendo suavemente y quitaba el barro de las tablas. Un travesaño sellado con hojas de banana hacía de tope al agua. Los dos trabajadores con más experiencia mezclaron el barro y el agua desde los laterales, como si pintaran y chapotearan. Movían el sedimento que quedaba de un lado a otro y de arriba abajo de modo que solo el agua entraba y salía.

El supervisor estaba sentado en la parte superior de la rampa. Se sacó una botella de mercurio del bolsillo y echó un par de gotas en el barro. Fluyeron en el agua como perlas de metal líquido. Se formó una barrera plateada en los montones, demasiado pesada para que el agua descendiera hasta las manos de los trabajadores. Era el oro retenido por el mercurio.

Tras retirar los restos de las alfombras, recogieron el oro con una cuchara para almacenarlo en un recipiente de plástico. El supervisor lo trasladó de nuevo al campamento con su *quad*. Lo lavó de cabo a rabo, evaporó el mercurio con un quemador y, valiéndose de algún tipo de ácido, logró que el oro se volviera puro y brillante. Esa misma noche repartieron las ganancias entre los trabajadores.

¡Tuvimos todos mucha suerte! La cantidad de oro fue superior a lo habitual, de modo que el salario se convirtió en el doble de lo normal. Mi parte equivalió al peso de unos veinte gramos de oro. Era mucho más de lo que me esperaba.

📍 Junio del 2014

Me sentía satisfecho, pero todavía me dolían las heridas traseras que me supuraban y un dedo que se me había infectado con el barro y me palpitaba. Con todo, me puse a buscar un medio de transporte hacia Venezuela. Me topé con unos venezolanos jóvenes contrabandistas de diésel que tenían que vender cien barriles a cambio de oro. Les faltaban cuarenta, y se ofrecieron a llevarme en cuanto hubieran terminado. La demanda debía de ser alta, porque solo tardamos un día y medio en zarpar con los barcos cargados de barriles de plástico azul vacíos.

En un embarcadero en medio de la nada me encontré con un guayanés. Era delgado y llevaba el pelo corto, unas gafas de sol en la cabeza, unas zapatillas Adidas con calcetines blancos hasta las pantorrillas y una bolsa negra colgada en el hombro.

—¿Qué te trae por aquí? —me preguntó.

—Quiero ir a Venezuela. Busco un barco.

Asintió con la cabeza. Era de Guayana, pero vivía y trabajaba en Nueva York como tasador de metales preciosos.

—Yo voy a Kaikan, que está mucho más al sur y cerca de tu destino. Si quieres, puedes venir conmigo, y desde allí ir en helicóptero a Venezuela.

Yo no tenía ni idea de cómo llegar allí y no llevaba mapa, pero la idea del helicóptero parecía emocionante.

—Perfecto. ¿Cuándo nos vamos?

—Ahora mismo —respondió, y señaló un barco que se acercaba.

Una hora y unas curvas fluviales más tarde, llegamos a un enorme pontón de acero rojizo. Los tasadores de Nueva York habían estado usando una excavadora para buscar oro en esas orillas y ahora se llevaban la máquina a otra parte. La cargaron en el bote con una grúa hidráulica muy potente. Colgamos una lona y extendimos las hamacas debajo para prepararnos para el viaje. Pasamos las siguientes veinticuatro horas navegando lentamente río arriba en la lancha a motor.

De vez en cuando avistábamos caimanes y otros animales en la ribera. Llegué a ver una anaconda más grande de lo que esperaba. Creí que estaba alucinando, pero los trabajadores me explicaron que los especímenes grandes de ese reptil abundaban en la zona. Algunas medían varios metros y eran anchas como farolas.

Llegamos al pie de la montaña Arau por la mañana. Subí la meseta con el tasador, algunos de sus trabajadores y algún que otro nativo. Estaba cubierta de vegetación selvática. Las vistas de la jungla que íbamos dejando atrás y del paisaje que se alzaba por delante dejaban sin aliento, pero al guayanés no parecían quitarle el sueño. Para él solo importaba una cosa: había invertido más de un millón de dólares en emprender la excavación en Kaikan, donde las concentraciones de oro son tan altas que incluso las herramientas más rudimentarias, como palas y picos, pueden usarse en la minería. ¿Cuánto oro conseguiría encontrar con su máquina? También quería construir un camino para aumentar el tráfico y convertirse en el principal proveedor de otros prospectores de oro.

Solo un factor se lo impedía: los habitantes del lugar. Querían quedarse y no les hacía gracia que explotaran la minería de su comunidad. «El oro trae crimen, alcohol y prostitución. Y no queremos nada de eso. En unos años habrás destruido nuestra tierra, te largarás y nosotros tendremos que vivir en un vertedero», argumentaban.

Me recordó a lo que les sucedió a los nativos americanos durante la expansión hacia el oeste de Estados Unidos. Sin embargo, los indígenas de Guayana tienen muchos derechos, de modo que lo tienen todo a favor para fastidiarle los planes al magnate neoyorquino. «Mañana es el Día del Padre. Quédate unos días», me propuso un amable vecino tras una breve conversación.

Aceptar su invitación implicaba desertar, pasarse al otro bando. Algunos habitantes sospechaban que yo era un espía enviado por el empresario. Aunque me interesaba el proceso, no sé cómo ni si se resolvió el conflicto.

Me sorprendió descubrir que los aldeanos no solo hablaban su lengua nativa, el arecuna, sino también dialectos de inglés, español y algo de portugués debido a que salían a menudo de la población y viajaban durante días.

Sus casas eran sencillas, pequeñas cabañas hechas de madera y ramas sobre suelos arenosos. En medio del pueblo había una iglesia de madera pintada de blanco que unos misioneros habían construido setenta años atrás. Me invitaron a un banquete especial de celebración con los padres del lugar en la iglesia.

Yo no quería asistir, puesto que no era padre. «Pero tienes intención de serlo algún día, ¿no?», me respondieron. Su hospitalidad pudo con mis objeciones, así que fui y me llenaron el plato hasta arriba una y otra vez.

La celebración gastronómica fue una experiencia única. Incluso había una especie de jugo rojo de patata y papilla de plátano cocido que jamás había probado. También sirvieron unas bolas secas de harina de mandioca irresistibles. Eran el acompañamiento perfecto para cualquier cosa. Al principio no me entusiasmaban, pero luego acabé echándolas mucho de menos.

Como compensación, les di a sus hijos trozos de cuerda y les enseñé a hacer nudos marineros. También ayudé a los adultos a buscar oro.

Uno de los jefes de otra población acudió a una reunión de la comunidad para discutir los planes del buscador de oro. De vuelta iba a pasar por San Juan, donde los helicópteros aterrizaban de vez en cuando. Le pedí si podía ir con él.

El hombre tenía unos cincuenta y tantos años y vestía de camuflaje de la cabeza a los pies. Llevaba un bigote al estilo de Dalí. A pesar de su edad, andaba tan rápido que me costaba seguirle los pasos en esos terrenos montañosos. Podría poner como excusa que el equipaje me ralentizaba, pero es que él cargaba con un machete y una garrafa de gasoil de ocho litros.

—¿Tenemos prisa? —le pregunté perdiendo el aliento.

—Sí —contestó—, y ahí tienes la razón. —Señaló las nubes de tormenta que cubrían la montaña—. Con lluvia es demasiado peligroso cruzar el río y tendríamos que esperar varios días. ¡Vamos, date prisa!

Apreté los dientes y aceleré el paso para seguir al jefe. Creía que no iba a aguantar ese ritmo, pero no quería retrasarlo, y quedarme atrás en la selva sin orientación tampoco era una opción. Así que forcé mis límites físicos como nunca antes. Aunque cueste creerlo, avanzamos dieciséis kilómetros en dos horas y media sin detenernos. Y con una mochila de treinta y cinco kilos.

Cuando llegamos al río que cruzaríamos en barco hasta San Juan me puse de rodillas y sumergí la cabeza en el agua cual camello. El río estaba oscuro por las plantas, pero estaba limpio, y era tan refrescante que sabía a gloria. Tenía la garganta tan seca que me sentó mejor que cualquier refresco que haya bebido jamás.

En San Juan me abrí paso por la selva para encontrar al administrador municipal y preguntarle por los helicópteros. Me sentí esperanzado cuando me contó que el piloto traía combustible, alimentos y otros productos, y que cuando despegaba para irse a veces se llevaba a gente.

—¿Y cuándo vuelve?

—La verdad es que va con retraso. Haz ya el equipaje, porque cuando venga no se estará más de un par de minutos por aquí.

Siempre estaba listo, pero pasaron días sin que el helicóptero llegara. Tuve la ocasión de charlar con los lugareños y los ayudé con varias actividades. También tuve tiempo para leer la Biblia de bolsillo que había traído al viaje. Mi plan era leerla entera durante el trayecto. Quería descubrir por qué la Biblia es el libro más leído del mundo y me parecía que conocer su contenido era básico para una educación completa. ¿Por qué tantos pensadores famosos como Kant encontraban «una claridad infinitamente mayor y una verdad más profunda [en la Biblia] que en los escritos de todos los filósofos juntos»?

Empecé por el Nuevo Testamento, que me parecía más fácil de entender. Pero, o bien los filósofos kantianos no se habían explicado bien, o yo aún no estaba listo. En lugar de verdades profundas, solo encontré brotes de sabiduría y contradicciones. Pero, sobre todo, me surgieron muchas preguntas, y las anoté.

Ocho días más tarde, al ruido de las gotas matutinas se le sumó el sonido de unas aspas giratorias. ¿Acaso sería lo que me parecía?

¡En efecto! El colombiano que me había invitado a desayunar me lo confirmó. Lo había estado ayudando a buscar oro durante un par de días. «El helicóptero ha llegado. ¡Date prisa!». Me dio un fuerte abrazo y salí corriendo hacia el helipuerto.

Desde el cielo no se veía la lluvia, sino unas vistas de la selva virgen increíblemente preciosas. Yo no dejaba de asombrarme y gritar «¡Guau!» eufóricamente, aunque el ruido de los rotores, que nos acompañó durante todo el vuelo, camuflaba mis exclamaciones. En veinticinco minutos aterrizamos en un pequeño pueblo venezolano.

«Ve con cuidado… Hay gente peligrosa en esta zona», me advirtió el piloto.

A la vista de su aviso, mi sonrisa de oreja a oreja quizá no era muy apropiada, ¡pero es que volar en helicóptero sobre un paisaje tan brutal había sido impresionante! Además, no era la primera vez que me decían algo así. En todas partes, las personas del lugar aseguraban que había gente «muy peligrosa» en la zona. En Venezuela me aconsejaron que no fuera a Brasil, y allí se escandalizaban cuando contaba que quería ir a Bolivia, y los bolivianos estaban convencidos de que solo un suicida querría viajar a Perú. Pero la realidad es que en ningún momento me amenazaron seriamente, ni me robaron o atracaron.

◆

«¡Vacíate los bolsillos, gringo!», me espetó el inspector de fronteras tras llevarme a una pequeña habitación apartada. Igual que en Venezuela, decidí trasladarme en bus porque los precios eran irrisorios. Pero de camino a Santa Elena, un pequeño pueblo en la frontera de Brasil, un agente me sacó del autobús y me llevó al cuartel.

Sin ni siquiera prestar atención a mi equipaje, me quitó la cartera y contó cuánto llevaba.

—¿No tienes más?

—¿Acaso necesito más? —contesté evitando la pregunta.

Ya me sabía esos trucos, así que me había cosido los billetes más grandes en el forro de la ropa interior.

El agente gruñó y se puso a hojear mi pasaporte. Se me detuvo el corazón. Había viajado en helicóptero al centro de Venezuela, donde no había aduana para que me lo sellaran. Víctima de las circunstancias, había entrado en el país ilegalmente. Dependiendo del humor del agente, las cosas podían enturbiarse. ¡Podían imponerme una multa desproporcionada o deportarme a Alemania!

Y entonces me di cuenta de que el agente tenía el pasaporte al revés. Tan solo estaba fingiendo leerlo. El miedo se convirtió en risa,

pero mantuve la seriedad. Enseguida me dejaron marchar. «Listo,
¡puedes irte!».

¡No podía creerme la suerte que había tenido!

◉ Julio del 2014

El próximo destino era Roraima, el monte que inspiró *El mundo
perdido* de Arthur Conan Doyle, el creador de Sherlock Holmes.
Aislada del resto del mundo durante miles de años, en la alta meseta
se ha desarrollado vida animal y vegetal única. Las descripciones de
la montaña me im presionaron tanto que abandoné la idea original
de asistir al Mundial de Brasil.

Me abastecí de varios kilos de avena y lentejas y me dirigí a
Roraima. En Parai-tepuí, la última parada importante antes de mi
destino, encontré a un guía turístico, y un joven brasileño llamado
Felipe, que también quería ir a Roraima, se nos unió.

Para poder pasar tres días en la montaña recorrimos en un día
un camino que suele completarse en dos. Llovía a cántaros, y lo que
no se empapaba con la lluvia lo hacía con los ríos desbordados que
cruzábamos.

Con todo, el paisaje era espectacular. Pude ver un oso hor-
miguero pasando a escasos centímetros de mí. Me emocioné
muchísimo, pero me sentí confuso al ver que su cabeza era casi
igual que su parte trasera.

—Hoy juega Brasil contra Alemania —dijo Felipe jadeando.

—¿Quién crees que ganará? —le contesté girándome.

—Como sea Alemania, ¡olvídate de salir de esta montaña!
—bromeó sonriéndome.

Por el camino, vimos a un grupo de personas y les preguntamos
por los resultados del Mundial.

—Alemania ha ganado siete a uno.

—No, en serio —contestamos Felipe y yo entre risas.

—Alemania ha ganado siete a uno —repitieron.

Miré a mi amigo brasileño, que me observaba con la boca abierta como si tratara de resolver algún complejo problema matemático. Canté *Always look on the bright side of life* para bromear un poco y le di una palmada en el hombro para consolarlo.

⬩

Ni Felipe ni el guía habían traído provisiones suficientes. Por suerte, pude darles bolsas de avena para ayudarlos un poco. Las lentejas con salsa picante de hormigas habían sido prácticamente mi único alimento antes de subir a la montaña, pero ahora no teníamos utensilios para cocinarlas. Lo que hacíamos era comer avena tres veces al día con algo, y de postre algo de atún o sardinas de Felipe. Menos mal que tuvimos ocasiones más que suficientes para llenar las botellas de agua.

La lluvia no cesaba, pero avanzábamos sin perder la buena actitud. Cuanta más altitud alcanzábamos, más frío hacía. Pudimos subir gracias a los puntos de apoyo para manos y pies. La pendiente era inclinada y resbaladiza, y se la conocía como «la rampa». La vegetación era exótica y pantanosa, con árboles blancos cubiertos de moho y plantas colgantes.

Cuando alcanzamos el filo de la meseta, el sol brilló durante unos minutos como si nos diera la bienvenida. La vista era sencillamente increíble, ¡como si estuviéramos en otro planeta! La meseta era salvaje, con acantilados altos y grietas profundas con formas raras a través de las cuales se abrían paso pequeños arroyos que fluían hacia las nubes del abismo inferior. El sol teñía la hierba y las flores de colores oscuros y vivos, desde el amarillo hasta el naranja y del rojo al negro pasando por el verde.

Había un silencio sepulcral cuando llegamos a la cueva que nos serviría para acampar a resguardo de la lluvia. Nos encontrábamos a mucha altitud, y de vez en cuando nos visitaban algunas ranas y escorpiones solitarios. El frío pelaba y la humedad se calaba en los huesos. Pasamos la noche en vela tratando de secar nuestras pertinencias y mantenernos en caliente.

A pesar del clima, Felipe y yo emprendimos el largo camino hacia Punto Triple, donde convergen las fronteras de Brasil, Guayana y Venezuela. ¡Valió la pena!

Además de las precipitaciones, la niebla era densa y limitaba el campo de visión a unos treinta metros en todas las direcciones. Al andar, aparecían como de la nada arroyos, cráteres, grutas y jardines montañosos de cristal reluciente. ¡Era una pasada! Y más aún al pensar que estábamos a dos mil quinientos metros sobre el nivel del mar.

※

—Tengo una pequeña sorpresa para ti —dijo Felipe entre risas. El grupo de locales se dispersó.

Habíamos vuelto a Parai-tepuí la noche anterior para ver la final del Mundial en una televisión de la aldea, enlatados en una sala con quince personas. Pese a que el resto animaban a Argentina, yo me dejé el alma gritando por Alemania. Por suerte, nadie se ofendió.

—¡No, no! ¡Fuera! —Felipe me pasó de largo colina abajo gritando y espantando a los perros que hurgaban en su mochila—. ¡El pan! ¡Lo había comprado en el pueblo para darte una sorpresa!

No parecía preocuparle el agujero del tamaño de un puño que habían abierto en la bolsa, solo que se hubieran comido el pan. Recogió los pedazos que había en el suelo mientras maldecía a los perros.

—Más vale eso que nada —le dije mientras agarraba una botella de agua para limpiar las babas de perro.

El pan de mandioca estaba un poco soso, pero tras días a base de avena y agua ni se nos pasó por la cabeza tirarlo.

—Mójalo todo y ya está, así no sabremos qué se ha metido el perro en la boca y qué no —sugirió Felipe. Nos zampamos la comida empapada mientras decidíamos el siguiente paso.

A Felipe le inspiró mi historia y se propuso ir a dedo hasta México y buscar un barco que zarpara hacia el Caribe. Tres meses más tarde lo consiguió. Yo quería visitar el río Amazonas y desde allí dirigirme al sur. Mi intención era salir del nordeste de Brasil hacia Bolivia y de allí a Perú a finales de octubre. Seguía en contacto con Wilfried, el *couchsurfer* que me acogió en París, y quería que nos viéramos allí durante dos semanas y media.

—Si vas a São Paulo, ¡mi familia puede hospedarte! A mi madre le encanta cocinar para otras personas —me ofreció Felipe.

—¡Pues trato hecho! —respondí entre risas mientras me comía el último pedazo de pan y me sacudía las migajas.

Agosto del 2014

Llegué a Manaos. El Amazonas era muy diferente a lo que me había imaginado. En lugar de la selva virgen que había explorado en Venezuela y Guayana, aquí solo predominaba un elemento por todas partes: el agua. Había tanta que en ocasiones las riberas se desvanecían y tenías la sensación de estar en pleno océano. En algunos puntos se unían ríos de colores diferentes y podía distinguirse una frontera clara entre ambos, como si la superficie estuviera rasgada.

El clima tropical era agobiantemente húmedo. Tenías dos opciones: o sudabas lo que no está escrito con ropa larga o dejabas que los mosquitos te hicieran un tatuaje de cuerpo entero. Gracias a Dios, me habían regalado una mosquitera rosa. No combinaba demasiado bien con la hamaca de camuflaje, pero dormía mucho mejor con mi sábana de flores como muralla contra las nubes de mosquitos.

En Sudamérica viví experiencias gastronómicas fascinantes. Por ejemplo, comí armadillo y manatí por primera vez. Lo que más me sorprendía era el sinfín de frutos extraños de todos los colores y formas imaginables. Jamás los había visto antes y no creo que los vuelva ver. Fuera de temporada, se usaban para hacer helado. Es increíble la de recursos que nos ofrece el planeta. ¡Y yo sin saberlo!

No solo aprendí a nivel culinario: Sudamérica rompió el umbral de mis concepciones sobre la hospitalidad, especialmente en Brasil. Debido a la influencia urbana, los habitantes de la ciudad estaban un poco menos abiertos a los desconocidos que los de las afueras. Pero no dejaban de ser acogedores y de invitar a extranjeros a sus casas.

Hubo una frase que me repitieron mucho: *Não vai não rapaz. Fica um pouco mais,* que traducido es «No te vayas aún, chico. ¡Quédate un poco más!». Con ella me convencían los anfitriones para que me quedara una semana más. Estuve un mes allí, a pesar de que el plan original era solo quedarme tres días.

En el norte de Brasil la confianza y hospitalidad son parte de la cultura. Quiero ponerlo en práctica sin duda alguna. Los alemanes solemos ser reservados y desconfiamos de todo lo desconocido. Al viajar por Sudamérica me di cuenta de que la mayoría de personas del mundo son buena gente que busca una buena vida. Por supuesto que también hay sinvergüenzas, pero son la minoría. Fue algo que pude corroborar a lo largo del viaje.

En resumen, la lección es que si rechazas a los desconocidos lo más probable es que te pierdas un encuentro increíble con una buena persona. Las posibilidades de encontrarse con mala gente son bajas.

No quiero decir que no haya que ir con cuidado. Con los dedos de una mano me basta para contar la cantidad de veces en que algo me olió extraño durante los cuatro años de viaje. En tales casos, lo que hacía era hablar con la persona y hacer preguntas intencionales para descubrir si tramaba algo.

Por ejemplo, una vez salía de la farmacia y un desconocido me preguntó de dónde venía. Había comprado repelente para los mosquitos, ya que la profilaxis solo protegía contra cinco tipos de malaria. Las mosquiteras, la ropa larga y el repelente son medios mucho más eficaces. Mientras no te piquen, puedes estar tranquilo. El tono del tipo parecía de vendedor ambulante, pero aun así le di conversación.

—Conque Alemania —me dijo ofreciéndome un cigarrillo—. Tengo un amigo allí.

—Ah, ¿sí? ¿En qué parte?

—En… la capital…

—¿En Fráncfort? —le pregunté para pillarlo.

—Sí, exacto —contestó.

—¿Y cómo se llama?

—¿Que cómo se llama? Eh… Pues…

Empezó a farfullar. El cuento de «tengo un amigo de tu país» era claramente una farsa para tomarme el pelo.

—Esta zona es peligrosa. Podrían atracarte —dijo tratando de cambiar de tema.

Se me encendió una luz ámbar en la mente. Estaba intentando ganarse mi confianza por segunda vez. Solo le faltaba hacerse el religioso para cumplir el cupo entero de numeritos.

—Puedo acompañarte a casa de mi hermana, ella te hospedará. Podemos enseñarte la zona y cuidar de ti.

En ese momento el ámbar se volvió rojo. Me estaba mandando que le siguiera y enfatizando que mi seguridad dependía de él. No me lo tragué.

—¿Y dónde vive tu hermana?

—A un par de manzanas. Vamos, ven conmigo.

Rechacé su oferta y se puso agresivo. Al final me agarró del brazo y trató de obligarme a seguirle. Mantuve la compostura, pero empecé a hablar cada vez más alto hasta que me soltó. Se esfumó insultándome.

Guiándome por el consejo de un autóctono, fui a visitar la famosa playa de Jericoacoara. Las escasas lluvias impiden que sea el paraíso de palmeras y cocoteros que me esperaba, pero sus alrededores la hacen única.

Una tras otra, las filas de lagunas estaban llenas de caballitos de mar y peces globo. También había dunas donde hacer senderismo. Las más altas medían más de cien metros y podían bajarse en *snowboard*. Desde allí, hice autoestop hacia la costa durante seis días y llegué a los suburbios de Río de Janeiro por la mañana.

Llevaba meses aislado del mundo exterior. Era la segunda vez que mi madre temía por mi vida. Para tranquilizarse, le dio un localizador GPS a un conocido brasileño con el que mi familia podría saber si todo me iba bien o si necesitaba ayuda. Me lo trajo a Brasil junto con un par de calcetines.

Por la tele no se ve mucho de Río de Janeiro. Solo se suele enseñar la parte frontal iluminada de la bahía. En realidad, se trata de una ciudad con gran densidad de población y el doble de grande que Nueva Jersey. Está inundada de favelas, donde la gente vive en cabañas en pésimo estado con una televisión, una nevera, estufa y a menudo aire acondicionado. Las primeras favelas se construyeron a finales del siglo XIX, cuando se liberó a los esclavos y estos empezaron a poblar las inhabitables laderas resbaladizas.

La selección alemana se involucró en proyectos sociales durante su estancia en el país por la Copa del Mundo. Causaron una buena impresión. Puesto que argentinos y brasileños no se soportan, todo el mundo me contó que, tras la eliminación de Brasil, todos apoyaban a Alemania en la final.

La primera noche localicé el apartamento compartido donde podía quedarme mientras estuviera en Río. Desde allí exploré la ciudad de punta a punta y de forma personal. Visitarla era un sueño de la infancia. Las vistas del mar no tenían precio, y los inacabables callejones y escaleras diminutas rebosaban vitalidad. En la calle, la música, el baile, el vino y la cerveza no cesaban. Por no hablar de la cachaza, la bebida favorita de los brasileños, destilada a partir de jugo fermentando de cañas de azúcar.

Octubre del 2014

Pese a que empecé pronto el viaje hacia São Paulo, acabé esperando en una gasolinera en la autopista 116 durante diez horas hasta que un camión me llevó consigo. Al inicio del viaje me habría sentido desanimado, pero a estas alturas ya había ejercitado bastante la paciencia y había llegado a una conclusión: *tarde o temprano alguien se detiene.* Y así fue.

Como prometió Felipe, su familia me alojó en São Paulo. Tras subir el Roraima, Felipe me confesó lo que temía: «¡Seguro que mi familia te deja usar mis cosas!». Y en efecto. Aunque solo su sitio en la mesa de la cocina. También era cierto lo que me dijo sobre su madre: le encantaba cocinar. Al final, mi fama de ser un pozo sin fondo se rindió sin condiciones ante su hospitalidad.

Cargado con un montón de provisiones, emprendí el viaje a dedo más largo de todos. El plan era encontrarme en Perú con Wilfried, mi amigo parisino. Disponía de once días para dejar atrás los 3.700 kilómetros que separan São Paulo de Cuzco. Es decir, una décima parte del planeta o una tercera parte de la distancia hasta Alemania.

❖

Solo faltaban nueve días para mi cita con Wilfried.

—Puedes ducharte en mi casa —me ofreció el conductor que me había recogido.

Me eché un vistazo. Sin duda, me hacía falta una ducha urgente. Mi nuevo compañero de viaje vestía de punta en blanco con un polo azul claro. Me dedicó una mirada lasciva que me dejó claras sus intenciones.

—No hace falta, gracias.

—¿Estás seguro? Mi baño tiene muchas cosas que ofrecer.

Antes de que pudiera responder, me puso la mano en la entrepierna y apretó.

—¡Oye! —le aparté la mano de un golpe.

Por desgracia, no era la primera vez que me ocurría algo así en Brasil. En otro momento le habría dado un guantazo por un gesto tan obsceno. Pero por aquel entonces había estado dándole vueltas a cuestiones sobre la fe, y propinar puñetazos no parecía un buen ejemplo de «amar al prójimo». Era el principio de vida al que me aferraba ahora. En cuanto tuviera ocasión, me despediría amablemente, abandonaría el coche y buscaría otro vehículo.

✦

Un cartel azul enorme me dio la bienvenida: «Bienvenido a Bolivia». Colgué la hamaca entre dos árboles a unos cien metros del letrero y repuse fuerzas con avena y agua (para variar). Los bolivianos parecían muy diferentes a los brasileños. *Parecen guaraúnos*. No es de extrañar, ya que más del 60 % de la población del país proviene de antepasados indígenas. Muchísima gente tenía las mejillas hinchadísimas, y me supo mal por ellos. ¡La asistencia odontológica en Bolivia debía de ser horrible!

Elegí un lugar donde muchos conductores se detenían para descansar. Las distancias en Sudamérica son tan extensas que casi nadie conduce su propio coche. Viajan en autocar o en avión si el trayecto es muy largo. Hay pocas autopistas, y el tráfico es principalmente de camiones. Era la mejor oportunidad para conseguir que me llevaran.

Traté de echar una siesta para soportar el calor del día, ya que la mayoría de camiones no paran hasta la noche. Cuando ya estaba medio dormido, un camión de catorce metros se detuvo a mi lado para cambiar de conductor. Aproveché la ocasión para pedirles que me acercaran a Santa Cruz, y aceptaron. Empecé la ruta de más setecientos kilómetros con Paulo, un brasileño de cuarenta y tantos. Tiró sus cosas al camión en movimiento y tomó el puesto del otro conductor.

El paisaje estaba poco poblado y cubierto de arbustos. Sobresalían mesetas rocosas de vez en cuando.

«Los cultivadores de coca tienen aquí sus plantaciones», me dijo Paulo mientras señalaba unos campos cubiertos con lonas verdes. «Las plantas y las hojas son legales en el país, pero vender la cocaína que se extrae de ellas no. Sin embargo, con la corrupción es difícil de controlar. La droga es tan barata que la parte brasileña de Bolivia es un peregrinaje para adictos. Verlos con la cabeza perdida y gritando es parte del día a día de la zona».

Tras las plantaciones, lo único que vimos fue estepa plana y monótona durante horas. A los lados de la carretera, las vallas publicitarias anunciaban fertilizantes de semilla de soja y estiércol. Después de lo que pareció una eternidad, paramos a repostar y sucedió algo que jamás olvidaré.

Un joven estaba sentado en una pared, esperando. Tenía la piel muy blanca y vestía pantalones largos y grises, una camisa roja y blanca y tirantes con el escudo del Hamburgo SV. Me froté los ojos, como si me acabaran de transportar a un pueblo del norte de Alemania. Además, me saludó en dialecto bajo alemán: «Moin, moin». La situación era surrealista a más no poder. Sonaba bastante raro escuchar ese dialecto tan poco usado en Alemania.

Me contó que sus abuelos habían emigrado a México junto con varios agricultores durante la Segunda Guerra Mundial. De ahí se mudaron a Bolivia, donde conservaron las tradiciones de sus colonias campesinas. Seguían vistiéndose al estilo del norte de

Alemania, se solían casar entre ellos, se desplazaban en carros de caballos e incluso procuraban mantener el estilo de arquitectura granjera alemana. Me sonaba a amish, pero el chico me explicó que no tenía nada que ver con la religión.

Creo que están relacionados de algún modo con los menonitas. Me parece increíble que hoy, en medio de Sudamérica, ¡existan ciudades norteñas alemanas totalmente funcionales! Me fascinó ver que, en cierto sentido, él era más alemán que yo. Hablaba perfectamente el dialecto tradicional del norte y vestía la ropa característica. La única pega era que vivía en otro continente, alejado de los diques, faros y marismas.

Ah, norte de Alemania… Algún día volveremos a vernos.

A cien kilómetros del destino hicimos una pausa para dormir un poco. Luego proseguimos de las dos a las cinco de la madrugada. Los faros cada vez tenían menos potencia, y al final tuvimos que detenernos en un lateral de la carretera hasta el amanecer.

Cuando Paulo trató de arrancar el camión, el vehículo ni se inmutó. «¡No me lo creo! "No es tan difícil; solo tienes que sentarte y conducir"», dijo con ironía imitando al conductor que lo había precedido.

Hicimos señales para parar a un camión, que nos ayudó a arrancar la batería. Pudimos seguir conduciendo quince minutos más, hasta que nos paró la policía. Comprobaron los papeles y miraron al interior desde la ventana: «Todo en orden. Serán setenta bolivianos» (unos diez dólares).

Qué amable que diga el precio exacto del soborno. Aunque había añadido un extra por extranjería; en Brasil, a los policías de tráfico se los compraba por veinte reales (unos ocho dólares) o incluso menos.

Pagamos y seguimos. Al cabo de un rato, el motor petardeó y murió. Tuvimos que esperar media hora más hasta que el conductor de un camión enorme de mercaderías pesadas nos dejó sus pinzas para cargar la batería.

Treinta kilómetros más y la diversión volvió a empezar. Por suerte, había una excavadora que nos ayudó. Y en marcha de nuevo. «Menos mal que no tenemos prisa», dijo Paulo sarcásticamente entre dientes. Y, de nuevo, dimos con un control policial.

—¿Y su kit de primeros auxilios?

No lo encontramos.

—Vengan conmigo.

El policía de tráfico boliviano nos llevó al cuartel. Noté que Paulo se escondía detrás de mí y se hurgaba los bolsillos.

—Se trata de una infracción gravísima del código de circulación. La multa es de dos mil bolivianos. ¡Y estoy siendo benévolo!

—¿¡Dos mil!? —exclamó Paulo.

No sabía dónde meterse. Le contó al policía que solo estaba cubriendo a un conductor que estaba enfermo y que ya lo habían parado una vez. Cuando estaba explicando lo de la batería, casi se le saltaban las lágrimas.

—¿Y el chico? —dijo el policía señalándome.

Como respuesta, metí los dedos en los agujeros de mi camiseta.

—Vive en la calle; no le sacarás nada —contestó Paulo, protegiéndome—. ¡Y a mí solo me queda dinero para la comida!

Mejor dicho, le quedaba. El policía le confiscó la billetera y la vació. Luego nos dejó marchar. Sin recibos ni pruebas.

—¿Te gusta la avena? Tengo un poco…

—Déjalo —me interrumpió.

Subimos de nuevo al camión. Paulo se metió la mano en el bolsillo trasero, sacó un fajo de billetes y lo guardó de nuevo en la cartera. No le quedaba rastro de tristeza en la cara. *¡Qué tipo tan astuto!*

Tras dar varias vueltas estratégicas durante un buen rato, llegamos al destino en Santa Cruz.

—¿Por qué has tardado tanto? —se quejó el destinatario, un brasileño extremadamente afeminado de treinta y tantos.

—Es una larga historia —suspiró Paulo—. ¿Quién descarga el camión?

—Tienes que llevarlo tú a mi casa. El contrato de la empresa deja muy claro que…

—¡Calma, calma! No te pongas nervioso. Yo me ocupo.

Paulo se alejó para hacer una llamada. El brasileño, todavía enfadado, se me acercó y empezó a coquetear conmigo. No me interesaba, pero traté de ser amable y educado.

—Acabo de hablar con el jefe. Mañana vendrá y se hará cargo de todo —dijo Paulo, y me miró.

—¿Podrías vigilar el camión hasta entonces? En doce horas tengo que estar trabajando en Brasil.

—Sin problema —contesté.

Me quedé con las llaves y el camión. Colgué la hamaca entre el estribo y una farola y me puse cómodo. A mi lado se alzaba un muro rojo y alto que protegía un complejo de propiedad privada. La entrada vigilada estaba a unos cincuenta metros. El vigilante llevaba una bolsa de plástico llena de hojas verdes. De vez en cuando, se introducía algunas en la boca y las empujaba hasta el fondo de las mejillas. *¡Ajá! ¡O sea que en realidad no son problemas dentales lo que tienen!*

—¿Qué planta es? —le pregunté al hombre que, como la mayoría de bolivianos, tenía el pelo liso, moreno y brillante.

—Hojas de coca —murmuró mientras frotaba con el meñique un polvo blanco sobre las hojas de la boca—. El bicarbonato extrae la cocaína de las hojas y te mantiene alerta y con energía. Sin bicarbonato u otro tipo de catalizador no funciona mucho, pero hay gente mayor que las toma para los problemas estomacales.

Más adelante me contaron también que la cocaína va bien para el vértigo, los dientes y que tiene todo tipo de propiedades beneficiosas y ningún efecto secundario. De tanto oírlo, casi te lo crees. Los sacerdotes incas la usaban con fines religiosos, y sigue siendo un elemento estándar en los rituales chamanes de Perú y Bolivia. Hay quien incluso lee las hojas de coca como los videntes leen las cartas del tarot en las ferias. Otros ofrecen a los turistas la oportunidad de experimentar rituales antiguos como el *sala huaska* en combinación con «viajes estupefacientes orgánicos» ilegales con sustancias como el San Pedro, que se extrae del cactus. En los albergues, el té de coca, totalmente inocuo, es muy popular.

Descubrí que las plantas de coca se introdujeron en la vida diaria a partir de los propietarios de esclavos, que descubrieron que sus siervos soportaban jornadas laborales más largas y se quejaban menos si masticaban coca. A mí me recordaba a la cafeína y las bebidas energéticas que usamos en Occidente para aumentar la productividad. Debo confesar que tengo una adicción al café en toda regla. *¡El néctar de los dioses!*

Pasaron dos días y el jefe seguía sin aparecer. Decidí abandonar el camión y seguir por mi cuenta.

Ni el vigilante ni el destinatario de la mercancía quisieron quedarse las llaves, así que escribí una nota en portugués y la colgué en la ventana desde el interior para indicar que las llaves se encontraban «bajo el problema del camión». Esperé que los bolivianos hispanohablantes no pudieran deducir el significado del mensaje y que el responsable del camión fuera lo suficientemente listo para adivinar que las llaves estaban bajo la batería defectuosa.

Me sentía un poco culpable al cargar la mochila y largarme, pero había quedado con Wilfried en pocos días. Probablemente nunca sabré cómo terminó la historia del camión.

En las afueras de Santa Cruz subí a un bus en dirección a Cochabamba, Bolivia. Tras algunas horas de conducción, comenzó el primer ascenso. La polvorienta estepa dejó paso a la selva tropical. Curva tras curva fuimos subiendo la montaña, y de repente nos adentramos en las regiones lluviosas y nebulosas de los Andes. Aquí, la hierba y los árboles de hoja perenne decoraban el paisaje rocoso y poco denso. La escena era mágica; ¡no podía separarme de la ventana!

Desde Cochabamba fuimos a La Paz. Cuando llegamos, el cielo cambió de negro a azul cobalto. Ayudé a una mujer vestida de lana a sacar sus bolsas enormes de plástico blanco de la zona de equipajes del autocar. Llevaba un sombrero de chola, con forma de bombín, y unas trenzas. Era la señal de su estatus. Cuanto más alto era el sombrero y más delicado el material, mucho mejor. A las campesinas que llevaban ese peinado se las conocía como cholitas. En las zonas urbanas interiores, la gente que vestía al estilo occidental miraba con desdén a quienes llevaban sombreros de bombín.

También llevaba falda, medias largas y zapatos con hebilla. Me dio las gracias con una sonrisa y vi cómo le brillaban los dientes de oro. Agarré mi equipaje y empecé a buscar el mejor medio de transporte hacia Perú.

Al principio no me di cuenta, pero empecé a respirar con el pecho y rápidamente. El aire frío de las altitudes elevadas sabía a piedra y humo. La Paz es la capital más alta del mundo, con 4.300 metros, aunque la ciudad de Sucre, donde se encuentran la mayoría de los edificios gubernamentales, también reclama capitalidad.

El casco antiguo de La Paz está en un sumidero rodeado de las zonas modernas de la ciudad, que se encuentran en terreno más elevado y se las conoce como El Alto. Las fachadas eran coloridas y con formas graciosas. Me recordaban a una mezcla entre la arquitectura de los setenta y *Star Wars*. ¡Jamás había visto nada igual! Esa arquitectura es única sin lugar a dudas; no la encuentras en ningún otro lugar del mundo. En la parte superior de los edificios comerciales, los propietarios han construido casas de estilo occidental que no encajan con el resto del entorno.

❖

El siguiente tramo de carretera me llevó de La Paz a Perú, dejando atrás campos de patatas, maíz y quinua. Los conquistadores españoles consideraban que el grano de quinua era «la comida de los pobres» y se lo daban a los animales. Por eso a muchos nativos no les gustaba la idea de añadirlo a su dieta. Durante décadas, se rechazó ese alimento delicioso y lleno de nutrientes, hasta que los norteamericanos y europeos lo descubrieron como una comida saludable y comenzaron a venderlo a precios elevados. Actualmente, por alguna misteriosa razón, la quinua es parte normal de la dieta autóctona.

El lago Titicaca se extendía calmadamente hacia la derecha. En el horizonte se atisbaban las puntas de las montañas. Las calles estaban embarradas y la gente hacía caso omiso a las señales de tráfico. El que frena primero —por lo general, a escasos milímetros del choque— cede el paso.

Igual que el tuk-tuk tailandés, los taxis aquí eran triciclos largos y cubiertos o motocicletas de tres ruedas. La gente tenía un aspecto similar a los bolivianos, aunque las mujeres no llevaban cholas. Lo que sí era tendencia eran unas mantas rayadas de colores alegres llamadas *aguayos*. Las usaban para transportar alimentos o niños en la espalda.

Por la mañana, un camionero me llevó a través del impresionante paisaje de Perú y me dejó a solo cien kilómetros de Cuzco.
El paisaje allí era árido y sin árboles. Había llamas y alpacas que
pastaban en los prados abiertos y anuncios de los partidos políticos
pintados en las casas y las paredes de los pequeños pueblos. De vez
en cuando se veían hornos de fuego disponibles para que la gente
hiciera sus propios ladrillos.

Llegué a tiempo a mi cita con Wilfried. Solo disponía de dos semanas y media para viajar conmigo, pero nos propusimos sacarles el
máximo partido.

Cuzco es un punto de partida habitual para las personas
que quieren visitar la antigua ciudad inca de Machu Picchu. Por
supuesto que queríamos visitar la ciudadela inca, pero yo tenía otra
misión especial que emprender. En Manaos había conocido a una
artista urbana brasileña. Cuando le conté mis planes, me explicó
que un amigo suyo llamado Volver vivía en Cuzco. Hacía años que
no lo veía y quería mandarle recuerdos. Le prometí hacerlo.

Pero había un pequeño problema. En Cuzco viven unas
350.000 personas, y lo único que sabía es que el chico se llamaba
Volver. Pero le había dado mi palabra, y además me encantan los
retos. ¿Sería posible encontrar a una persona sin usar las redes sociales? Me picaba la curiosidad.

La única pista es que quizá era un artista urbano o jipi igual
que ella. Wilfried y yo dejamos las mochilas en una oficina de
turismo en la Plaza de Armas. Es curioso que las plazas centrales de casi todas las ciudades sudamericanas tengan ese nombre
bélico. Nos dirigimos a San Blas, el distrito alternativo de la ciudad. Di algunas vueltas por allí preguntando a cualquiera que
pareciera conocer el lugar.

—¿Te refieres a Golber, el chico que tiene dos huskies? —sugirió un artesano.

Al menos sonaba parecido... Quizá, por el acento, la chica no diferenciaba entre la ge y la uve.

—Puede ser. ¿Dónde puedo encontrarlo?

—Vive en las ruinas de Sacsayhuaman, pero viene a menudo para trabajar en la tienda Maracuyea. Pruébalo esta noche.

Y eso hice. En la tienda, que olía a incienso, había algunos tambores africanos y un didyeridú, camisetas y pantalones coloridos colgados de las paredes y joyas de huesos y piedras semipreciosas expuestas en mesas bajas. Me encontré con Golber antes de lo que esperaba. Resultó ser un joven trapecista. Le transmití los saludos de su amiga.

—¡Muchas gracias! ¡Qué fuerte! —exclamó Golber guiñándome el ojo—. Eres un chasqui, ¿no?

—¿Un chasqui?

—Sí, así se conocía a los mensajeros incas. Viajaban a pie, como tú. ¡Y llevaban mochilas como la tuya!

Por alguna razón, la idea me atrajo.

Además de hacer turismo en Machu Picchu, Wilfried y yo subimos el Chachani, un volcán inactivo de seis mil metros de altura. El aire a esa altitud estaba helado y falto de oxígeno, de modo que cada movimiento requería cinco veces el esfuerzo habitual. Pero valió la pena; desde la cima, la tierra parecía una alfombra a nuestros pies. Fue una de esas experiencias que solo vives una vez.

Cuando Wilfried regresó a Europa, trabajé en Bolivia un tiempo como guía turístico en Uyuni, la salina más grande del mundo. La mina de sal me sorprendía constantemente; cactus saguaro, flamencos, géiseres burbujeantes, crías de llama...

A pocos días de Navidad partí hacia Salta, donde pasaría las vacaciones con los amigos de Wilfried.

El camionero frenó y nos detuvimos. Miró por la ventana llena de polvo.

—Pues ya hemos llegado: Atocha.

Era poco después de medianoche y la ciudad boliviana estaba desierta y oscura.

—¿Estás seguro de que quieres bajar aquí?

—Sí, ¡muchas gracias!

Me colgué la mochila, abrí la puerta y salté del camión.

—¡Buen viaje! —dije tocando el capó dos veces para despedirme.

Hacía frío. El camino era amplio y arenoso. El brillo de la luz de la luna sobre las casas de barro era inquietante. La silueta de un hombre se acercó lentamente desde un callejón oscuro.

Le saludé para que notara mi presencia y se giró. Le sacaba una cabeza y llevaba un casco de bicicleta viejo envuelto en varios metros de hilo y basura de plástico. *¡Qué cosa más rara!*, pensé, pero me pareció que valía la pena intentarlo.

—Disculpe, ¿conoce algún lugar dónde pasar la noche?

El hombre se me quedó mirando durante un minuto sin musitar palabra. Repetí la pregunta.

—*Ari, ari* —dijo asintiendo con la cabeza, meneando el casco y la basura.

Quizá su actitud se debía a una larga adicción a las drogas.

Dimos un paseo nocturno por el pueblo. Al cabo de un rato llegamos a una gran plaza pavimentada. Las farolas sucias iluminaban el lugar en un tono amarillo pálido.

Le pregunté si ese era el lugar y asintió. Al instante, se esfumó tras una casa. Me encontraba ante lo que parecía una estructura de chapa corrugada llena de bolsas de basura. *No es que sea un cinco estrellas, pero me valdrá para dormir un par de horitas.*

Desplegué el saco de dormir y el colchón delante de una esquina. Puse la mochila en una bolsa de plástica negra y la coloqué entre la pared y yo, de modo que si algún ladrón trataba de alcanzarla tendría que pasar por mí antes. La bolsa de basura era una protección adicional. Con ella, el equipaje parecía carecer de valor, y si alguien trataba de llevárselo haría ruido. *Pues nada, buenas noches.*

Acababa de conciliar el sueño cuando me despertó un ruido. *¿El hombre del casco?* Me levanté y, ante mí, aparecieron una docena de pares de ojos. *¡Perros callejeros!* Un escalofrío me recorrió la espalda. El perro que tenía más cerca bajó la cabeza y gruñó. El resto se le unieron enseguida. Me enseñaron sus brillantes caninos. Lucían escuálidos y demacrados, les faltaba piel en varias partes del cuerpo. Por su constitución, supuse que eran perros de caza. Su mejor presa en este desierto serían un par de ratas. Debían de estar muertos de hambre.

En Bolivia se oyen historias de perros callejeros que atacan a niños por la noche. Quizá yo no era un niño, pero, encogido en el saco, tenía la misma altura. Analicé la situación rápidamente y no tenía muchas posibilidades. Con los pies en el saco no podía echar a correr. Y, aunque pudiera, los perros serían tres veces más rápidos que yo. Además, me superaban en número. Si la jauría me atacaba, no habría nada que hacer.

Tenía menos miedo del que sería de esperar. No sabía qué hacer; oré confiando en que Dios me cuidaría una vez más. En aquel entonces, ya estaba convencido de que había una vida mucho mejor en el cielo después de la muerte, aunque me avergonzaba estar tan manifiestamente apegado a mi insignificante existencia terrenal.

Unos cuantos perros más que estaban hurgando en la basura vinieron para llenar los huecos y cerrar el círculo. No había escapatoria. Pero, por alguna razón, no me atacaron. Quizá los intimidaba.

«*¡Fuera!*», grité en voz alta, tratando de mostrar tanta autoridad como fuese posible. Un par de perros se asustaron y tres retrocedieron un poco. Pero entonces comenzaron a ladrar y gruñir y se acercaron más que antes. Tratar de asustarlos era claramente una mala idea.

Pero, a pesar de que parecían listos para atacar, ninguno se acercaba más de dos metros. *¿Sería por inseguridad?* Es posible. Quizá era la primera vez que se encontraban a un tipo blanco durmiendo en un saco.

¡DONG, DONG, DONG!

Los perros se giraron. Había un burro campando a sus anchas que mordió una bolsa de plástico del montón de basura y la zarandeó de un lado a otro. La basura se esparció por el suelo. Los perros se olvidaron de mí al instante y corrieron hacia el animal, ladrando con rabia. En lugar de echar a correr, bajó la cabeza para devolver el ataque a la jauría. Me quedé con la boca abierta viendo al animal de carga perseguir a los perros por la plaza. Me pellizqué para asegurarme de que no era un sueño. ¡Qué disparate! El burro se estuvo peleando con los perros hasta el amanecer y los mantuvo lejos de mí.

¡Qué noche más surrealista! ¡Salvado por un burro! Nadie lo creerá cuando lo cuente.

EL MOMENTO MÁS INCÓMODO DE MI VIDA (HASTA AHORA)

ME LAS APAÑÉ PARA regresar a Cuzco desde el norte de Chile, pero ahora tenía que enfrentarme a un problema distinto.

Después de que me fuera de Alemania, mi familia se mudó a otra parte y abandonó la casa donde me crie. Me había pasado toda la vida allí, jugando en el jardín, oyendo a las ovejas y cabras balar. No me imaginaba ningún otro sitio como mi hogar. Era mucha información que procesar.

Por desgracia, la mudanza me supuso un problema aún mayor: estaba legalmente obligado a empadronarme en la nueva dirección. Los asesores jurídicos les habían dicho a mis padres que solo

podía hacerlo yo mismo en persona, y que las vacaciones no bastaban como razón para apoderar a un tercero como representante.
Dejando a un lado la posible multa de varios miles de dólares que
podían imponerme, la peor parte era arruinar mi sueño de viajar
por todo el mundo sin subir a ningún avión.

Mis padres habían llamado al juzgado para preguntar si había
algún modo de empadronarme sin tener que regresar. La respuesta
fue un rotundo no. Para situaciones excepcionales podían otorgarse
derechos de representación, pero solo en caso de ingresos hospitalarios de larga duración o ausencias por razones laborales.

Para mí, la situación era un despropósito. Mi madre, en cambio,
estaba encantada con la posibilidad de verme en Navidad.

Pero, sorprendentemente, no me sentía preocupado. Tenía la
convicción de que sucedería algo y todo iría bien. Ya había tenido
suerte muchas otras veces y había logrado llegar hasta aquí. No
podía ser mera casualidad.

Me dejé llevar por el pálpito y envié mi identificación y autorización de representación por correo a mi familia. Les llamé y se
lo expliqué:

—No sé, me da la sensación de que va a salir bien. Ve a la oficina de empadronamiento e inténtalo, por favor.

—Pero han dicho que tienes que ir tú en persona —replicó mi
madre al otro lado de la línea.

—Sí, ya lo sé, pero inténtalo.

Le rogué hasta que accedió.

Cuando recibieron el paquete, mi padre llevó los documentos al
registro civil. Estaba convencido de que no lo atenderían y rechaza-
rían su solicitud. Cuando llegó su turno en la oficina, sin embargo,
un técnico apareció en la sala con una caja: «Tengo la solución a
todos sus problemas», dijo sonriendo a las secretarias.

Resultó que la impresora y fotocopiadora de la oficina se habían
estropeado el día anterior y las dos encargadas estaban desesperadas

por que las arreglaran. El técnico charló con ellas un rato mientras las reparaba. Con su atención puesta en el técnico, una de ellas se despistó e introdujo mi registro de empadronamiento en el sistema sin darse cuenta de que no era válido. Lo selló y se lo devolvió a mi padre sin hacerle más preguntas.

¡Ya estaba empadronado!

Me quité un enorme peso de encima. ¡El técnico también había solucionado mis problemas! Ahora podía continuar viajando en autoestop a la costa occidental de Sudamérica y desde allí a Lima, la capital de Perú. Los amigos de unos amigos a los que conocí en Río me alojaron y me enseñaron el lugar.

La anfitriona, una mujer de mediana edad, me llevó al velorio de una compañera suya que había fallecido recientemente. Allí viví el que probablemente sea el momento más incómodo de mi vida.

El ataúd estaba hecho de madera clara y la tapa, abierta. Estaba decorado con cintas y jarros, y unas setenta personas habían puesto tarjetas y flores. La sala del tercer piso de la funeraria no disponía de mucho más atuendo. Había sillas de plástico ante las paredes lisas. El suelo era de azulejo oscuro con un brillo mate. En la entrada había tres mesas con bocadillos y café, pero el ambiente era sombrío y pesado.

—Vamos a saludar a la familia —dijo la anfitriona.

Me presentó al viudo y a su hijo mayor. Les estreché la mano y les transmití mi pésame.

—A mi mujer le hubiera encantado conocerte —dijo el hombre, sonriendo con dolor, y señaló el ataúd—. Por favor.

Nos acercamos cabizbajos al ataúd y miramos dentro. En medio del terciopelo rojo había una mujer de unos cincuenta años. Tenía el pelo oscuro y liso, bien peinado. Parecía sonreír sutilmente, con las manos sobre el regazo.

—Un infarto —murmuró mi acompañante.

Me toqué el pecho, empatizando, y me senté en una silla en la esquina de la sala. Me sentía inútil y miserable, rodeado de tanto dolor y sufrimiento sin poder hacer nada al respecto. Víctima de la incomodidad, saqué la Biblia de bolsillo en español que me había regalado un amigo boliviano y comencé a leer.

—Perdona…

Alcé la vista. Era el viudo.

—¿Podrías pronunciar unas palabras? —dijo señalando la Biblia.

—Eh, sí, claro… —contesté.

Leí un pasaje que me pareció apropiado para la situación. Me sentí contento de ayudar de alguna forma. Después de leer, el hombre asintió satisfecho con la cabeza e hizo una señal a sus hijos. Al instante, comenzaron a reunir a la gente. Me quedé mirando con inquietud mientras se aglomeraban alrededor del ataúd.

¿Pero qué pasa? ¿Alguien va a predicar? Un momento… No esperarán que…

Miré al viudo con inseguridad. Me miró como si esperara algo. *¡Ups!* Al darme cuenta del enorme malentendido, me puse pálido. La gente pensó que yo era un misionero o alguien con potestad para oficiar la parte espiritual de la ceremonia. ¡Pero ni hablar, imposible! En la desesperación, volví a mirar al viudo a los ojos.

¡Oh, no! No puedo decepcionarlos… Me di una pequeña charla motivacional interna. *Vamos, un par de versículos y una oración. ¿Qué puede salir mal?*

Me levanté en silencio, con el corazón a mil. *Ya no hay vuelta atrás.* Di la bienvenida a los asistentes. Para mostrar quién era, abrí la Biblia y leí en voz alta los versículos que le acababa de leer al viudo. *Bueno, pues parece que no va tan mal.* Me temblaban las manos. *¿No debería tener algún tipo de relación con la fallecida para poder decir algo sobre su vida?*

Carraspeé con incomodidad y proseguí: «Siempre es triste que alguien muera». *Vamos, adelante.* «Y estamos muy tristes de que…».

¿Cómo se llamaba? «De que… Ah…». Entré en pánico. Empecé a mirar a los asistentes. *¡Ayuda!* Nadie sabía qué me pasaba. «Estamos muy tristes de que la difunta… falleciera».

Más me habría valido golpearme en la cara con toda la mano abierta. *¡Qué desastre!* Además, no dominaba muy bien el idioma, así que empecé recurrir a las palabras más aburridas del mundo. Parecía que me iba a estallar el corazón, y tartamudeaba de los nervios: «Muchos tienen recuerdos muy personales con…». Miré las tarjetas y las flores en búsqueda del nombre… *Cómo se llamaba…* «Tienen recuerdos muy personales con… la difunta».

¡Qué despropósito! Hasta aquí podemos llegar. «Démonos las manos y oremos. Señor, por favor, dale… mmm… apoyo a la familia de la fallecida… y a sus amigos». *¡Patético!* «Te pedimos que recibas… a la difunta… y la guardes en tu paz. Amén».

Los dolientes me miraban horrorizados. Me sentí como el timonel que acababa de embestir el Titanic contra el iceberg. *Tierra, ¡trágame!* Crucé aturdido el pasillo hasta sentarme al lado de mi anfitriona entre la multitud.

«¡Te has olvidado de cómo se llamaba!», me susurró, asombrada, como si yo no me hubiera dado cuenta. El viudo trató de salvar la situación con un breve discurso. Se notaba que mis palabras le habían sentado mal. Al terminar, la anfitriona me sacó de la sala. Debí haberme despedido para ser educado, pero parecía más sensato evitar la confrontación.

Una cosa estaba clara: ¡esa gente jamás me olvidaría!

❖

Fui en autobús a la zona norte de Lima y me situé en una gasolinera, listo para hacer autoestop hasta Ecuador. El tráfico era poco concurrido en mi lado y nadie se detuvo. Pasé junto a unos camiones estacionados en la mediana de arena para hacerles algunas preguntas. Uno de los chóferes se ofreció a llevarme si lo ayudaba a cargar.

Un trato justo. La carga contenía todo tipo de plantas en macetas, bolsas y paquetes que estaban en la mediana. Agarré un par de arbustos pequeños y los subí al camión. Y luego otros dos. «Cuanto antes terminemos, antes arrancaremos», dijo uno de los trabajadores mientras subía un montón de flores.

Cargábamos a ritmo constante. El sol picaba. Poco a poco, fuimos llenando el camión. Ya anochecía cuando cerramos las compuertas. Me saqué la camiseta para abanicarme. *Listo.* Un par de personas subieron al camión y se pusieron en marcha.

¡¿Van a dejarme tirado?! Perseguí al camión a toda prisa mientras este se alejaba lentamente. Al final alcancé la cabina y les grité:

—¡Eh! ¡Se olvidan de mí!—Lo siento. No cabes.

Me quedé ahí plantado sin palabras mientras el camión se desvanecía. «Es parte de la vida; de todo se aprende», habría dicho mi padre. Y con toda la razón. De hecho, suerte tuve de que solo fue una noche de trabajo. Pero la recompensa de la sabiduría no me reconfortaba mucho. Daba cierta perspectiva a la dolorosa situación, pero no me animaba.

Y entonces me vino a la mente algo que leí en la Biblia: hay que bendecir a los enemigos. No es que el camionero fuera mi enemigo, pero se había aprovechado de mí. Además, por mucho que quisiera guardarle rencor, a él no le importaría lo más mínimo; solo yo cargaría con el peso del resentimiento.

En lugar de seguir enfadado, decidí dejarlo estar y desearle lo mejor al conductor. No fue fácil al principio, pero poco a poco se me fue esbozando una sonrisa en la cara. Al cabo de un rato estaba más animado y comencé a buscar la manera de desplazarme.

Solo pasé una semana en Ecuador, pero estuvo repleta de grandes experiencias y nuevas amistades. En retrospectiva, no puedo creer que estuviera allí tan poco tiempo. Uno de los puntos destacados fue subir al Chimborazo, un volcán inactivo, con unos estudiantes y jugar a lanzarnos bolas de nieve a mitad de camino. Una pasada, ¿no?

Me hubiera encantado quedarme más, pero mi destino inmediato era Panamá. Si no llegaba a tiempo, terminaría la temporada de viajes por el Pacífico. La ruta más directa pasaba por cruzar Colombia. Ya me habían advertido sobre las guerrillas, y de hecho sufrí sus consecuencias el segundo día en el país. Las tropas de los rebeldes volaron un puente del camino por el que iba. Nadie resultó herido, pero pararon el mundo durante varias horas.

La razón de este tipo de atentados es supuestamente política, pero en realidad todo gira alrededor de la cocaína. Por eso, mientras evites las regiones de cultivo de las zonas campestres, no tienes de qué preocuparte. Eso sí, ir allí es jugarse la vida. Un gramo de cocaína colombiana cuesta cinco dólares en el país, pero en Europa y los Estados Unidos se vende por más de cien. El negocio de la droga vale millones, y los traficantes están dispuestos a sacrificar la vida de quien sea para mantenerlo.

Dejando eso de lado, los colombianos son igual de acogedores que los venezolanos o ecuatorianos. Les encanta ese estilo de vida enormemente alegre, relajado y latino.

No había caminos que cruzaran la selva entre Panamá y Colombia, así que acudí a la histórica ciudad portuaria de Cartagena y allí busqué un velero que fuera a Panamá.

Tras varios meses viajando por tierra, ahora volvía a la caza de barcos. El club de veleros no me permitía acceder a los muelles, así que colgué un anuncio en la pared de la entrada. Tarde o temprano podría hablar con algún armador.

—¿Qué tal, joven? ¿Alguna novedad sobre tu viaje a Panamá? —preguntó un canadiense calvo que paseaba a su bull terrier.

El hombre vivía en el barco, así que pasaba mucho tiempo en el club. Ya me había topado con él varias veces cuando salía a pasear. Había sido el gestor de un club de estriptis en Quebec durante varios años, pero ahora se dedicaba al sector inmobiliario. Tenía muy buen sentido del humor, pero me daba la sensación de que mejor no tenerlo como enemigo.

—De momento nada, pero solo llevo un día intentándolo —respondí esperanzado.

—¿Dónde has pasado la noche?

—Por aquí —señalé el pasillo—. Colgué la hamaca en unas obras, entre la excavadora y una palmera. El vigilante me dio permiso.

—*Suite* con vistas al mar, ¿eh? —contestó entre risas.

Me ofreció su barco para pasar la noche y acepté con gusto.

Al día siguiente, en los muelles, entablé conversación con un suizo muy alto. Le expliqué que buscaba un barco:

—¿Sabes cocinar? —me preguntó.

—Cocinar, ¿yo? Bueno… —contesté alzando una ceja.

—El cocinero que tenía no ha superado la prueba. Hasta quemó el arroz… ¡en una olla de teflón!

Unos días antes, a mí me había pasado eso mismo. Ya había aprendido a evitarlo, pero… ¿trabajar como chef?

—Bueno, arroz sí sé cocinar —respondí evasivamente.

—Perfecto. El viaje chárter al archipiélago de Panamá dura una semana. Este es el menú; somos seis.

El suizo me entregó una lista larguísima. La ojeé y me di cuenta de que desconocía la mayoría de los platos… Pollo al curry thai, pasta a la puttanesca, langosta, pollo asado… ¡Se me despertó el hambre solo de leerlo!—¿Cuánto tengo para decidirme?

—En una hora tienes que traerme el pasaporte. Zarpamos mañana temprano. —Iba con mucha prisa—. ¡Quedamos aquí en una hora! —añadió.

Me pasé las manos por la cabeza; no sabía qué hacer. ¡La oportunidad era única! Ojalá supiera cocinar mejor… ¿Y ahora qué? Me hacía falta un milagro para superar una semana entera de «pruebas de cocina» a bordo. Fui pitando al barco del canadiense y entré en la cabina.

—Me han ofrecido partir mañana hacia Canadá en un velero chárter —dije balbuceando. El hombre apartó la vista del móvil—. Pero creo que lo rechazaré.

—¿Por qué? Era lo que querías, ¿no?

—Sí, pero es que me quieren como cocinero… Y no se me dan muy bien los fogones.

—¡TIENES QUE ACEPTAR! —me espetó el canadiense dando un golpe en la mesa. Retrocedí—. Yo fui cocinero. Déjame ver la carta.

Le enseñé la lista.

—¡Bah! ¡No te asustes, que esto es pan comido! Siéntate, que te explicaré un par de cosas. ¡Vas a pasar una semana estupenda!

Me explicó por encima cómo cocinar los platos. Al cabo de una hora llevé el pasaporte al suizo con una sonrisa de oreja a oreja. Por la noche, el canadiense me enseñó todo lo que sabía sobre cocina. Me dio tres reglas clave: prueba siempre la comida mientras cocinas, los ojos también comen y la comida se sirve caliente.

Lo tocamos todo un poco: desde cocinar, hasta decorar los platos y presentar la comida. También preparó una mezcla de especias y me la regaló. En el fondo, yo aún no las tenía todas conmigo, por mucho curso intensivo nocturno que hiciéramos. Pero resultó que el canadiense tenía razón: ¡sé cocinar!

«¡Madre mía, pero si está más bueno que la comida de mi abuela!», exclamó uno de los turistas durante la primera semana.

Al final del trayecto, el suizo me prometió recomendarme si se enteraba de algún bote que cruzara el Pacífico.

Le debía una al canadiense, no solo por lo bien que fue la cocina en el viaje, sino también por enseñarme una lección importantísima: en la vida hay que intentar quitar todas las barreras posibles, como hizo él por mí. Con un poco de ayuda, la gente sigue adelante con planes que nunca emprenderían solos, y en la mayoría de circunstancias es fácil ayudarla. Se trata de dar buenos consejos y conectar con las personas. A veces basta con un par de palabras de ánimo. No siempre requiere demasiado tiempo ni esfuerzo invertir en el futuro de los demás. Y con un par de pequeñas piedras das rienda suelta a una avalancha de cosas buenas.

Febrero del 2015

El archipiélago de San Blas se encuentra entre Colombia y Panamá y luce tan caribeño como podría imaginarse: islas pequeñas e idílicas, de ensueño, con playas luminosas de arena blanca y cientos de palmeras. Están rodeadas de agua turquesa, arrecifes coloridos y restos de barcos por aquí y por allá para explorarlos mientras buceas. ¡Parecía una postal!

Los guna pueblan las islas. Son un pueblo aborigen que llevan un estilo de vida tradicional de pesca, pero también dependen mucho del comercio con los turistas. Les venden cocos y bordados de mola. Me pareció curioso que muchas de las prendas de mola más cotizadas son las que tejen los travestis.

También me llamó la atención que, en el pueblo guna, los travestis no lo son por orientación sexual, sino porque desde pequeños se los cría como niñas en una sociedad matriarcal. Si pasa mucho tiempo sin que nazcan niñas en la familia, eligen a un niño y lo educan como si fuera una chica. Lo visten con ropa femenina, le enseñan a hablar en voz alta y le asignan las tareas que tradicionalmente se asocian a las mujeres.

Más adelante descubrí que esta costumbre también se practica en la isla de Samoa, en el océano Pacífico, así como en la Polinesia Francesa, aunque en esta última se selecciona al niño más fuerte de la familia. Se le cría como si fuera una niña y luego ayuda a la madre a cuidar la casa. La mayoría miden más de dos metros, son corpulentos y van mal afeitados, pero visten ropa femenina tradicional, llevan pintalabios y hablan en voz alta. En la Polinesia se los conoce como *rae rae*.

Para la comunidad, ser rae rae es un gran honor. La mayoría de ellos no son homosexuales, así que suelen vivir en celibato. Hay turistas que creen que pueden tener sexo fácil con los rae rae, como pasa con las prostitutas transexuales de Tailandia. Los que lo intentan, probablemente acaban con un par de dientes menos. Los francopolinesios, por muchas flores que lleven en el pelo, siempre están listos para propinarte un buen puñetazo.

De pequeño me encantaba el cuento ¡Qué bonito es Panamá!, de Janosch. Los protagonistas son un oso y un tigre que encuentran una caja de madera de banana en la que pone «Panamá». Les invade el deseo de viajar allí, así que emprenden su camino para llegar. Pero, sin saberlo, empiezan a dar vueltas a un mismo punto. Después de un largo periodo, llegan a su propia casa y ni la reconocen. Las plantas han crecido como en la selva y la casa se ha derrumbado. Luego se encuentran los restos de la caja donde ponía «Panamá» y estallan de alegría: ¡se creen que han llegado a América! Entonces reconstruyen la casa y viven felices comiendo perdices en ese idílico hogar.

Es una tierna historia y, como todo buen libro infantil, ofrece también una moraleja a los adultos: el tigre y el oso solo necesitaban vivir felices, es decir, en Panamá. Pero, al final, nunca llegan allí. Se sienten satisfechos en la misma casa donde habían residido siempre.

No fue el cambio externo lo que les cambió la vida, sino la transformación de su perspectiva interna; mirar lo antiguo con ojos nuevos.

El autor Nikolaus Lenau escribió una cita para la posteridad: «Muchos buscan la felicidad como otros buscan el sombrero: lo llevan encima y no se dan cuenta». Tratamos de convencernos de que si tuviéramos más dinero, perdiéramos peso o encontráramos pareja seríamos felices. Como si lo que ya tenemos fuera bueno, pero no suficiente.

Incluso la gente más pobre de Europa y América del Norte disfruta de más lujos que la mayoría de personas de la historia. Podemos elegir entre miles de productos del supermercado, desde libritos de jamón y queso hasta plátanos del otro lado del charco, pasando por el helado de chocolate. Un siglo atrás, ¡incluso los reyes nos habrían envidiado! Televisiones, móviles, calefacción, aire acondicionado, agua corriente, electricidad, coches, clubes deportivos, medicinas, lavadoras... ¡La vida nunca había sido tan fácil y cómoda como ahora!

Con tantos avances, ¿no deberíamos ser los más felices de la historia de la humanidad? ¿Y qué hay del sinfín de personas de otros países que no gozan de tantos beneficios? Por el contrario, en mi viaje conocí a muchísima gente que vivía más feliz y satisfecha en sus cabañas de bambú que la mayoría de dueños de Porsche de Alemania.

De hecho, ¡ni siquiera un viaje alrededor del mundo como el mío me hace feliz al instante! Pero he adquirido una forma nueva de ver el mundo; ahora lo contemplo desde el prisma de la gratitud y atesoro cada experiencia. Y es así como he encontrado algo de felicidad.

¡Qué bonito es Panamá!

Y de verdad que lo es.

Me bajé del barco en Portobelo, que significa «el puerto bonito». Es una pequeña ciudad con mucha historia en la bahía de Panamá. Está llena de ruinas con piedras musgosas, cañones viejos y edificios coloniales derrumbados. Me sentía como si hubiera descubierto una guarida pirata. Está completamente rodeada de montañas y una verdísima selva tropical. Por enésima vez, ¡no podía creerme lo que estaba presenciando!

De niño, pensaba que Panamá estaba tan lejos que ni siquiera estaba seguro de que existiera de verdad. ¿Tal vez estaba cerca de Tombuctú? En mi ingenua e infantil imaginación, sí. Más tarde descubrí que esa mítica ciudad de la que todo el mundo ha oído hablar —pero casi nadie ha visitado— se encuentra en el borde del Sáhara. Al fin y al cabo, solo las separa un tercio de la superficie terrestre, así que ¡están prácticamente al lado!

Desde Portobelo caminé e hice autoestop hasta Shelter Bay, un puerto recóndito en la entrada norte del canal de Panamá. Cada año, cientos de barcos zarpan de ese puerto para cruzar el canal y surcar el océano. Seguro que en alguno había hueco para mí. Febrero y marzo son los mejores meses para emprender el recorrido por el Pacífico. Es cuando los vientos alisios del este soplan con bastante constancia, de modo que puedes pasar mucho tiempo en las islas del Pacífico sin temer que te alcance una tormenta tropical.

La primera noche dormí cerca del puerto, en una playa solitaria. Había cangrejos que correteaban por todas partes en búsqueda de comida. La brisa me traía a la cara el olor del mar caribeño. Cuando el sol se sumergió en el mar, se encendieron decenas de luces de buques de carga que hacían fila para cruzar la esclusa del canal. En el cielo brillaba un sinnúmero de estrellas.

Una vez más, me vi humillado de asombro ante la grandeza y complejidad del universo. *¿Hasta qué puntos inimaginables se*

extenderá? Y pensar que conocemos ya más de mil millones de galaxias…
Decir que lo diseñó un genio se queda corto.

Mi pequeña vida terrenal era realmente increíble. Estaba seguro de que conseguiría avanzar en mi viaje. Al fin y al cabo, había muchos barcos y poca competencia. Me ilusionaba tanto la idea de cruzar el Pacífico… Y, además, ¡durmiendo en esa playa me sentía como Robinson Crusoe!

Al amanecer, escondí la mochila entre los arbustos y me dirigí a los muelles con mis mejores galas y una libreta. Anoté las tripulaciones de los barcos con las que había hablado y con cuáles todavía no. Cuantas más personas tuvieran mi contacto, mayores serían las probabilidades de que uno conociera a otro que necesitara ayuda o alguien me recomendara.

No solo me dedicaba a pedir un sitio en los barcos, sino que también me encantaba entablar nuevas relaciones. Al final, mi estilo de viaje dependía íntegramente de ellas. En realidad, la vida de todo el mundo depende de ellas, aunque muchas veces no nos percatemos.

Ya el primer día di con un barco que iba a cruzar el Pacífico y necesitaba tripulantes. Se trataba de un matrimonio y su hijo que volvían a Australia. La madre tenía que someterse a una operación antes de zarpar, así que no abandonarían Panamá hasta dentro de un mes. No me suponía problema alguno, ya que no tenía prisa ni plazos, así que llegamos a un acuerdo que parecía dicho y hecho. ¡Casi demasiado fácil para ser real!

Pasé el resto del mes ayudando a una amiga a la que conocí en las Canarias. Regentaba una empresa en Panamá que ofrecía servicios a los yates que cruzaban el canal. Pude quedarme en su casa e incluso gané algo de dinero trabajando como «gestor de filas», ayudando a los barcos a cruzar el canal con seguridad. Cuando entra o sale agua de las esclusas hay que mantener a los barcos en medio del canal, en cuatro filas. De lo contrario, la vorágine desplazaría a los barcos contra el muro y los dañaría gravemente. Mi trabajo consistía en evitar eso, y pude cruzar el canal hasta seis veces. Incluso pude nadar en él tres veces y lo surqué dos veces con una autorización especial.

El canal de Panamá se considera una de las siete maravillas del mundo moderno. Fue uno de los mayores proyectos de construcción de toda la historia humana, y más de treinta mil personas perdieron la vida en su construcción. La mayoría no murieron en accidentes, sino por enfermedades tropicales. El canal proporciona un desvío que ha ahorrado a los marinos millones de viajes por el «cementerio marítimo más grande del mundo», el cabo de Hornos, en el extremo sur de Sudamérica. Se estima que más de ochocientos barcos naufragaron en sus traicioneros mares. Además, el canal ahorra dos semanas de navegación entre el Atlántico y el Pacífico.

Panamá no debe su fama únicamente al canal. Durante mucho tiempo ha sido un paraíso para evadir impuestos y blanquear dinero. No es difícil fundar una empresa fantasma en el país y registrar un domicilio. La información sobre los titulares financieros y el capital se almacena anónimamente. Gobierno y ciudadanos están al tanto y, como es de esperar, oficialmente muestran su desaprobación. Pero a puerta cerrada todos lo ven con buenos ojos; lo más probable es que la situación no cambie.

Estas circunstancias han llevado a la ciudad de Panamá a un desarrollo fugaz y un horizonte impresionante. El sector de servicios, incluido el canal, sienta las bases para la construcción de la economía panameña. Los bancos y el comercio constituyen el segundo estrado. El colofón del paraíso tributario lo ponen las casas de lujo, el agradable clima y el asumible costo de vida.

Marzo 2015

Unos días antes de la supuesta fecha en que zarpábamos, recibí un correo electrónico de la familia australiana:

> «Hemos decidido hace un par de días llevar a unos amigos a Australia con nosotros. Sintiéndolo mucho, no nos queda espacio. Te deseamos lo mejor. ¡Que vaya bien!».

Leí el correo por segunda vez. *¿¡Cómo!?* De repente pareció rodearme una nube negra y pesada. Fue un golpe duro. Se me borró la sonrisa y me entró dolor de cabeza y fatiga. Tuve que aguantarme la cabeza con ambas manos, porque me derrumbaba.

¿Y ahora qué?

Me obligué a respirar hondo. No me fastidió tanto la cancelación sino el momento. Estábamos a finales de marzo y la temporada de navegación ya estaba llegando al final. Todo el tiempo que podía haber invertido en buscar un barco lo pasé esperando a la familia australiana. Además, había estado menos tiempo en Ecuador y Colombia del que quería para no perder estas valiosas semanas para encontrar una embarcación. Ahora mis opciones eran casi nulas. Me alboroté el pelo, desesperado.

Me resonaban en la mente las palabras del australiano cuando me estrechó la mano por primera vez: «He descolgado tu anuncio del tablero; ya no lo necesitas». Para asegurarme, le pregunté si debía seguir jugando otras cartas, y me garantizó que no.

Todo ese rollo sin mencionar la posibilidad de invitar a unos amigos y dejarme a mí fuera. Mentiroso hijo de....

Me detuve antes de decir nada más. Todo mi ser rabiaba por insultarle, pero no quería incumplir mi nuevo propósito. Había decidido no desearle mal a nadie, sin excepciones. Pero tenía que gestionar la frustración de alguna forma, así que cambié de táctica; no solo no los insultaría, sino que además los bendeciría: «¡Buen viaje! ¡Buena suerte! ¡Que tengan salud, buen tiempo, encuentren cocoteros y no tengan ningún problema!».

Era casi irrisorio, así que tuve que ir con cuidado para no hacerlo con cinismo. Es cierto lo que dice el refrán de que lo que siembres cosecharás, no solo en cuanto a las circunstancias externas sino también en el interior. Desearles todo eso fue muy difícil, pero me cambió la actitud. El concepto era sencillo, pero siempre resulta mucho más fácil la otra vía.

Volví a Shelter Bay. Fui a ver a mi anfitriona panameña y le conté que me había quedado sin barco y el porqué.

—Vaya, lo siento mucho…

—No te preocupes. Seguro que surge algo mejor —contesté.

No es que respondiera eso a causa de mi actitud positiva. En realidad, era evidente que las probabilidades de encontrar barco eran bajísimas. Pero no hay que dudar de lo que no se puede ver, aunque las ganas no acompañen. ¡Eso sí que es tener fe! Leer la Biblia me estaba cambiando como persona.

Me levanté antes de que amaneciera para evitar el tráfico y fui en bus hasta el norte de Panamá. Y ahí reemprendí lo que había abandonado un mes atrás. Mis temores se confirmaron; entonces zarpaban cinco barcos al día desde el canal. Ahora, tan solo uno o dos. Y muchos iba a México o Chile, no donde yo quería.

Pero no todo eran malas noticias. Me encontré con viejos conocidos, como el suizo de mi edad al que conocí en Gran Canaria. Su modo de viaje era parecido al mío. Ahí estaba, sentado en una silla de jardín a la sombra de una casita mirando los muelles. Había iniciado su viaje yendo en bicicleta de Escandinavia a Portugal y luego buscando un barco hacia Gran Canaria.

Recuerdo lo que me dijo: «Me encantaría subir el Amazonas en kayak. Los gimnasios no me van mucho; ¡quiero un reto de verdad!».

Pensé que jamás en la vida lo lograría. Ya era un milagro que hubiera llegado a Gran Canaria.

Estaba muy cambiado. El chiquillo regordete e inmaduro al que conocí ahora era un joven alto y fuerte. Me recordaba a un vikingo, con ese pelo rubio hasta los hombros, la piel morena y la barba rizada. Se le veía apuesto y musculoso, ya no quedaba nada de ese niño. Lo del Amazonas no lo había conseguido, pero sí que había cruzado de Ecuador a Brasil en un kayak construido por él mismo. *¡Todos mis respetos!* Y la manera en que había cruzado el Atlántico tampoco era moco de pavo.

No había encontrado ningún barco en Gran Canaria, así que con cuatro autoestopistas más sobornaron a la policía con mil dólares para que les permitieran robar un bote oxidado y destartalado de quince metros que habían confiscado los guardacostas años atrás. Sin motor, radio, luces y con una experiencia marinera casi inexistente, se las apañaron para cruzar el charco. Hasta a mí me parece una misión suicida. Se las arreglaron con un GPS de bolsillo y un mapa.

A medio camino —o sea, en medio del océano— tuvieron un contratiempo: se les rompió el mástil. Empezaron a navegar cada vez más lento. Nada hacía pensar que llegarían a tierra. Para alcanzar una velocidad constante, improvisaron un mástil con una vela de balón. Además, a pesar del estricto racionamiento, se quedaron sin provisiones a unos seiscientos kilómetros de la costa de la Guayana Francesa. Sin radio, tampoco podían mandar señales de socorro.

Cuando el hambre se volvió insoportable y seguían sin ver tierra, tomaron medidas drásticas: con botellas de licor y cualquier cosa que medianamente funcionara, encendieron una señal de fuego en el bote. ¡Es la primera y única que vez que he conocido a alguien que ha prendido fuego a un barco intencionalmente!

En un increíble golpe de suerte, un pesquero venezolano los avistó. El capitán los llevó a Trinidad y Tobago, pero allí tuvieron complicaciones con las autoridades de inmigración. Como en cualquier isla soberana, es necesario estar registrado en un barco o disponer de un billete de vuelta de avión para que te dejen entrar. Tuvieron que comprar cada uno un pasaje a la Martinica para poder acceder al país. Dicha isla es parte del estado francés y, por tanto, miembro de la Unión Europea. Era el territorio más cercano bajo la jurisdicción europea.

Cuando llegaron a América del Sur no solo habían salvado la vida por los pelos; también se habían gastado mucho más dinero del que habría costado un billete de ida y vuelta desde Gran Canaria. Yo negaba perplejo con la cabeza.

—¿Cuánto llevas buscando barco? —le pregunté.

—Un par de semanas.

—¿Y bien?

—Nada de nada —contestó.

—Tú sí que sabes cómo animar a alguien —repliqué entre risas. Quizá no era el comentario más apropiado, pero me sentía optimista.

—¡Jaque mate! —espetó mi oponente con una sonrisa. Ahora íbamos uno a uno.

La siguiente partida sería decisiva. Pusimos las piezas en su sitio a toda prisa.

—¿Cuánto tiempo piensas quedarte? —le pregunté a mi compañero de ajedrez, que provenía de la parte flamenca de Bélgica.

Solo tenía treinta y tantos, pero el pelo castaño ya empezaba a retrocederle. Lo compensaba con un buen bigote y perilla. No parecía preocuparle mucho su aspecto, pero era muy apuesto. Estaba viajando alrededor del mundo con un capitán sudafricano. A escasos metros, los veleros flotaban tranquilamente en Shelter

Bay. La mesa de al lado pidió la comida. Entrada la tarde sería imposible encontrar mesa en la terraza del restaurante del puerto deportivo.

—No mucho —me respondió. Giramos el tablero y el belga inauguró la partida con el caballo—. Ya no viajo solo por placer, ahora lo combino con negocios. Estoy grabando un documental para la televisión sobre mí mismo. Lo titularé *En 80 citas alrededor del mundo*. Mi madre cree que debería ir buscando pareja, y se me ocurrió la idea de viajar por todo el planeta buscando candidatas y grabar un documental para la posteridad.

Me partí de risa y casi tiré una pieza. *¿Se habría imaginado su madre algo así?*

—¿En serio esperas encontrar así a tu mujer?

—No —respondió sonriendo—. Pero es un buen motivo para viajar y cubrirme los gastos. Al final, quién sabe lo que deparará el futuro. —Alzó la vista y me miró—. Y tú, ¿cómo te pagas los viajes?

Tuve que detenerme a pensar. No por la pregunta, sino porque mi torre corría peligro si no iba con cuidado.

—Aprovecho cualquier puesto de trabajo que se me pone enfrente. En Venezuela remodelé el baño de la policía militar, en Guayana trabajé en las minas de oro, en Río de Janeiro vendía ensaladas de fruta en la playa, en Perú hice de gasolinero en un área de servicio y aquí guio a los barcos por el canal. Para apañártelas no importa tanto lo que ganas sino lo que gastas. Por muy millonario que seas, si eres un manirroto te vas a la quiebra.

—Y tanto —asintió con la cabeza y se zampó mi torre—. Pero me da que solo el alojamiento y la comida cuestan más de lo que debes ganar con esos trabajillos.

—¡Pero qué tonto! —exclamé lamentando la pérdida de la torre—. Llevo una tienda de campaña y una hamaca que me sirven de alojamiento. A veces me invita gente a dormir a su casa. Para desplazarme viajo a dedo, así que no gasto nada en transporte y hago nuevas amistades muy interesantes, así que salgo ganando por ambas partes. Nunca como en restaurantes ni salgo de copas.

—¡Ahora lo entiendo! —dijo entre carcajadas mientras se comía mi reina—. Deja la cerveza y te harás rico.

—Más o menos. —Le guiñé el ojo. Eché un vistazo al tablero y volqué al rey—. Me rindo. *¡Hablo demasiado!*

El belga se mostró satisfecho y recostó la espalda.

—Ven a cenar a mi barco esta noche. ¿Te apetece?

El capitán del velero era un hombre de negocios sudafricano. Él y el belga se habían conocido doce años atrás en Venezuela, y el empresario le preguntó si estaría dispuesto a dar la vuelta al mundo con él en caso de que se comprara un barco. El belga aceptó sin pensárselo dos veces. Mantuvieron más o menos el contacto, y diez años más tarde el sudafricano adquirió el bote y lo llamó para preguntarle si sus ganas seguían en pie.

El belga le respondió que sí por segunda vez sin dudarlo. Habían emprendido el viaje hacía un año desde el Mediterráneo y terminarían en África dos años después.

Completaba la tripulación un joven afrikáner que había abandonado Ciudad del Cabo unos días antes para unirse a ellos. Si bien los africanos son negros, los afrikáners o bóeres son blancos, ya que descienden de granjeros y marineros holandeses que se asentaron en el cabo de Buena Esperanza hace más de trescientos años.

¡Viajar en ese barco sería espectacular! Una lástima que ya tengan suficiente gente a bordo. Además, los tres eran muy majos. Aunque no hubiera conseguido transporte, el tiempo con ellos era bien invertido. Esa noche probé por primera vez la cerveza de jengibre. *¿Cuál será su siguiente aventura?* Lo más importante es que había hecho amigos nuevos.

Al día siguiente jugué otra partida de ajedrez con el belga. También salí a nadar con el capitán y tuvimos conversaciones profundas sobre Sudáfrica. Por la tarde hicimos un *braai*, que es *barbacoa* en afrikáans. Colocamos unos troncos grandes alrededor del fuego que nos sirvieron de asiento y preparamos patatas y pollo asado. El viento soplaba de vez en cuando, y las chispas brillaban en la oscuridad. En el mar se divisaban las luces de los barcos de carga, que parecían ciudades iluminadas.

—Christopher. —El capitán y el belga se habían apartado para hablar y ahora me llamaban.

¿Qué querrían?

—Quizá tienes otros planes, pero ¿te gustaría cruzar el Pacífico con nosotros?

¿Otros planes? ¡Ni por asomo!

—¡Me encantaría! —contesté emocionado y con una sonrisa de oreja a oreja. Incluso di un pequeño salto de alegría. Al día siguiente haría una semana desde que el australiano me escribió. A pesar de mis miedos, ahora ocurría algo mejor.

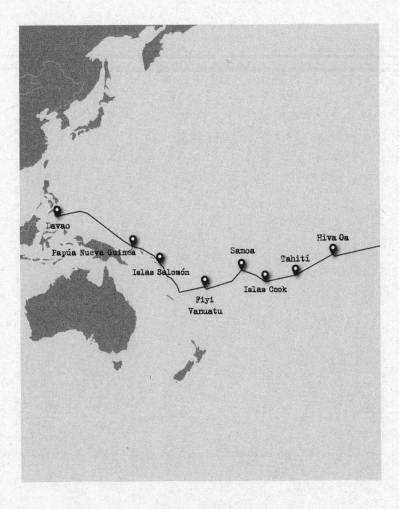

EL PACÍFICO

DISTANCIAS
INTERMINABLES

HABÍAMOS TOCADO TIERRA POR última vez el primer lunes después de Pascua. Ese mediodía izamos las velas y nos adentramos en el Pacífico, el océano más grande y profundo del planeta. La mayoría de gente cree que el Pacífico cubre una cuarta parte del globo terráqueo. En realidad, ¡alcanza casi la mitad!

El corazón me iba a mil. Si había islas con gente aislada de la sociedad moderna, sin duda estaban en el Pacífico.

Enseguida empezamos con los turnos de tres horas. Primero, el capitán y yo nos encargamos de las velas y el timón. A las tres horas, el belga y el afrikáner tomaron el relevo. Como mucho podíamos dormir tres horas seguidas, pero siempre pilotábamos acompañados y nos ayudábamos a adaptarnos a las nuevas condiciones meteorológicas. Si alguien cayera por la borda, el otro podría dar la señal de alarma. Evidentemente, las posibilidades de sobrevivir en tales casos son bajas. Según los guardacostas de Estados Unidos, uno de cada tres casos de hombre al agua acaba con una sepultura inesperada en el mar. Un capitán con el que navegué me dijo que en su barco solo había una norma: no caerse por la borda. Muy poca gente muere por navegar durante las tormentas, ya que en esas circunstancias todo el mundo está muy atento a la seguridad. La mayoría de ahogamientos suceden en aguas tranquilas los días soleados, cuando menos te lo esperas. Y no importa lo que hagas: la ayuda siempre llega tarde. De hecho, los helicópteros tienen depósitos reducidos y no pueden volar muy lejos sin tener que regresar a repostar. Si estás lejos de la costa, estás solo.

Las enfermedades tropicales o apendicitis repentinas pueden suponer el punto final en el océano. Por eso muchos marineros se extirpan el apéndice de forma preventiva. Yo no me quité el mío. Quizá algún día resulte mortal, pero no tenerlo también lo es. Al fin y al cabo, la vida siempre acaba en muerte.

Durante el viaje por el Pacífico pasábamos el tiempo libre a la sombra de las velas jugando al ajedrez, leyendo o debatiendo con profundidad. Una vez, en una de nuestras charlas, el belga y yo discutimos. No era nada del otro mundo, solo diferencias de opinión. Sin embargo, para mí supuso una de las lecciones más importantes de mi aventura. Cuando el belga se fue al camarote a acostarse, el capitán vino a hablar conmigo.

—Si surge otra tontería como esa, déjalo estar. ¡Piénsalo! No importa lo buenos que sean tus argumentos: si no te ganas el corazón de la otra persona, nunca la convencerás de nada. Si quieres llegar a alguna parte, no puedes quedarte solo en el saber. Tienes que hablar al corazón. —El capitán se dio cuenta de que me había hecho reflexionar y añadió:

»Casi todo lo decidimos en base a los sentimientos, no en la razón, por mucho que traten de convencernos de lo contrario. Por eso las empresas no se anuncian con listas de pros y contras, sino con imágenes de caras felices. Lo que no llega al corazón es solo teoría inútil. —Me miró a los ojos.

»¿Sabes? No te hemos traído a bordo porque necesitáramos desesperadamente tu ayuda. Con tres nos bastábamos. Si te ofrecí que vinieras fue porque vi algo nuevo en ti; algo que me resulta interesante.

—¿Qué quieres decir?

—En Panamá vivías en la calle y te alimentabas a base de plátanos y pan tres veces al día. Tenías toda la ropa rota y comprada en tiendas de segunda mano. Hace dos años que no ves a tu familia, y aun así sigues lejos de la meta.

Me sonreí. *Lo que quieres decirme es que mi vida es muy triste.*

»Con todo, siempre estás de buen humor y pareces tener paz contigo mismo. Parece que no tienes preocupaciones. Sabes quién eres, de dónde provienes y adónde vas. —Se detuvo—. Y esa seguridad yo no la tengo.

—Creo que me sobrestimas un poco —respondí—. Pero sí es cierto que mis problemas y preocupaciones no parecen tan grandes cuando pienso en que hay algo más después de esta vida. Y cuando me doy cuenta de lo bien que me va todo en realidad, me da la sensación de que el problema está prácticamente resuelto.

❖

Dos días después, habiendo alcanzado apenas 85° al oeste, cruzamos el punto de latitud de 0° al norte y 0° al sur. El ecuador; el cinturón del mundo.

Era temprano, y la brisa, fresca. El cielo estaba despejado. El barco pintaba una fina estela en las olas. *¡Qué fantasía!*

Era la primera vez que el afrikáner y yo navegábamos a esa latitud. Según la tradición marinera, nos aguardaba un bautismo ecuatorial; una pequeña tortura para simbolizar el ingreso en el círculo de marineros expertos. El capitán y el belga llevaban tiempo haciendo bromas sobre la cantidad de atrocidades que podían ocurrirnos. ¿Nos harían un corte de pelo poco agradecido? ¿O un *piercing* en algún lugar insospechado? O quizá nos obligarían a beber del váter... En cualquier caso, era divertido bromear sobre ello.

En cuanto el GPS indicó que habíamos cruzado el ecuador, el capitán y el belga chocaron puños y se sonrieron. Entraron en el bote a prepararse y salieron al cabo de unos minutos. El belga se puso unas gafas de natación, se quitó la camiseta y agarró una cuerda resistente. También llevaba un cubo lleno de aparatos de tortura. El capitán lo seguía con una toga blanca. Nos miraba con sus ojos oscuros y penetrantes a través de las gafas de buceo que se había puesto, con tubo incluido.

—¡A cubierta con esos desgraciados! —gritó.

El belga nos empujó hacia la proa. Su capacidad para mantener el rostro serio era inquietante. Luego se descolgó la cuerda de los hombros y nos ató con ella firmemente al puntal.

—¿¡Quién son estos intrusos!? —siguió bramando el capitán. Se sentó en un trono imaginario en el bote auxiliar que teníamos enfrente.

—Nuevos aspirantes, oh excelentísimo Neptuno —nos presentó el belga.

—¡No necesito a nadie más! ¡Tengo gente de sobra!

—Su excelencia juzga con justicia, pero está escrito: «De tierras extranjeras vendrán a servirte, oh poderoso Neptuno». Aquí tenemos a uno de Sudáfrica.

—¿África? ¿Donde las cebras? ¡Siempre he querida una! ¿Pero dónde están las rayas?

—Las rayas… Sí, claro, señor… Las rayas… están aquí, oh misericordioso Neptuno. —El belga sacó una lata de espray del cubo, lo sacudió y nos pintó rayas blancas en la piel de abajo arriba. Hacía mucho calor, así que solo llevábamos unos pantalones cortos.

—¡Pero qué cebras más feas! —espetó Neptuno—. Dan pena. ¡Les falta fuego!

—¡Por supuesto, fuego, poderoso Neptuno! —El belga volvió a introducir la mano en el cubo y sacó dos zanahorias y un bote de salsa superpicante. Le echó al menos diez veces y nos las metió en la boca.

¿Se puede escupir fuego al comer picante? De ser así, ¡lo habríamos hecho al instante! Nos pusimos rojos como un tomate, y cabeza y ojos se nos pusieron a dar vueltas.

—¡Ja, ja, ja! ¡Desprenden mucha dulzura!

—¿Dulzura? Sí, claro, oh señor de los peces… ¡y las cebras! —Destapó una botella de sirope de arce y nos la vertió encima.

—¡Riquísimo! ¿Hay más?

—¡Por supuesto, señor de todos los señores! —Nos echó un bote de salsa de tomate por encima.

—¡Qué gran celebración! ¡Descorcha el mejor vino!

—Sí, eterno señor Neptuno. —El belga sacó una pistola de agua llena de vino tinto y nos roció la cara.

—¡Y no te olvides de marcarlos con la señal de mi poder!

—Será un placer, oh poderoso entre los poderosos. —Nos estampó un huevo en la cabeza.

—Ya solo falta una cosa: ¡el aroma del mar!

—¡Con gusto, aromático de entre los aromáticos! —El belga abrió una lata de sardinas y nos echó el aceite por los hombros y la cabeza.

—¡Maravillaos, verdaderos peces cebra! Ahora sois parte de mi reino; permitidles la entrada.

Nos desataron o, en otras palabras, nos dejaron ir a la ducha. ¡Olíamos a rayos! Necesitamos más de media hora frotando para estar medianamente presentables de nuevo. ¡Pero el recuerdo del cruce ecuatorial valió la pena!

Era una noche parcialmente nublada, pero calurosa. Cruzamos las islas Galápagos y, como es de esperar fuera de la temporada de huracanes del ecuador, soplaba poco viento. El barco se mecía lentamente hacia delante mientras las olas salpicaban la proa sin cesar.

Las islas que inspiraron la teoría de la evolución de Charles Darwin no estaban a la vista. Estuvimos atentos durante casi una semana y al final atisbamos otro barco que aparecía como un punto gris en el horizonte.

De repente, se oyó una voz en español desde la radio donde estaba el belga:

—¡Tenemos pescado para regalar!

—*English, please…* —respondió el belga, tratando de comunicarles que no los entendía. Para alivio de mi compañero, agarré el micrófono para hablar con ellos.

—¿Puedes repetirlo? —dije en español.

Resultó ser un pesquero de Ecuador que había capturado una cantidad inusualmente superior y querían compartirla con nosotros. Nos recitó los diferentes tipos de pescado como si de una pizzería a domicilio se tratase (o pescadería a domicilio). De todos los nombres de peces, el atún fue el único que identifiqué.

—¡Suena bien! —Les confirmé que lo queríamos y nos indicaron que nos encontraríamos en nuestra popa. Corté la comunicación y corrí a cubierta a buscar al resto.

¡Pero, madre mía, si ya están aquí! Detrás de nosotros, a un tiro de piedra, la proa de un enorme pesquero se alzaba y se hundía al son de las fuertes salpicaduras de agua. Su ancho por lo menos doblaba el nuestro, y su altura era diez veces mayor. El navío era de acero recién pintado de blanco. Un humo negro se arremolinó detrás de ellos cuando su timonel aumentó la velocidad para reducir la distancia entre nosotros.

—Cuidado con el hueco —advirtió el capitán—. No es buena idea que su acero choque con nuestra fibra de vidrio.

Para maniobrar, arriamos las velas y cambiamos al modo de motor. El bote se acercó más.

—Si quisieran, podrían robarnos el barco y lanzarnos por la borda —comenté.

Siguen existiendo grupos de piratas organizados en las regiones del norte de América del Sur. Sin embargo, la mayoría de informes sobre barcos capturados son sobre pescadores pobres que aprovechan la ocasión. Examinamos de arriba abajo a los ocho o nueve latinos que se apiñaban al frente del barco. La mayoría llevaban camisetas interiores y pantalones sencillos.

—Sí, yo también lo he pensado —dijo el belga—. Pero ahora ya no hay nada que hacer.

—¡Atrápenla! —nos gritó uno de los pescadores, sobreponiéndose al ruido del motor. Nos lanzó una cuerda desde una distancia de unos quince metros. El afrikáner y yo la agarramos con las manos. *¡Al menos no hay ningún arpeo en ella!*

Luego, le ataron una bolsa de basura negra y nos gritaron que la estiráramos. La pasamos por encima del agua, con la cuerda balanceándose. Ya me estaba imaginando el plástico rompiéndose y vertiendo el contenido al mar.

Pero aguantó. En cuanto la bolsa cruzó la borda, la metimos en la cabina y soltamos la cuerda.

—¡Esperemos que no sean las sobras de su cocina! —bromeó el capitán.

Abrimos la bolsa con un cuchillo y dentro encontramos fantásticos especímenes de atún recién pescado. Y de regalo, el tronco destripado de medio metro de un mako de aleta corta. Me parecía increíble que la bolsa no se hubiera roto.

¡Menudos piratas! En Europa ese regalo se habría vendido por cientos de dólares. No cabíamos en nosotros mismos del entusiasmo.

—¡Les va a salir el sushi por las orejas! —dijo nuestro capitán poniendo cara agresiva. Echamos todos a reír.

El pesquero ecuatoriano tocó la bocina dos veces y nos saludó mientras les dábamos las gracias a gritos. Luego acercaron la nave y charlé un rato con ellos por radio para agradecerles su regalo. Mientras, los demás sacaban del refrigerador las cosas innecesarias para dejar espacio a las nuevas delicias frescas. *¡Qué acto tan generoso!* Hicieron un gran esfuerzo desviándose de su ruta para darnos esas golosinas.

Me acordé de una frase de John Bunyan, autor de uno de los libros más famosos de la literatura mundial: «No has vivido hasta que no hayas hecho algo por personas que nunca podrían pagarte o retribuirte el favor». Lo escribió hace más de cuatrocientos años, junto con su libro *El progreso del peregrino*.

No hace falta ser culto ni rico para vivir esta sencilla verdad. Los pescadores lo demostraron. Basta con ponerlo en práctica.

Los vientos del sureste nos alcanzaron al cruzar las Galápagos, empujándonos al mar abierto día tras día. Dos semanas después, troceamos y nos comimos las últimas frutas y verduras frescas que nos quedaban. En adelante, solo podríamos alimentarnos de productos secos, como el arroz o la pasta, con comida enlatada.

Para ahorrar agua potable siempre cocinábamos con un tercio de agua salada, así que no nos hacía falta salero. También la usábamos para lavar. Una mañana puse agua a hervir para hacer chocolate caliente. Me dejé embelesar por el engañoso aroma a cacao. En cuanto di un trago, las cejas se me alzaron y se me bajaron al instante. Puse una cara horrible y escupí ese repugnante líquido. *¡Pero qué asquerosidad!* Descubrí que el hervidor se había caído en el agua salada de lavar los platos, alguien lo había puesto de nuevo en la cocina y se había olvidado de él… ¡hasta que yo lo encontré!

En perspectiva es divertido, pero en el momento hay que hacer un esfuerzo para no guardar resentimientos. El reducido espacio y la falta de sueño te hacen pensar que el otro te ha fastidiado adrede.

De hecho, tales ilusiones paranoides aparecen en muchas formas de fiebre de cabina, el síndrome claustrofóbico cuando se pasa mucho tiempo encerrado con las mismas personas. Forma parte de la vida en el mar, y si estás al tanto es más fácil de reconocer y evitar. A mí me resultó útil el principio de equivocarme a favor del acusado. Es decir, si no estás seguro, da por sentada la buena fe del otro. Es cierto que podrían decepcionarte o incluso hacerte daño, pero creo que vale más la pena creer que alguien es mejor antes que juzgar falsamente a alguien una sola vez. No solo es bueno para el otro, sino también para ti. Si das por sentada la bondad del otro, los demás darán por sentada la tuya.

Las expectativas positivas pueden servir incluso para motivar al otro a hacer el bien. Y las negativas, para lo contrario.

CERDOS COMO MONEDA

TRAS TREINTA Y UN días en alta mar, las montañas de Hiva Oa aparecieron en el horizonte de la negra noche. Hiva Oa pertenece a la Polinesia Francesa y es una de las islas Marquesas poblada por guerreros tribales.

¿Qué podíamos esperar de un lugar tan alejado de la civilización que conocíamos? ¿Salvajes con arcos y flechas? ¿Jefes de tribu con la cara pintada? ¿Aborígenes con palos de madera a modo de pendiente, taparrabos y tatuajes?

En las islas del Pacífico sí, pero no en la Polinesia Francesa. A excepción de los tatuajes. A pesar de la alegría por pisar tierra firme, la bahía me decepcionó un poco. Hiva Oa lleva tiempo sin ser una región virgen con civilización antigua, a pesar de lo que mis investigaciones me habían hecho creer.

Años atrás, las montañas estaban pobladas por caníbales que vivían en cabañas primitivas. De hecho, de los primeros misioneros que visitaron la isla solo quedaron los zapatos con marcas de mordiscos. Las fuentes antiguas explican que los polinesios empalaban a sus enemigos y los freían o envolvían en hojas de banana y fruto del árbol del pan para luego asarlos en fogatas. Lo hacían como señal de victoria... o quizá solo porque los misioneros estaban sabrosos.

Hoy en día, hay todoterrenos y camionetas que suben y bajan las montañas. No verás cabañas de palos y ramas, y en lugar de calaveras y armas de guerreros, las casas modernas están provistas de electricidad, agua corriente y televisión por satélite.

Los informes de los primeros exploradores registran sacrificios humanos, rituales de fertilidad y guerras tribales. A nuestra llegada, nos encontramos con un banco, un hospital, una comisaría y otras comodidades de la sociedad moderna. En lugar de saquear las islas vecinas en canoa, los jóvenes van en avión a Tahití para estudiar, la isla más grande de las 118 de la Polinesia Francesa. Algunos incluso van a París.

Sí, a París. Puesto que las islas de la Polinesia Francesa forman parte oficial del territorio francés, aunque Europa esté al otro lado del mundo, ni al belga ni a mí nos hizo falta sellar el pasaporte.

El apoyo financiero de Francia permitió a la Polinesia alcanzar el estándar de vida occidental. Los polinesios se ganan la vida con la agricultura, el turismo y la venta de perlas. Por sí solas, estas actividades no serían suficientes.

A pesar de su pasado caníbal, su cultura no es para nada atrasada. Hace más de setecientos años, mucho antes de que Colón descubriera América por casualidad y con fortuna, los polinesios gestionaban una red de comercio por el Pacífico y recorrían distancias de más de dos mil kilómetros. Pasaban semanas en alta mar, surcando las corrientes y los vientos cambiantes sin brújulas ni sextantes (ni GPS, por supuesto), pero llegaban a las pequeñas islas que querían. Si se hubieran equivocado calculando, aunque fuera por dos grados, habrían pasado de largo su destino y navegado hacia mar abierto, directos a su muerte.

¡Es una locura! Equivale a viajar desde Quebec, Canadá, a Miami, Florida, sin calles, mapas, señales ni equipo de navegación ni nadie a quien pedirle indicaciones. Ni siquiera montañas ni bosques u otros hitos para orientarse. No sé tú, ¡pero yo hasta me pierdo en IKEA a pesar de las señales!

Lo único que guiaba a los marineros de la Polinesia eran las corrientes, las olas, las estrellas, el aire y las aves. En lugar de mapas náuticos, se valían de canciones e historias para orientarse en el camino. Muchas culturas del Pacífico basan su orientación en las canciones.

Otro ejemplo conocido de este tipo de arte son las vías de canto que usaban los aborígenes australianos para viajar cientos de kilómetros a través de la estepa. No son caminos visibles, sino redes de canciones que se extienden a lo largo y ancho de las tierras salvajes. Lo más fascinante es que el texto juega un papel secundario en estas vías. Los elementos cruciales son el ritmo y el tono. Si prestas atención a los sonidos del entorno y observas el paisaje al caminar, reconocerás con qué parte de la canción se corresponden. La música no solo te ayuda a encontrar el destino, sino también agua, refugio y todo lo que te haga falta para el trayecto.

Además de sus extraordinarias habilidades de navegación, los polinesios también son famosos por sus tatuajes. A menudo, los nativos se cubren el cuerpo entero con ellos. Al contrario de lo que se cree popularmente, no los inventaron ellos. Incluso la momia de Ötzi, encontrada en los Alpes de Ötzal con cinco mil años de antigüedad, tenía tatuajes.

Con todo, los habitantes de las Marquesas son unos artistas con los tatuajes. Antiguamente no utilizaban documentos escritos, así que usaban patrones delicados en los cuerpos para atestiguar su legado, éxito, familia y estatus personal. También creían que les otorgaban el poder de liberar fuerzas espirituales. Los tatuadores empleaban utensilios parecidos a peines hechos de dientes de animales. Era insoportablemente doloroso, y las heridas se infectaban a menudo, ya que los instrumentos no estaban esterilizados. A veces las heridas requerían años para curarse, y algunos estiraban la pata antes. Era el riesgo que los hombres —y en menor grado las mujeres— de estas islas tenían que afrontar.

Los encargados de tatuar a la gente eran los sacerdotes. Recibían años de formación y se sometían a rituales concretos y tabús muy estrictos. La palabra *tabú* proviene del área lingüística de la Polinesia y significa tanto *prohibido* como *sagrado*.

Después de una semana en las islas Marquesas navegamos hacia los atolones del archipiélago de Tuamotu. Los atolones son islas en forma de rosquilla con una laguna en el medio. Están hechas de arrecifes de coral y, por lo tanto, se elevan muy poco sobre el nivel del mar y miden apenas unos cientos de metros de ancho. Ver extensiones de tierra tan delgadas y aparentemente frágiles en medio del océano me causó una profunda impresión. Las playas deslumbrantes de arena blanca estaban pintorescamente decoradas con cocoteros, y el agua turquesa es tan transparente que se puede ver la profundidad a una distancia de quince metros.

Además de la belleza idílica de los atolones, me fascinaban las granjas de perlas gestionadas por los autóctonos. Me enteré de que las perlas hoy en día no son tan valiosas como podría imaginarse. Una perla normal no cuesta una fortuna, sino más o menos un dólar estadounidense. Una valiosa quizá cuesta unos diez dólares, de modo que un collar de perlas auténtico no puede ser muy caro.

Lo que hace que esas joyas sean valiosas es la combinación de colores, tamaños y el trabajo en oro y plata.

Sabiéndolo, me pareció un buen momento para comprar algunos *souvenirs*. La ocasión se presentó al llegar a Takaroa, donde conocimos a una autóctona que nos quiso enseñar sus collares de perlas hechos a mano. Cruzamos los caminos llenos de palmeras hasta llegar a su casa, que se encontraba en el único pueblo de la isla. Como la mayoría de polinesios, era corpulenta, con el pelo moreno y rizado, los ojos pequeños y la cara redonda. Llevaba una camiseta sencilla y pantalones cortos. Muchas polinesias me parecían masculinas, y según decían los hombres sabían cómo asestar un buen puñetazo. Se rumorea que los desacuerdos entre géneros se suelen resolver a puñetazos.

El jardín arenoso de la mujer estaba bordeado por unos setos de hojas oscuras, y algunos florecían. La casa era de color rosa palo y, como todas las de la isla, estaba construida sobre unos bloques a aproximadamente un metro del suelo para que no se inundara.

—Esperen aquí —dijo antes de entrar en la casa.

Frente a la entrada había un saco lleno de ostras. *¡Estamos en el lugar correcto!* Salió al cabo de un rato.

—Me acabo de dar cuenta de que vendí todas las joyas en mi último vuelo a Tahití… Este collar es lo último que me queda —explicó disculpándose.

Le dio el collar al capitán para que lo mirara. El collar seguía un patrón de tres perlas doradas, tres rojas y tres verdes que se repetía tres veces. En total, veintisiete perlas. Tenían el mismo tamaño y una forma perfecta.

—¿Cuánto? —preguntó el capitán.

—En realidad está prohibido vender perlas a turistas en esta isla, así que no se lo cuenten a nadie. Estos collares se suelen vender a 120 dólares.

A mi juicio, era un buen precio. Solo las perlas ya valían más que eso. ¡Y el diseño era precioso! El capitán se mordió el labio como si meditara.

—Me gustaría llevarle algo a mi novia en Sudáfrica, y este collar es muy bonito. Pero mi límite son cien dólares.

—Está bien. —La mujer asintió con la cabeza mostrando comprensión—. Lo que más desea mi corazón es que se lleven un bonito recuerdo de la isla. Acepto sus cien dólares.

El capitán sacó la cartera, pagó y se llevó el collar satisfecho.

—Lástima que lo hayas comprado; me lo habría quedado yo —dijo el afrikáner con tono envidioso mientras subíamos a la barca que nos llevaría a nuestro buque, que habíamos anclado en la laguna—. ¡Un collar así se vende fácilmente por cientos de dólares! —Todos asentimos.

Al día siguiente, volvimos a zarpar y llegamos al atolón de Ahe la noche siguiente. Un vendedor de perlas se acercó al barco. ¿O debería decir «vendedora»? Era un rae rae. Ya he hablado antes de ellos al referirme a los guna del archipiélago de San Blas, al este de Panamá. Eligen al niño más fuerte de la familia y lo crían como niña para que ayude a la madre. Aunque, considerando lo fuertes que son las polinesias, ¡me extraña que necesiten ayuda de nadie!

Conocerle me ayudó a darme cuenta del sinsentido que vivimos en Europa al preocuparnos tanto por el aspecto. El concepto de belleza es totalmente distinto en otras partes del mundo. En América, la piel bronceada se considera atractiva. En Asia, en cambio, la piel blanca es elegante. En África, la gordura es el ideal de belleza, mientras que en Europa lo son los delgados. En el viejo continente los hombres llevan pantalones; en Fiji, las faldas son prenda masculina. Sin duda, la belleza es del color del cristal con que se mira.

—Está todo muy bien —dijo el capitán cuando el rae rae expuso su mercancía en la pequeña mesa de la cabina. Todos sus productos valían cientos de dólares—, pero es que ya hemos comprado perlas en Takaroa.

—¿En serio? —El rae rae frunció el ceño. Era más alto y corpulento que nosotros, llevaba rímel, una coleta larga y gafas de sol en la cabeza. No vestía ropa de mujer, pero sí cargaba un bolso negro de charol para las joyas.

—Sí, pero hay algo que puede hacer por mí. —El capitán desapareció cubierta abajo para ir a buscar su nueva compra—. ¿Cuánto pagaría por esto?

—Si me permite… —El rae rae sostuvo el collar y frotó dos perlas la una contra la otra. Se lo acercó a los ojos para verlo mejor—. ¿Cuánto le cobraron?

—Cien dólares —contestó el capitán, orgulloso de la gran ganga que había conseguido.

El rae rae se rio y le devolvió el collar.

—¡Está *fabricado en China*!

Nos quedamos con un palmo de narices. *¡¿Cómo?! Pero si había ostras delante de la casa rosa… No había nada sospechoso…*

—¡No puede ser! —exclamé.

El rae rae señaló la parte por donde había frotado las ostras. Un trozo blanco se descascaraba.

—Es plástico. Se le salta el color al rascarlo.

El capitán frotó un par de perlas y quitó la capa con la uña.

—¡Será bruja! —murmuró entre dientes—. ¡Si no fuera por el viento en contra, volvería a cantarle las cuarenta!

Nos llevamos una moraleja del suceso: mejor no invertir en cosas desconocidas. Además, la mujer ya nos había advertido de que estaba prohibido vender ostras a turistas en la isla. Cuando participas en asuntos turbios, ¡lo más probable es que yendo a por lana vuelvas trasquilado!

June 2015

Desde el archipiélago Tuamotu navegamos a Tahití. Allí borramos mi nombre del registro de tripulantes. Su plan era proseguir hasta Australia y desde allí regresar a África.

El capitán fue muy amable y me ofreció unirme con ellos en el viaje a África. Desde ahí podría subir hacia el norte. Para muchos cruzar África es un sueño; la oferta del capitán era atractiva, porque me permitía una ruta más rápida de regreso a casa. Pero ese no era mi sueño. Quería visitar Asia, Corea y Japón. Puesto que la mayoría de botes transpacíficos pasan por Tahití, la isla era el mejor lugar para buscar mi próxima embarcación.

—Tienes razón, cada uno debe perseguir sus sueños. —El capitán no solo me comprendía, sino que me apoyaba.

No esperaba encontrar barco en un mes, así que compré un diccionario bilingüe de francés y alemán. Podría aprovechar la ocasión para aprender el idioma. Pero en Tahití encontrar barco resultó mucho más fácil de lo que daba por sentado. No me costó un mes, ¡sino solo dos horas!

Ya tenía nuevo capitán, un hombre de negocios noruego que rondaba los setenta. Iba rumbo a Asia para reparar la cubierta de madera de su barco, y ese sería el punto final de su viaje alrededor del mundo.

El hombre contaba con su nieto para emprender la última etapa de su viaje, pero este no pudo unírsele. Con dos personas el trayecto resultaría más llevadero y factible, de modo que no le importó en absoluto llevarme como sustituto. ¡Era ideal, y conectamos perfectamente! El barco era espectacular, un Hallberg Rassy 49 sueco, uno de los más lujosos en su categoría de tamaño.

Solo había un problema: la escotilla de mi camarote no se mantenía abierta. ¡Menos mal que había comprado el diccionario de francés! Encajaba perfectamente como cuña, de modo que al final acabó resultando útil.

✦

Nuestro destino fueron las islas Cook. Pertenecen a Nueva Zelanda, y sus habitantes son maoríes. Desde allí, el clima tormentoso nos condujo a Samoa Americana en vez de a Niue, como habíamos planeado. Pero cualquiera les dice que no a las fuerzas naturales.

Tras reparar las pequeñas averías causadas por la tormenta, salimos de Samoa Americana rumbo al triángulo polinesio, que se extiende desde Nueva Zelanda hasta Hawái y hasta la isla de Pascua, poblada por gigantes polinesios robustos, llenos de tatuajes y coronas de flores que bailan las danzas bélicas conocidas como *hakas*.

La palabra *polinesio* proviene de los términos griegos *poli* (muchas) y *nêsos* (islas). De modo que los polinesios son pueblos de «muchas islas». Son uno de los tres grupos étnicos y culturas predominantes en los atolones del Pacífico. Los micronesios, que viven en el noroeste, son mucho más bajitos que los polinesios. El tercer grupo son los melanesios, cuyo nombre proviene de *mela*, que significa *negro* u *oscuro*.

Entramos en la zona poblada por los melanesios al llegar a Fiji y Vanuatu. La pigmentación melanesia es de las más oscuras que hay fuera de África. No podía faltar el dato curioso: uno de cada quince niños, a pesar de tener apariencia africana, ¡nace con el pelo rubio pajizo! Es curioso que los melanesios cuentan con el mayor porcentaje de rubios fuera de los territorios de ascendencia europea. Pero no existe conexión genética alguna. Es decir, esa característica, al contrario de lo que sucede con los ojos azules, no proviene de ancestros occidentales.

La apariencia física no era lo único distintivo la región; también estaba mucho menos desarrollada. En Vanuatu tuve por primera vez la sensación de encontrarme en un lugar con nimia influencia occidental. ¡Aquí sí que olía a aventura!

Al llegar a la isla de Tanna enseguida me di cuenta de que las casas parecían primitivas. Estaban construidas con madera y cubiertas con hojas de palmera.

Las casas de construcción de los mercaderes locales eran la excepción en ese pueblo al que regularmente llegan barcos de abastecimiento. Los hombres llevaban camisetas sencillas de manga corta; las mujeres, vestidos coloridos o falda y camiseta.

Me sorprendió ver a tanta gente sin hacer nada. No tenían problema con pasarse horas sentados unos con otros sin aburrirse. La verdad es que se trata de una isla que genera un ambiente agradable. El clima es sensacional, no hace frío y la tierra fértil provee de comida suficiente para todos en pocas semanas.

En los trópicos es habitual la economía de subsistencia, con la cual se vive un año entero gracias a las cosechas de tres meses. Durante las temporadas de siembra y siega, el trajín es el pan del día. Pero fuera de ellas disfrutan de mucho tiempo libre y, además, rodeados de esa preciosa y virgen naturaleza con montañas, selvas, prados y playas. Toda esa belleza sin señal de animales peligrosos o venenosos. También hay burgas que sirven como termas al aire libre. Además, la temperatura de las aguas termales llega a la ebullición a menudo, de modo que no hay necesidad de fuego para cocinar. ¡A mí me pareció todo un paraíso! Y más después de lo que me dijo un vanuatense: «Si no tengo ganas, dejo de trabajar un par de semanas. A veces incluso más».

¿Días libres a discreción? ¡¿Dónde hay que firmar?!

Según dicen, la mayoría de citas médicas de los países industrializados de Occidente comparten una causa: el estrés. Pese a toda la modernización y automatización, me da la sensación de que hemos perdido el norte. Tal vez nos iría bien un poco de la actitud vanuatense frente a la vida para darnos cuenta de que con una cosecha basta para la temporada.

✦

La isla de Tanna es una maravilla. Una de las atracciones turísticas más impresionantes es el volcán Yasur, que lleva ochocientos años activo. Actualmente erupciona cada tres minutos, pero en cantidades tan pequeñas que, con el oportuno cuidado, no es peligroso acercarse al cráter incluso durante las erupciones. ¡Y ese era nuestro plan!

Anclamos el barco en la bahía de Port Resolution. El famoso explorador James Cook le puso el nombre de su barco, el HMS Resolution, con el que llegó a esa aldea hace más de doscientos años. Allí había dos barcos más tripulados por jóvenes de mi edad. Eran viajeros alternativos o, para ser más exactos, neojipis navegando en comuna con veleros antiguos. Se financiaban los viajes con espectáculos de circo, donativos y vendiendo artesanías. Un proyecto peculiar, sabiendo lo caros que son los barcos, pero parecía funcionarles bien.

Ya me había hecho amigo de algunos en Fiji durante los dos meses de reparaciones del velero. Con tantos jóvenes aventureros de distintas culturas en el mismo sitio, lo lógico era querer explorar juntos el volcán.

Iniciamos la aventura quince personas cargadas con mochilas una mañana desde la playa de Port Resolution. Un lugareño nos mostró un camino estrecho que llevaba a la siguiente bahía. La mayoría íbamos descalzos como los nativos, que habían allanado tanto el camino que parecía que rebotaba al pisarlo. El camino estaba repleto de arbustos silvestres, helechos, árboles y enredaderas que conformaban una espesura verde. Los grillos cantaban, los insectos zumbaban y las plantas desprendían ese fresco y puro aroma a naturaleza.

La cortina de hojas perdía densidad a medida que nos acercábamos a la cima, mostrándonos las vistas brillantes del mar. Al otro lado de la montaña nos encontramos con varios nativos. Trabajaban a mano en campos de altitud elevada. La inclinación de la pendiente protegía los cultivos de los cerdos hambrientos y otros animales del valle.

Estrechamos las manos con ellos e intercambiamos sonrisas amigables. Fue imposible conversar, ya que en Vanuatu coexisten casi ciento veinte idiomas y dialectos distintos. Las lenguas oficiales, heredadas de tiempos coloniales, son el inglés, el francés y el bislama, criollo formado principalmente por inglés simplificado. El nivel de dominio que los aborígenes tienen de esas lenguas depende mucho de la región.

Los cuatro más rápidos del grupo adelantamos bastante camino. Me di cuenta de que cargaba la mochila de otra persona, pero después de haber llevado mi equipaje a espaldas tanto tiempo ni me percaté hasta que pasó un buen rato. Fuimos los primeros en brincar por rocas y raíces hasta llegar a la bahía de Sulphur.

Como un perro guardián amenazante, el volcán Yasur aparecía como agachado al final de la bahía. Lo rodeaban nubes de humo negro que emergían desde el cráter y flotaban desde el paisaje chamuscado hasta el horizonte azul. El camino estaba repleto de árboles imponentes de unos cinco metros o más de ancho. Lejos de tener troncos normales, parecían ser raíces enredadas que se elevaban hasta la copa y se convertían en ramas donde se asentaban bandadas de murciélagos. Los nativos los llamaban «zorros voladores». El nombre transmite cierta idea de cuánto pueden llegar a medir.

Un nativo me confesó que eran su animal favorito. Pero no hablaba ni mucho menos de mascotas, sino más bien de su ingrediente favorito en uno de los platos nacionales. Tras los árboles gigantescos había una aldea de aborígenes.

Las mujeres barrían a diario el polvo del suelo con escobas de caña hechas con hojas de palmera. Eso dejaba un aspecto único y bien cuidado. La aldea estaba decorada con árboles frutales entre los cuales corrían cerdos, pollos y perros. El resto del lugar parecía desierto y sorprendentemente tranquilo. Cuando llegamos a la mitad del asentamiento, el camino se abrió en una plaza ancha y arenosa. En el centro había varios ancianos sentados en el suelo bajo un cobertizo abierto.

Supuse que era el consejo de la aldea. No habían reparado en nuestra presencia aún, pero dos de ellos se levantaron. Deduje que la reunión había terminado.

Grité «¡Hola!» desde la distancia saludando amigablemente con la mano a medida que nos acercábamos a la plaza. Los hombres se quedaron petrificados y nos miraron. No parecían incomodados, pero la sorpresa y la curiosidad se les dibujaban en las caras. Un hombre con barba blanca y espesa, el pelo gris y enredado y una camisa sucia nos hizo señas para que nos sentáramos con él.

Nos sentamos con las piernas cruzadas a una distancia prudencial y repetimos el saludo. El mayor mandó a alguien a buscar algo. Esperamos un rato y regresó con otro hombre con una camiseta negra y pantalones cortos marrones. Tendría unos cuarenta años y una barba morena muy bien arreglada.

—Este es el jefe de tribu Isaac Wand —dijo el joven en inglés, presentándonos al hombre de la barba blanca—. Yo soy Fidel, el orador.

En Fiji, igual que en otras aldeas de Vanuatu, es una falta de educación dirigirse directamente al jefe, de modo que cuentan con oradores que se encargan de su comunicación. Además es práctico, ya que se hablan muchas lenguas en la región.

Nos presentamos diciendo los nombres y el país de origen. Expliqué que habíamos venido en barco desde Port Resolution y luego a pie para ver el volcán. Fidel interpretó para el anciano.

—¿Quién es su jefe? —preguntaron. La pregunta era obligada. En Europa no, por supuesto, pero en medio de una isla melanesia en pleno Pacífico, es totalmente normal. Prácticamente todos los pueblos de las afueras se rigen por sistemas tribales.

—El capitán del barco, un noruego. —Parecieron satisfechos con mi respuesta. El estatus de capitán cumplió sus expectativas.

Después de aclarar ciertos asuntos importantes, mis cuatro compañeros pidieron permiso para proseguir la ruta. Tenían prisa porque querían llegar a la cima esa misma tarde. Yo me quedé atrás para esperar al resto del grupo.

Y ahí me senté, con las piernas cruzadas en medio de la plaza con unos veinte aborígenes curiosos. Respondí a sus preguntas con Fidel como intérprete. El gobierno lo había emplazado en la zona como profesor, así que su inglés era perfecto.

—¿Alemania está en América del Norte?

—No —respondí entre risas—. Pero tenemos mucho en común.

Les conté sobre la cultura del país y el sueño de tantos alemanes de vivir en un lugar como este. Para ilustrarlo, dibujé en la tierra con un palo.

—¿Hay muchos cerdos en Alemania? —preguntaron ansiosos, como si fuera clave para evaluar la capacidad de mi país.

—¿No han oído hablar del cerdo alemán de pura raza, el *edelschwein*? —Fingí sorpresa. Casi se me escapaba la risa. *Edelschwein* es como llamamos a los cerdos con pedigrí en Alemania, y significa «cerdo noble».

Por suerte, no pillaron la broma. En la mayoría de países me preguntaban por los coches alemanes: BMW, Audi, Mercedes, Volkswagen… En Vanuatu, sin embargo, preguntaban por los cerdos. ¿Y por qué no? En la isla, el cerdo sirve como barómetro de capital y estatus. Si tienes muchos, no tienes que preocuparte por empobrecer o no casarte. Hasta hace poco, se aceptaban como moneda de cambio. También los usan en rituales. Para ascender en la jerarquía tribal hay que matar un cerdo. Puede sonar raro, pero no es tan distinto a la práctica de ganar votos para la alcaldía patrocinando fiestas locales. Los jefes más influyentes alcanzan su estatus matando cientos y cientos de animales. *¡Un restaurante de escalope sería el no va más aquí!*

—¿Por qué tienen la bandera de Estados Unidos? —pregunté señalando las barras y estrellas que ondeaban en una asta de bambú. La bandera de Vanuatu colgaba en un segundo mástil. Detrás de ellas se encontraba la única casa de construcción del poblado. *Parece importante.*

—Queremos rendir homenaje al país. John Frum nos alimentó y nos ayudó a recuperar nuestras costumbres. —No estaba seguro de haber escuchado correctamente el nombre del libertador, así que pregunté por lo último que escuché.

—¿Sus costumbres?

—Sí, nuestro estilo de vida tradicional. El *kava* y los rituales son parte de la costumbre. Vivimos sin dinero. Damos y recibimos lo que necesitamos.

Me moría por preguntarles tantas cosas… Pero no se me permitía entrar en la casa de hormigón hasta que el capitán llegara. Para ellos, era «el santísimo».

—Lo tenemos todo registrado aquí— me explicó Fidel mientras abría la puerta. El capitán y yo entramos. Había una pintura enorme del volcán en la pared de hormigón y un pasillo que conducía a varias salas.

—*Yasur* significa *dios* en nuestra lengua —explicó Fidel—. El volcán es donde viven John Frum y sus hombres.

—¿O sea que John Frum es su dios? —pregunté. Fidel se rio.

—John es un espíritu y también un hombre estadounidense. Es muy poderoso. Dijo que, si lo adoramos, regresará del volcán algún día para darnos regalos.

—¿Qué clase de regalos?

—¡De todo! —contestó Fidel con brillo en los ojos—. Televisiones, neveras, camionetas, casas, fábricas, barcos, relojes, medicamentos, Coca-Cola…

Entonces lo pillé. *¡Profesan el culto al cargamento!* Durante la Segunda Guerra Mundial, cientos de miles de soldados estadounidenses fueron al Pacífico para establecer bases de apoyo en la guerra contra Japón. Los aborígenes, acostumbrados a la vida íntegramente natural y con islas vírgenes, no podían explicarse de dónde extraían los blancos todos sus bienes y provisiones, tales como comida enlatada, refrescos, radios, golosinas, todoterrenos, etc. Algunos los recibían desde aviones de carga, es decir, caían literalmente del cielo. La conclusión era evidente: ¡los estadounidenses son hechiceros que hacen aparecer cosas del aire! ¿Qué otra explicación podía haber?

El cénit de la confusión se alcanzó terminada la guerra, cuando los aliados se retiraron y se llevaron muchos de esos maravillosos objetos arrastrándolos con buldóceres. En casos excepcionales, se los legaron a los aborígenes. Los nativos se quedaron pasmados: «¿Por qué nos abandonan?».

Los ancianos hallaron pronto la respuesta: «¡No estaban contentos con nosotros!». La reacción fue el desarrollo de los cultos al cargamento como intento de demostrar su valía a los estadounidenses para que volvieran con regalos. Los adeptos a los cultos construyeron muelles, despejaron pistas de aterrizaje en la selva e incluso levantaron torres de bambú para que los aviones tomaran tierra sin problemas. Su gozo en un pozo; nunca regresaron. La mayoría de cultos al cargamento desaparecieron en poco tiempo, de modo que los seguidores de John Frum eran unos de los últimos representantes de esa convicción. Es posible que su nombre proviniera de algún soldado que se presentó como «John de Estados Unidos».

—¿Alguien ha visto alguna vez a John Frum?

—Sí, el jefe Isaac —respondió Fidel asintiendo con la cabeza. Acto seguido, me señaló un cofre blanco con la pintura del volcán

donde había escrita la palabra *puerta*—. Subió al volcán por la
entrada secreta y pasó la noche con John Frum. Isaac es un gran
hechicero. El resto moriríamos si fuéramos al volcán.

El orador nos enseñó la sala siguiente, donde los habitantes del
templo guardaban sus reliquias de la Segunda Guerra Mundial: la
funda de una pistola Thompson del calibre 45, un viejo *walkie-
talkie* y uniformes beis.

—Todos los 15 de febrero nos ponemos los uniformes para celebrar el Día de John Frum. Uno de esos días John Frum volverá para
llevarnos a la nueva era.

Justo después de San Valentín.

—¿Cuánta gente espera el regreso de John Frum en Tanna?
—pregunté.

—Muchos, pero nosotros somos el centro; vivimos cerca del
volcán, en contacto con él. Al sur hay una aldea descarriada llamada
Yaohnanen que cree que Felipe de Edimburgo es el hermano de
John Frum.

—¿El marido de la reina de Inglaterra?

—Sí. Sus profetas aseguran que es un dios y que volverá con
regalos. Hace cinco años, uno de los suyos viajó a Inglaterra para
una audiencia en Buckingham Palace.[1]

*¡Solo treinta mil habitantes y la isla es una caja de sorpresas!
¡Increíble!*

El resto del grupo llegó en unas horas. Los aldeanos nos invitaron
al cobertizo de la plaza; era su iglesia, donde cada viernes pasaban

1 Hay un documental en inglés sobre este curioso encuentro titulado *Meet
the Natives*, National Geographic, https://www.nationalgeographic.com.au/tv/
meet-the-natives/. Para más información, véase https://en.wikipedia.org/wiki/
Prince_Philip_Movement.

toda la noche entonando canciones sobre la venida de John Frum.[2] *Pobrecillos… ¡Espero que vuelva pronto!*, pensé.

Tenían alfombras de ramas de palmera tejidas extendidas entre los bancos estrechos de la cabaña. Cuando ya estábamos todos, tres de los navegantes jipis aprovecharon la ocasión para deleitarnos con un par de canciones. Había una estudiante de música de Quebec que tocó un violín de ciento sesenta años junto a un guitarrista francés y un tamborilero de Canadá. Las caras de los nativos reflejaban estupefacción y fascinación. En un par de minutos, habían atraído a toda la aldea a la plaza, que ya no parecía desierta. El «wifi del coco» —así es como llamábamos a su inexplicablemente veloz comunicación— había emitido la señal de la curiosidad por todos los recovecos de la zona. Hombres, mujeres, niños e incluso cerdos acudieron al cobertizo como si de un centro comercial en Black Friday se tratase.

Quizá es la primera vez que ven un violín. Mientras Fidel y yo contemplábamos el concierto improvisado, le pregunté por el volcán.

—Lo mejor es adentrarse desde el otro lado, allí es donde está la entrada oficial y donde el guarda forestal recoge la tarifa de acceso.

—¿Y cuánto cuesta?

—3.500 vatus por persona.

Unos treinta y cinco dólares. A los jipis ni se les pasaría por la cabeza pagar tanto dinero, incluso teniendo en cuenta que íbamos con el tiempo ajustadísimo. Le expliqué la situación a Fidel, y este al jefe. Al cabo de un rato, me confirmó la decisión asintiendo con la cabeza.

—Comunica a tu gente que son los invitados del jefe Isaac y pueden pasar la noche con nosotros. Cuando oscurezca, les mostraremos el camino secreto hacia el volcán. Nunca hemos recibido

---

2 «John Frum Cargo Cult Song», YouTube, publicado el 31 de diciembre del 2014, https://www.youtube.com/watch?v=2SQBuweNByk.

dinero del guarda forestal, y de hecho nos parece inapropiado convertir el santuario de John Frum en un negocio.

¡Gracias, John Frum!

Cuando los músicos terminaron, Fidel nos mostró una cabaña que habían vaciado rápidamente para nosotros. *¡Qué buenos anfitriones!* Después jugamos a fútbol un rato con los jóvenes y nos bañamos en las termas.

EL VOLCÁN

—REÚNE A TUS HOMBRES —me indicó Fidel cuando volvimos para la cena.

Al parecer, los lugareños dieron por sentado que yo era el orador del capitán, probablemente porque fui el primero en llegar, de modo que me comunicaban a mí todos los asuntos importantes.

—Iremos a Nakamal, un lugar sagrado. Allí beberemos kava y luego comeremos.

Cuántos lugares santos…

—¿Solo los hombres? —pregunté.

—No se admiten mujeres en Nakamal. Alguien les llevará comida a su cabaña. Ustedes vendrán conmigo. —Lo dejó claro y cristalino.

Nos dividimos. Cinco seguimos al orador, que nos llevó a un terraplén a unos doscientos metros de la aldea. Una docena de aborígenes se unió a nosotros.

—Bienvenidos a Nakamal. Significa «lugar de paz» —explicó Fidel. Luego nos indicó que nos sentáramos en los tocones, que se disponían en forma de cuadrado alrededor de un pequeño montículo de un par de metros.

Fidel peló una raíz que había traído otro hombre. Probablemente el montículo se había formado con las pieles de las raíces a lo largo de los años.

—El kava de Vanuatu es el más fuerte de todos —explicó Fidel sonriendo con orgullo.

Ya había conocido la planta en Fiji, donde se usa en las ceremonias de bienvenida conocidas como *sevuseu*. Al llegar a un nuevo poblado, debes llevar una raíz seca de kava al jefe como muestra de respeto. Él la muele para convertirla en bebida y se emborrachan juntos. *¡Y así se hacen amigos!*

El crepúsculo nos alcanzó. El canto de los grillos indicaba que pronto anochecería. Alguien encendió un fuego a nuestro lado. Las llamas ardieron sobre las ramitas y extendieron las sombras de las ramas de los árboles como si fueran dedos larguísimos.

Cuando Fidel peló la raíz se le acercaron dos niños de unos diez años. Llevaban trajes tradicionales tejidos con hierbas largas. Ambos tendieron delante una hoja de banana de medio metro. Luego se metieron un trozo de kava en la boca y lo masticaron.

—Estos dos chicos están en formación. Solo los varones circuncidados vírgenes pueden preparar el kava —explicó Fidel.

Luego escupieron las masas de color marrón verdoso en la hoja de banana. Agarraron otro trozo, se lo metieron en la boca y repitieron el proceso. Y así hasta que se terminó el kava. Para decirlo suavemente, había dos montones de pulpa muy poco apetecible en las hojas de banana.

Me da la sensación de que sé cómo acabará esto... No pude evitar hacer una mueca. Uno de los nativos trajo un cuenco de madera con agua. Luego puso de un golpe la masa de la primera hoja en un fardo enorme de fibras de palma que servía como estopilla natural. Echó el conjunto en el cuenco para mezclarlo. Cuanto más removía, más turbia y verde se volvía el agua, hasta que adoptó el color de una sopa de lentejas. Podría compararlo con otras cosas, pero me contendré por respeto al lector. Vertió más líquido en el bol y repitió el proceso con el segundo montón.

—Tú y el jefe primero —dijo Fidel. Acto seguido, echó la mezcla en dos cáscaras de coco hasta rebosar y nos las entregó.

—Gracias… De verdad que no hacía falta… —Traté de mostrar respeto mientras miraba el caldo pastoso que tenía en las manos. No soné nada convincente. El noruego tampoco las tenía todas consigo.

Fidel advirtió que vacilábamos, pero por suerte interpretó que es que no sabíamos cómo completar el ritual.

—Tienen que alejarse del grupo, fijar los ojos en la maleza y beberse el kava de un trago. Luego, escupan con fuerza en el suelo, alcen una oración a su dios y vuelvan.

Ahora sí que no puedo esperar.

Nos levantamos y fuimos a la otra punta del claro. Dimos la espalda al grupo y nos miramos de mala gana.

—Matarnos no nos matará —le susurré.

—No, seguramente no —respondió el noruego con reparo. La duda no nos ayudaba.

—¿A la de tres?

—Una, dos…

Levantamos los cuencos y nos los bebimos de un trago, tan rápido que nos goteaba por la barbilla. *¡Sabe tan asqueroso como mala pinta tiene!*

Al dejar el bol me noté la boca entumecida. Según las instrucciones, ahora debíamos escupir ruidosamente en el suelo y contemplar la oscuridad en silencio. *Gracias por esta experiencia,* dije en oración a mi Dios, tal como se me había indicado. Me había acercado mucho a Él durante estos viajes. *Por favor, ¡protégenos de problemas estomacales!.*

Esa bebida era una versión mucho más áspera del kava que había probado anteriormente. El kava comercial es mucho más suave. Me dio la impresión de que el kava es más común que el alcohol en el Pacífico occidental. En las zonas más pobladas, incluso hay bares de kava. Es un estupefaciente muy popular que no inhibe las capacidades cognitivas. Tan solo te relaja y te pone contento y somnoliento, más o menos como la marihuana. Se usa tradicionalmente en Melanesia, Micronesia y Polinesia en rituales religiosos, medicina y, como era de esperar, para el ocio. Volvimos con el grupo. Seguimos en turnos de dos en dos hasta que bebimos todos.

—¿Quieren repetir? —nos ofreció Fidel.

—Eh, gracias… Pero no queremos que ustedes se queden sin tomar. —contesté fingiendo generosidad.

Con un bol me basta y me sobra. Menos mal que a los nativos les satisfizo esa respuesta. Cuando terminaron, nos trajeron raíces de taro, moniatos y mandioca. Solo a modo de tentempié, nada que pudiera llenarnos y quitarnos la sensación de embriaguez.

—Ahora escuchen la voz del kava —propuso Fidel.

Todos callaron. Nos sentamos en silencio sobre los tocones al son de la noche. Incluso los animales callaron, como si la orden también les concerniera. El fuego crepitaba y nos mantenía calientes. Se podía oír el mar a lo lejos. La luz de la luna atravesaba el techo de hojas y formaba un mosaico brillante. El volcán se asomaba tras las copas de los árboles. La tierra tembló y unas bolas de fuego salieron disparadas hacia el cielo. El volcán se las volvió a tragar, no sin antes emitir otro estruendo.

—¿Sienten algo? —murmuró uno de los navegantes.

Negamos con la cabeza. Pero a mí no me hacía falta un colocón de kava. Ya me sentía como en un sueño, abrumado por el entorno. La verdad es que me alegré de no haberme embriagado. Nos esperaba una noche larga.

Al cabo de casi una hora rompimos el silencio y volvimos con las mujeres. Nos pusimos las linternas en la boca, nos desprendimos de todo lo que sobraba de las mochilas y quedamos frente a la cabaña.

—¿Listos? —preguntó un aldeano justo antes de indicarnos el camino—. Sigan este camino hacia arriba y llegarán al volcán.

—¿No nos acompañas? —pregunté con sorpresa. Fidel nos dijo que lo haría.

—No, estoy cansado. Pero es fácil de encontrar. Buenas noches. —Se despidió y nos abandonó.

Al principio me decepcionó un poco, pero la verdad es que tenía razón; no era difícil orientarse. No había muchas más direcciones, y en unos minutos el volcán anunció su presencia con estruendos largos y graves.

Al llegar a la tierra chamuscada al pie del volcán apagamos las linternas. No queríamos arriesgarnos a que nos vieran, ya que no teníamos permiso para estar allí. ¡Era una locura! Por suerte, las estupideces se suelen hacer en compañía.

Caminamos por las cenizas a la luz de la luna, acercándonos cada vez más a la gigantesca silueta sombría del volcán, que seguía escupiendo hilos de lava. La tierra temblaba, como si nos quisiera advertir que no nos acercáramos más a la boca del infierno. Nubes de humo oscuro flotaban sobre el resplandor naranja. Teníamos que ir con mucho cuidado con cada paso para no caer por los barrancos y grietas que acechaban. Recorrían toda la zona como si fueran arterias.

—¡Allí hay alguien! —susurró un chico español del grupo.

Se veían dos luces amarillas que brillaban en la cima. No pudimos identificar nada más, pero las luces avanzaban hacia nosotros.

—¿Son los guardas? —preguntó una chica de Nueva Zelanda.

—¡Es imposible que nos hayan visto! Está oscurísimo —dije tratando de calmarlos, pero la verdad es que ni yo estaba convencido de ello. Busqué rápidamente un lugar donde escondernos—. ¡Aquí!

Empujé al grupo hacia una de las zanjas abiertas por el clima y seguimos la sima pendiente abajo. No se oía una palabra, todos temíamos que nos atraparan. Las paredes a derecha e izquierda se hicieron más altas. *Como un laberinto.*

De repente, unas voces extrañas se mezclaron con el sonido de la noche. ¡Los guardas!

—¡Tenemos que escondernos! ¡Vienen por allí! —dijo el español en voz baja.

¿Cómo nos habían encontrado?

La tierra tembló. La montaña estallaba de nuevo. Me sentía como en la guerra. Giramos hacia una de las ramificaciones del barranco y nos metimos en las sombras de una pequeña peña saliente. Uno de los extraños iluminó el caminó del que acabábamos de salir. Contuvimos la respiración; no nos atrevíamos ni a movernos. Una silueta pasó por delante de nuestro escondite y se detuvo.

¡Vamos, pasen de largo! Incluso los pensamientos parecían hacer demasiado ruido. Iluminaron hacia nuestra dirección, pero luego retrocedieron y deshicieron el camino. La frente me sudaba. Aparecieron dos siluetas más en la penumbra. Intercambiaron un par de palabras ininteligibles y siguieron avanzando.

No nos habían visto. Sus pasos se fueron desvaneciendo en la distancia. Suspiramos aliviados: «¡Sigamos!».

Salimos del escondite en silencio y seguimos subiendo. Fue más duro de lo que esperábamos. Nos hundíamos hasta los tobillos en la mezcla de arena y cenizas que cubría la ladera. Por cada tres pasos que avanzábamos, retrocedíamos dos. Al final anduvimos a gatas para ganar algo de terreno. Cada dos segundos el volcán temblaba y expulsaba piedras volcánicas que formaban pequeñas avalanchas que descendían por la superficie.

—¡Esto es una locura! ¡Subir a un volcán en erupción! —dijo entre risas la estudiante de música de Quebec.

—Y que lo digas —comentó el capitán, y se echó de espaldas—. No puedo seguir. Soy tres veces mayor que ustedes. —Llevábamos media hora subiendo.

—¡Venga, si ya casi hemos llegado! —Tratamos de animarlo a seguir, a pesar de que la oscuridad nos impedía ver lo lejos que estábamos de la cima.

Con un poco de ayuda, el noruego se recuperó y avanzamos un buen rato, pero necesitaba sentarse muy a menudo para recuperar el aliento. Al final llegamos a una cornisa parcialmente protegida de las piedras que pudieran caer.

—¡Basta! A mi edad uno tiene que conocer sus límites, y yo ya los he superado de largo —gruñó el capitán antes de tumbarse sobre una roca—. Esperaré aquí; las piernas ya no me responden.

—¡Pero no puedes perderte esto! —El capitán se encendió un cigarrillo.

—Y tanto que puedo. —Dio una calada y cruzó los brazos, desafiante, mientras la exhalaba. En realidad, ya era increíble que hubiera llegado hasta aquí.

—Puede que tardemos horas en volver —repliqué preocupado.

—Que no. Ustedes sigan. Yo espero aquí —contestó con decisión.

Nada que hacer. Dejamos al capitán en la cornisa y proseguimos siguiendo a la estudiante de música, que estaba entusiasmadísima por llegar cuanto antes. En menos de diez minutos, la pendiente se niveló y llegamos a una meseta. El suelo estaba cubierto por rocas de basalto irregulares que parecían trozos de chocolate sobre una tarta de cumpleaños gigante: los residuos de los proyectiles del cohete del volcán. *Nunca he estado en el espacio, ¡pero esto parece Marte!*

A escasos cien metros, el agujero gigante expulsaba hileras de azufre venenosas y se encendía con un fuego infernal proveniente de lo más hondo del planeta. La montaña seguía arrojando bolas de fuego al cielo desde las enormes grietas. ¡Nunca había visto nada igual! ¿Cómo sería el borde del cráter? Pero eso debía esperar. No quería disfrutar de ese momento espectacular mientras otro se lo perdía.

—Enseguida vuelvo. ¡Voy a por el capitán! —Corrí cuesta abajo.

¡Si supiera lo cerca que está, se daría con un canto en los dientes!

Corrí tan rápido como pude por si había decidido volver por su cuenta. Tenía que ir con cuidado de no cortarme con las rocas porosas e irregulares al esprintar. Y entonces surgió el problema: no podía identificar la ruta. Todo parecía igual: gris ceniza, estéril y áspero.

Grite «¡Capitán!» una y otra vez mientras descendía. Entonces me di cuenta de que, si había guardas, estaba cometiendo una gran estupidez. Pero seguí gritando. Ni rastro, ni del capitán ni de los guardas. El viento y las extrañas formaciones rocosas engullían mis gritos. Me abrí paso hacia los lados… Y entonces vi un centelleo. Me esforcé por ver algo en la oscuridad y de nuevo vi el destello. Era la luz del cigarro; ¡era él!

—¡Capitán! —dije acercándome. Él alzó la vista—. Solo faltan unos metros; si no vienes, te arrepentirás.

—Eso ya lo has dicho antes —replicó.

—Sí, pero ahora es verdad. ¡El cráter está a dos minutos! —Le expliqué lo increíble que era y mordió el anzuelo.

—Vale, pero como no esté tan cerca como dices, me pagarás tú el helicóptero de vuelta. —Se puso en marcha con esfuerzo y llegamos juntos a la cima.

Al llegar a la meseta, nos dio la bienvenida una explosión estridente. La tierra temblaba y el volcán rugía. Lava fundida brotaba del cráter y volaba por encima de nosotros. Sonó un estruendo indescriptible y el volcán escupió de nuevo hacia el cielo. Parecía una lluvia de lámparas encendidas.

El corazón me iba a cien por hora. Tratamos de predecir si saltar a un lado para evitar una muerte inminente. Sorprendentemente, el impactó no alcanzó el lugar donde estábamos. *¡Adrenalina pura!* Golpeé al capitán en la espalda entre risas.

—¡El volcán se alegra de verte! —dije señalando el pozo de fuego que teníamos delante.

Nos detuvimos a escuchar. Entre los crujidos de la montaña se oía un violín, cuya música nos sirvió de guía hacia los demás.

Ahí, a un palmo del borde del cráter en erupción, la chica de Quebec estaba sentada, perdida en la música de su violín. La melancólica melodía surtió un efecto mágico que nos adentró en el abrumador poder de la creación. Y parecía como si ella se preparara para su pomposa desaparición. *¡Surrealista!* Fue un momento inolvidable.

—¿Dónde están el español y la neozelandesa? —pregunté preocupado.

—Tranquilo, están arriba tomándose fotos. —Señalaron una cornisa que había unos metros más arriba.

Me acerqué a la rabiosa boca del volcán y miré hacia dentro. El magma burbujeaba como si fuera la ira de algún monstruo subterráneo. El mar de fuego espumaba furioso y volvió a clavar los colmillos en el borde del cráter para estallar con furia. En las paredes del cráter parpadeaban sombras extrañas como caras.

¿Se sacrificaban personas aquí antiguamente? Las sombras parecían caricaturas de almas torturadas en sus agonías finales. Las llamas bullían por debajo como la boca del infierno, y arrojaban ascuas ardientes en sus ojos y bocas dándoles ilusión de vida. Se me puso la piel de gallina.

¿Quién eres, hombre mortal? El drama ante mí me abrumaba. *¿Quién eres comparado con este volcán? ¿Qué es este volcán comparado con el sol? ¿Qué es el sol comparado con los trescientos millardos de soles de la galaxia? ¿Qué es esta galaxia comparada con los miles de*

*millones de otras galaxias del universo? En medio milenio, tu recuerdo
se habrá borrado por completo. Nadie sabrá tu nombre. En siete mil
millones de años, el polvo del planeta se esparcirá por el universo. Eres
insignificante.*

A menos que signifiques algo para alguien.

Un silbido lejano me despertó de mis cavilaciones. La lava
hervía y escupió llamas desde el cráter con rugidos estridentes. La
erupción se propagó por el borde y llegó hasta donde estaban el
español y la neozelandesa tomando fotos.

Estábamos arriesgando la vida, eso estaba claro. Pero nadie
había considerado seriamente la posibilidad de que uno de nosotros muriera.

—¡Chicos! ¿Están bien? —grité al viento, esperando que dieran
señales de vida. Nada.

Unos segundos más tarde, aunque a mí me parecieron una eternidad, oí sus risas.

¡Gracias a Dios que están bien!

Fui hacia ellos. Me sorprendió ver que el español rodeaba con
el brazo los hombros de la chica… y cojeaba. Tenía los pantalones
rasgados y le sangraba la rodilla, pero no dejaba de sonreír.

—¡Se asustó tanto que se cayó! —explicó la chica entre risas.

—Y una bola de lava *así* de grande casi me alcanza. —El chico
extendió los brazos dramáticamente para indicar el tamaño—.
¡Qué salvajada!

—Están como una regadera… —El capitán negaba con la
cabeza—. Podrían haber muerto.

¿Cuánto vale la vida cuando se acaba? Las preguntas profundas me acecharon de nuevo. Contemplé el humo que bailaba
alrededor del cráter, que se iba haciendo fino como hebras hasta
que se desvanecía. Las chispas se encendían y a los pocos segundos se extinguían. *El valor es lo que los demás te otorgan. Y lo que
tú les das a ellos. La vida es lo que tú haces con ella antes de que te*

abandone. ¿Quién podría tener un valor que no desaparezca, una
vida que no termine?

❖

Por loco que parezca, en unas horas nos acostumbramos a las ame-
nazantes erupciones. Y empezamos a tener frío. La altitud era muy
elevada y el viento, constante. Ni siquiera el horno natural nos
calentaba lo suficiente. Poco después de medianoche volvimos a la
aldea y dormimos en la humilde cabaña que los seguidores de John
Frum nos habían proporcionado, en colchones de palma.

Antes de zarpar al día siguiente, el capitán y yo pagamos 3.500
vatus *a posteriori* a los guardas en señal de respeto por las normas
locales. Fuimos saltando de isla en isla. Los habitantes nos invitaban
a las fiestas de sus pueblos y nos daban coronas de flores para hon-
rarnos. Muchos nos regalaban fruta y nos invitaban a sus casas. En
contraprestación, reparábamos sus instalaciones eléctricas y paneles
solares. «Los hombres blancos lo saben todo», solían decirnos como
halago ante tales situaciones.

En la isla Makula, un nativo me llevó a una aldea cercana
para rendir un último homenaje a su abuela, que había fallecido
ese mismo día. Cruzamos una bahía con coloridos arrecifes que
brillaban bajo el agua cristalina. La playa estaba rodeada de arbustos con hojas verdes que parecían sanos y bien cuidados. Para
decorar el verde, había flores de colores tan artísticas que parecían
diseñadas y plantadas por un jardinero muy mañoso. Moniatos,
calabazas, mandiocas, plátanos, coles, maíz, kava, limas, tomates,
melones, papayas, plantas de cacao y cocoteros se mezclaban con
la exuberante vegetación. Las casas parecían acogedoras y estaban
construidas con materiales naturales.

—¿Qué edad tenía tu abuela? —le pregunté al hombre mientras caminábamos bajo la sombra de las palmeras. No parecía tener

prisa. *¿Aunque por qué iba a tenerla? Ese era el único plan del día.* Respiré hondo para disfrutar del aire fresco y el paisaje idílico.

—No estoy seguro —respondió.

—¿Cómo se llamaba? —Se lo pensó.

—Tampoco estoy seguro.

¡¿Cómo?!

Por el camino nos encontramos con bastante gente con el mismo objetivo de dar el último adiós a su abuela. *¿Cómo iba a tener tantos hijos esa mujer? Quizá la llamaban abuela solo porque era mayor.*

Al acercarnos al destino se oían sollozos y lamentos a través de la maleza. Al final del camino, que conducía directamente al hogar de la difunta, un pastor nativo nos saludó a todos y nos estrechó la mano al pasar. De pronto, los hombres que me rodeaban bajaron la cabeza y estallaron en profundos sollozos y gemidos. Yo fijé la vista en el suelo también. *Sin duda era una mujer muy querida.*

Llegamos a un patio de arena donde había algunas cabañas. La multitud llenaba el espacio con unas cien personas. Habían venido de toda la isla, y aún seguía llegando gente. El dolor se les reflejaba en la cara. Y entonces se me encendió la bombilla: «¡Aquí falta algo! ¿Dónde están sus lágrimas?». Miré a los dolientes de pies a cabeza y lo entendí: ¡todo ese drama era un paripé!

Si así es la costumbre… Donde fueres… Me cubrí los ojos con las manos y rompí a llorar junto a ellos. Estuvimos unos tres minutos compartiendo un profundo tormento en el alma. Había una mujer con un vestido de flores que probablemente era la hija de la difunta. Persona que veía, se lanzaba a su cuello entre sollozos. Era la única que parecía llorar de verdad.

Al cabo de un rato, el hombre al que acompañaba me indicó que le siguiera. Nos sentamos bajo un mango, fuera de la vista del coro del lamento. Ya todos parecían de buen humor. Esa era su forma de mostrar respeto por los fallecidos y dar el pésame.

Por un lado, me pareció desconcertante. Por el otro, generaba un ambiente en que todos podían expresar sus emociones sin avergonzarse. Incluso deseaban compartir el dolor del otro. Supuse que superaban las conmociones más rápido que nosotros. También me dio la sensación de que no se consideraba afeminados a los hombres que lloraban. Me acordé de la cita del cómico Jack Handey: «Solo un hombre fuerte es capaz de llorar. Y solo un hombre aún más fuerte puede reírse de él».1 *Claro; si no, ¡el primero le partiría la cara!*

◉ Agosto del 2015

En la isla vecina de Pentecostés descubrimos una tradición fascinante. Cada año celebran una fiesta que conmemora a los precursores del *puenting*. Los participantes construyen torres con ramas y correas de corteza de entre quince y treinta metros de altura. Luego se sujetan con dos enredaderas en los tobillos (suficientemente largas como para que el saltador se quede a escasos centímetros del suelo) y saltan. La tradición se ha cobrado más de un cráneo roto.

Viajé con la mochila durante dos días por la isla Espíritu Santo con la esperanza de conocer a los seguidores del culto a Jimmy Stevens. En los ochenta, Stevens declaró la isla estado independiente de Vermerana y se autoproclamó primer ministro. Cuando se otorgó la independencia a Vanuatu, el auténtico primer ministro sofocó la revolución y Stevens ingresó en la cárcel, dónde permanecería hasta 1991. Tras su puesta en libertad, se casó con más de veinte mujeres y engendró casi cincuenta hijos. Al cabo de un tiempo falleció de cáncer de estómago.

El movimiento Nagriamel, fundado por él mismo, tiene una naturaleza casi religiosa. Según los informes, sus seguidores siguen vistiendo únicamente en taparrabos. *¿En qué otro lugar del mundo podría verse algo así?*

---

1   Handey, J., *Deep Thoughts* (Londres: Warner Books, 1996).

El capitán me acompañó a una pequeña ciudad donde podríamos comprar una pieza de repuesto para la ducha del barco. Tras repararla, fui a explorar el interior de la isla. Los habitantes me dieron indicaciones. Llegaría a la aldea de los taparrabos en unas cinco o seis horas. El sol resplandecía, y las calles pavimentadas no tardaron en ceder paso al polvo rojo del camino. Los edificios hicieron lo propio ante la selva espesa y los pastos estériles. Las palmeras eran enormes; sus troncos parecían columnas antiguas. Pensé que quizá en algún momento sirvieron como soporte de bóvedas impresionantes. Ahora eran el refugio de los pájaros.

Oí un motor detrás de mí. Era una camioneta blanca. Me hice a un lado. *¿Hago autoestop?* Era un concepto totalmente desconocido en la isla. El vehículo me alcanzó mientras aún me planteaba qué hacer. Decidió por mí y se detuvo. El conductor sacó la cabeza por la ventanilla.

—¿Adónde vas?

—A la aldea de Jimmy Stevens —respondí. Me hizo un gesto para que subiera a la superficie de carga. Había algunos agricultores que acaban de abastecerse en la costa. Se apretujaron para hacerme un sitio y ahí me senté con la mochila. La camioneta arrancó de nuevo, totalmente ajena a cómo los incontables baches se notaban en la parte de atrás. El camino nos llenaba de polvo y teníamos que respirar con la camiseta en la nariz.

—¿Conocen la Fórmula 1? —les pregunté en medio del barullo.

Algunos me sonrieron y respondieron con más preguntas. Les conté mi historia por encima y un hombre con la cara larga, la barba oscura y rizada y los labios gruesos se presentó.

—Soy vecino de Jimmy Stevens. Hoy pasarás la noche en mi casa.

Parecía que me estuviera informando de ello en lugar de ofrecérmelo, pero acepté encantado.

—¿Cuánto tiempo piensas quedarte? ¿Dos o tres noches?

—Por desgracia solo una. Pasado mañana debemos zarpar —le expliqué en tono de disculpa. Sonrió satisfecho.

Los agricultores iban bajando a medida que llegábamos a sus destinos. Nosotros nos quedamos hasta el final y llegamos a las afueras de la aldea.

—Jimmy Stevens tuvo veintitrés esposas —me contó mi anfitrión mientras cruzábamos el camino fangoso en medio de la maleza.

En la entrada del camino había una cabaña casi derruida con un hombre semidesnudo en la puerta que agitaba un machete con la mirada seria. Le sonreí, alzó la vista y se me quedó mirando con más seriedad todavía. *Mejor no tomo fotos aquí,* decidí mientras aceleraba el paso.

—Fue muy buen jefe —siguió explicando el hombre, con un claro tono de admiración al hablar de Jimmy Stevens—. ¡Mató más de mil cerdos!

—¡Caramba!

¡Unos cincuenta cerdos por mujer! Tal vez deba criar algunos cerdos mientras esté aquí. Aunque únicamente por diversión, claro está.

Al final del camino llegamos a su propiedad, donde vivía con su familia. Era la única casa en kilómetros con tejado de hierro corrugado. Enseguida vi con qué se sostenían: había raíces de kava secándose al sol delante del domicilio. Había seis edificios en la zona, todos de madera y ramas de palmera. Alrededor del patio, los gallos paseaban con pavoneo. También había ropa de colores tendida en un hilo entre dos casas.

—Las casas pertenecen a mis familiares —dijo señalando las construcciones.

—¿Y ese refugio de allí? —pregunté. La estructura se parecía al lugar de reunión de los seguidores de John Frum. En el interior colgaban trenzas de tabaco secándose.

—Ese es el centro ceremonial de Jimmy Stevens. Todos los asentamientos deben tener uno —contestó.

Me presentó a la familia y me enseñó la zona. Me decepcionó ver a la mayoría de gente con ropas normales. Los que se paseaban medio desnudos lo hacían por convicción religiosa, no porque fueran primitivos. *Una pena para mí. Aunque muy bien por ellos, claro está.* Los caminos sin asfaltar, las cabañas sencillas y las fogatas sí que transmitían una sensación primitiva, pero también había una clínica de salud con indicaciones gráficas con bananas sobre cómo usar correctamente los preservativos.

El anfitrión me llevó a un bar de kava por la noche. Era básicamente un techo sostenido por pilares, una olla enorme llena de bebida mezclada y un par de taburetes. *Nada que ver con el ambiente del que disfrutamos en Tanna.*

—Aquí vienen los padres a beberse la escolarización de sus hijos —me dijo entre risas. Al verme la preocupación en el rostro me aseguró que él no lo hacía.

Vaciamos tres cuencos del fangoso estupefaciente y nos sentamos a oscuras en una esquina. Las únicas luces eren los ledes solares de color rojo de la entrada. Algunos aldeanos vinieron para hablar conmigo sobre el fútbol alemán. Pero, a medida que bebían, se iban adormilando y perdieron las ganas de charlar. El ambiente me oprimía un poco. Me alegré bastante cuando mi anfitrión se cansó de beber y quiso volver a casa.

—¿Sabes lo que es la yaca? —me preguntó por la mañana. Nos sentamos al fuego y lo ayudé a pelar raíces de kava con un cuchillo oxidado.

—Creo que no. —Me encogí de hombros.

—Pues prepararé la comida. Tú ve con mi hijo. —Llamó al niño, de unos cinco años, y le indicó qué hacer en dialecto. Llevaba una camiseta grande de rayas y se mordía las uñas con timidez. Sin embargo, cuando me levanté empezó a brincar delante de mí guiando el camino hacia la selva por un campo de piñas colindante. Mientras avanzábamos, el chico me iba señalando los alambres de púas que iban apareciendo en el suelo, bajo las hojas. *¿Qué diantres pintaban aquí?* Como de costumbre, íbamos descalzos.

De repente se detuvo: «¡Es aquí!». Señaló un árbol de hoja caduca que había a un lado del camino. Su tronco era delgado, pero de su corteza crecían frutos amarillo verdoso tan largos como un brazo y recubiertos de nudos pequeños. Trepé en medio de la vegetación con cuidado para recoger una yaca. Giré el tallo para cortarla. Me la puse bajo el brazo y descendí. A medio camino me corté el talón derecho con algo. Con el espesor de las plantas era imposible ver qué había sido, pero dolía como si me hubieran cortado con un machete.

Levanté el pie para ver la herida. Me sangraba como una pistola de agua y manchaba los arbustos de alrededor. Tampoco era tan grave. Me calmé y me puse detrás del chico medio cojeando para seguirle de regreso. Iba dejando huellas rojas a mi paso.

Al volver a casa, el anfitrión y su mujer me lavaron el pie. Agarraron dos enredaderas de al lado de la casa, las frotaron con las manos y me presionaron la herida con ellas para que dejara de sangrar. Con la primera planta no pareció surtir efecto; al retirarla, la vena seguía sangrando y pintando de rojo el césped.

¡Como en Monty Python!

—¿Y si vamos al médico? —pregunté.

—Hoy está cerrado —respondió el hombre.

Me reí al imaginar el cartel: «Abierto de lunes a viernes, de 10:00 a 18:00. Si se desangran fuera del horario de oficina, es responsabilidad suya». Por divertido que pareciera, también me di cuenta de que la gente era muy vulnerable en caso de emergencia real. Si en lugar de una pequeña herida me hubiera ocurrido algo más grave, ¡habría pintado muy mal! *Y este tipo de cosas* pasan rapidísimo…

El tercer tratamiento herbario consistió en calentar en el fuego el tallo de una planta que me llegaba a la cintura y tenía las hojas brillantes. Me presionaron la herida con la savia caliente y, para mi sorpresa, me sentó de maravilla. El dolor se alivió y la hemorragia se detuvo. Con el resto del tallo y un trapo, el anfitrión me preparó un vendaje.

—Será mejor que te quedes un día más —sugirió el hombre.

—No puedo, zarpamos mañana.

—Te acompañaré entonces. Tengo que ir a enviar una bolsa de kava.

Nos pusimos en marcha después de comer.

—Hoy no pasa la camioneta —me dijo cuando cruzamos el camino embarrado. Acto seguido, lanzó la bolsa de kava por encima de la cerca de un pasto de vacas y la saltó. —Tomaremos un atajo por este campo. Hay un lugar donde pasan coches.

—¿Está muy lejos?

—Solo unos pocos kilómetros.

¿¡Unos pocos kilómetros!? De haberlo sabido... tampoco habría tenido otra opción. No contemplaba faltar a la palabra que le di al capitán y retrasar su salida. Se habría preocupado por mí y no tenía forma de contactar con él.

—¡Allá que vamos! —me dije con energía. Salté la valla y lo seguí cojeando.

Al cabo de unos kilómetros la herida se me abrió de nuevo y la sangre se filtró por la venda. Traté de ignorarlo, pero cuanto más avanzábamos, más se soltaba el vendaje. Al final me lo quité. Llevábamos medio camino. Me dolían las pantorrillas y la cadera por tener que andar cojeando, así que me fui quedando cada vez más atrás. El estiércol de vaca y la suciedad formaron una costra alrededor de la herida. *Al menos ya no sangra tanto.* El aire caliente brillaba en el suelo. Me pareció una eternidad el rato que tardamos en llegar al camino vecinal.

—Aquí estamos bien. —Se colocó en una curva del camino. Yo me senté en una roca para limpiarme el talón con agua de la botella.

Esperamos dos horas bajo el sol abrasador hasta que una nube de polvo apareció por el horizonte; se acercaba un vehículo. Le hicimos señales, pero pasó de largo.

—Vaya, parece que iban llenos —dijo el anfitrión lamentándose y mordiéndose la lengua.

—¿Pasan muchos coches al día? —pregunté.

—Nadie lo sabe —contestó.

Pasó otra hora. Ya me veía teniendo que cojear toda la noche para volver cuando pasó una camioneta. Esta vez tuvimos suerte y sí que cabíamos.

—¿Encontraste a los nudistas? —me preguntó el capitán con una sonrisa al entrar en el bote.

—Y no solo eso. ¡También me atacaron con un machete! —Le enseñé la herida.

—Espero que hayas aprendido mucho.

—Sí, he descubierto la yaca. —Le sonreí.

Como dijo el poeta Ewald Christian von Kleist: «El dolor nos permite sentir gozo del mismo modo que el mal nos permite reconocer el bien». Por eso estoy tan feliz de contar con pies sanos. ¡A veces, no sabemos lo que tenemos hasta que lo perdemos!

Le presenté al vecino de Jimmy Stevens y le enseñamos el barco. Probablemente era el primero de la aldea en ver un barco por dentro. Con razón salió tan impresionado.

Octubre del 2015

Navegamos hacia el norte con marcha fija, maniobrando por las islas Salomón. Aunque sus habitantes también son melanesios, no consumen tanta kava. Lo que tienen en el corredor que va de las islas Salomón al sudeste de Asia y llega hasta a Pakistán y África es una tradición que sacaría a cualquier dentista de sus casillas: masticar nueces de betel. En Occidente son unas nueces poco conocidas, pero es una de las sustancias estimulantes más usadas del mundo junto al café y el tabaco, o incluso el alcohol. Es una droga similar a una pequeña dosis de nicotina. La parte absurda es que daña las encías y te tiñe los dientes de naranja de forma que parecen tocones feísimos.

Estas nueces, que en realidad son semillas de palmera, se mastican con palos de mostaza (hojas o brotes de pimentero) y polvo de lima. En algunos países las mezclan con tabaco o especias.

—Jamás tendría hijos en un lugar así —comentó el capitán—. ¡Las bocas podridas de las mujeres de aquí me quitarían todas las ganas!

Pero ya se sabe que para gustos los colores. Y la población de las islas Salomón no deja de crecer (con o sin dientes).

El siguiente destino fue Papúa Nueva Guinea. Allí no solo han arraigado en la cultura las nueces de betel, sino también la brujería, la poligamia y, hasta cierto punto, el canibalismo y el abuso ritual. Sí, en pleno siglo XXI. Así que advierto al lector de que este apartado puede herir sensibilidades.

Por suerte, las tradiciones mencionadas han decrecido significativamente en los últimos años. Con todo, sigue habiendo tribus en el país (como los sambia y los etoro) que separan a los hijos varones de entre siete y catorce años de sus familias y los obligan mantener relaciones sexuales con hombres mayores durante muchos años. Esas tribus creen que la auténtica hombría se transmite por el esperma; lo consideran el equivalente a la leche materna. De hecho, creen que los hombres mayores les hacen un favor a los niños, porque «entregan generosamente» su virilidad a los jóvenes para que se puedan convertir en valerosos guerreros.

El gobierno alemán lo condena como abuso infantil. Aun así, los antropólogos aseguran que entre el 10 y el 20 % de las tribus melanesias han practicado y venerado este tipo de tradiciones. Y, si no, por lo menos las han tolerado. Las tribus etoro y sambia convierten el abuso infantil en algo deseable aferrados a la convicción espiritual de que el esperma es el elixir masculino.

Si las creencias espirituales dan como resultado este tipo de atrocidades, ¿no viviríamos mejor si no creyéramos en nada?

Los teístas *creen* que existe un dios del cual proviene toda la vida y que otorga sentido, valor, moral, conciencia, derechos y libertades a todo lo que existe. Los agnósticos, por su parte, *creen* que es imposible saber a ciencia cierta si lo que creemos es verdad, de modo que se deciden por no decidirse por nada. ¿Y qué hay de los que afirman *no creer*, como los ateos manifiestos? A su manera, también son creyentes. En lugar de creer en Dios, *creen* en la nada. Ante el universo, están convencidos de que la nada existe sin el universo. En cierto modo, esta creencia considera que la inexistencia es tan poderosa que, literalmente, de la nada, todo comenzó a existir espontáneamente: la materia, la energía, las leyes de la física, las características, el espacio y el tiempo. Sí, cuesta imaginarlo, ¿verdad?

Parece razonable afirmar que de la nada no sale nada. Sin embargo, los ateos confesos que aceptan la teoría del *big bang* contradicen de lleno la naturaleza de la nada, ya que *creen* que todo comenzó a existir de la nada, a través de la nada y para nada. Los ateos no quieren creer en nada que no se haya demostrado científicamente, lo que implica que las personas se forman al apilar átomos inertes. La moral, el significado, el valor, los derechos, la conciencia y la razón son meras ilusiones, ya que son sustancias que no pueden probarse en un laboratorio. Los pensamientos y sentimientos son engaños de la química.

Creer solo en lo que se puede demostrar científicamente es como decir que solo crees en lo que ves. Sin embargo, según la ciencia misma, ese pensamiento es estrecho de miras. Al fin y al cabo, ha sido en el último siglo cuando se ha descubierto lo que sabemos que constituye tan solo el 5 % del universo. El resto es materia y energía oscuras, que ni siquiera sabemos lo que son. Por ahora, no podemos verlas ni sentirlas. Podría ser, incluso, que la materia oscura fuera como un fantasma que pasa por nuestro lado ahora mismo sin que lo sepamos. ¿Quién sabe todo lo que puede existir y que aún ignoramos?

Todos creemos en algo, incluso los que no quieren creer. El gran filósofo francés Victor Hugo lo expresó de la siguiente forma: «Creer es difícil, pero no creer es imposible».[2]

Además, parece importante reflexionar profundamente antes de creerse cualquier cosa a pies juntillas. Las tribus sambia y etoro son pruebas concluyentes de que la fe ciega puede acarrear consecuencias graves y duraderas. Las respuestas a las preguntas importantes de la vida se responden con lo que creemos: *¿qué está bien y qué mal?, ¿qué hago con mi tiempo, dinero y energía?, ¿cómo trato a los demás?, ¿quién soy?, ¿qué puedo hacer y qué no?*

Lo que creemos determina nuestras más profundas intenciones. Yo creo que la vida es un regalo maravilloso. Tras mi experiencia en Papúa Nueva Guinea, me di cuenta de que lo había entendido todo al revés. Mi vida se basaba en convertirme en alguien feliz porque creía que la felicidad me permitiría ayudar a los demás. Ahora creo que Dios me ha puesto en este mundo para, con sus fuerzas, ayudar a los demás. Y ahí encuentro la felicidad. Quizá a primera vista no parezca tan distinto, pero ha cambiado mi modo de pensar acerca de todas las cosas. Y sigue haciéndolo más y más día tras día.

---

2   Hugo, V., *El hombre que ríe* (Valencia: Pre-Textos, 2016).

La parada de autobús más cercana a mi casa, en Alemania. Caminé 1 km hasta ella (1 de julio del 2013.)

El primer día del viaje, tomé el tren hasta la carretera donde comenzaría mi travesía en autoestop por el mundo (1 de julio del 2013).

Siete días en París con un presupuesto de 5 € diarios. ¡Comí mucho cuscús y baguets esa semana! (31 de julio del 2013).

Haz autoestop siempre con una sonrisa... O dos, por si se te pierde una (Francia, 19 de agosto del 2013).

Navegando hacia las islas de Cabo Verde. ¡Mi parte favorita del barco! Se respiraba libertad (océano Atlántico, 23 de diciembre del 2013).

Mi primera Navidad lejos de la familia. Una vez oí que el hogar es donde están los seres queridos. La gente fantástica a la que conocí me hizo sentir realmente como en casa (Mindelo, Cabo Verde, 25 de diciembre del 2013).

Playa Levera (también conocida como el paraíso), Granada (17 de enero del 2014).

Minas de oro de Aranka, Guyana (30 de mayo del 2014).

A un paso de una caída libre de cientos de metros en el monte Roraima (Venezuela, 10 de julio del 2014).

© Felipe Monteiro Vazami

Volviendo del monte Roraima con Felipe (12 de julio del 2014).

© Felipe Monteiro Vazami

Favela en Río de Janeiro, Brasil
(2 de octubre del 2014).

Vistas espectaculares para el alma: playa
Ipanema, Río de Janeiro. Vendía ensalada
de frutas en la playa para ganar algo de
dinero. (3 de octubre del 2014).

Ruta Salkantay, a quince mil pies de altura, camino a Machu Picchu (Perú, 3 de
noviembre del 2014).

© Wilfried Texier

Salar de Uyuni: las salinas más extensas
del mundo. Trabajé aquí como guía turístico (Bolivia, 15 de diciembre del 2014).

Aquí es donde intentaba dormir en Atocha
cuando un burro me salvó la vida (Bolivia,
22 de diciembre del 20-14).

En Cartagena, tenía una suite con vista ;-) (Colombia, 15 de febrero del 2015).

Con el canadiense calvo. ¡Qué caja de sorpresas! (Cartagena, 17 de febrero del 2015).

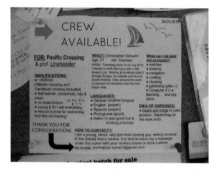

Buscando barco en el puerto de Shelter Bay (Panamá, 25 de marzo del 2015)

El «bautismo ecuatorial» de los marineros (océano Pacífico, 11 de abril del 2015).

Un capitán muy sabio (océano Pacífico, 4 de mayo del 2015).

Pintura del culto cargo en representación del volcán Yasur (isla de Tanna, Vanuatu, 20 de septiembre del 2015).

Lugar de encuentro público para aldeanos (isla de Tanna, 20 de septiembre del 2015).

Concierto en la aldea (20 de septiembre del 2015).

Erupción nocturna en el monte Yasur (21 de septiembre del 2015).

Vida tradicional en la isla (21 de septiembre del 2015).

El ardiente abismo al amanecer (21 de septiembre del 2015).

Con mi amigo de Baywatch ;-), Cuatro Islas (Filipinas, 9 de febrero del 2016).

Dándolo todo en la exploración submarina de Cuatro Islas (29 de febrero del 2016).

El último desayuno bien temprano, antes de la tormenta (mar de China oriental, 27 de abril del 2016).

Poco después de llegar a Busan (Corea, 29 de abril del 2016).

Haciendo autoestop por Corea con mi cartel «A cualquier lugar» (12 de septiembre del 2016).

En la cima de la montaña Wolchulsan, ¡360° de grandiosidad! (Corea, 20 de septiembre del 2016).

Experimentando el budismo coreano en el templo Daeheungsa (21 de septiembre del 2016).

¡Diciendo «GRACIAS»! (Seúl, 11 de octubre del 2016).

Osaka, Japón (30 de octubre del 2016).

La muralla China en Badaling (22 de diciembre del 2016).

Reparando la punta del mástil (océano Índico, 18 de marzo del 2017).

Comiendo sobre la cama de un anciano, tras un culto por la noche en una iglesia a la que me invitaron a predicar, cerca de Lahore (Pakistán, 3 de julio del 2017).

¡El mejor reencuentro familiar! (Rømø, isla danesa en el mar de Wadden, 21 de agosto del 2017).

Final feliz con la mujer de mis sueños en el Coliseo romano (Roma, Italia, 6 de agosto del 2017).

Con mi mejor cómplice, una semana antes de pedirle matrimonio (Erzhausen, Alemania, 13 de diciembre del 2017).

Cuarta etapa

ASIA Y MEDIO ORIENTE

11

TORMENTA MARINA

APRENDÍ DE VERDAD LO que significa descansar al llegar a una zona cerca del ecuador conocida como las calmas ecuatoriales. ¡Y con razón! La región está dominada por las aguas tranquilas y sin viento, de modo que el viaje desde Papúa Nueva Guinea, más que una trepidante aventura, fue un balneario de dos semanas. Sin embargo, como decimos en Alemania, todo tiene un final... Excepto la salchicha, que tiene dos.

En el sur de Filipinas, en la bahía de Dávao en Mindanao, nos avanzaron chapoteando unas canoas de colores brillantes. Me sorprendió cómo los pescadores colocaban dos soportes de bambú en cada extremo para estabilizarlas. A toda prisa, levantaron los soportes para reducir la resistencia al agua. Estas canoas con balancines eran rápidas y estables. *¡Qué inteligentes! Claro, la gente aquí optimiza los vehículos. Al fin y al cabo, Filipinas es un país insular, de modo que los barcos son un medio de transporte esencial.*

Hoy por hoy, los filipinos son los más activos del mundo a nivel de transporte marítimo.

—Esperemos que a ninguno se le ocurra subir a bordo —dijo el capitán cuando uno nos adelantó con su motor ruidoso y apestoso—. Hace unas semanas secuestraron a cuatro personas en el puerto al que vamos… ¡Y uno era noruego!

—Bueno, pero si ya tienen a un noruego no les harán falta más. —Le guiñé el ojo.

Yo también me había documentado porque quería llegar a Filipinas y de ahí ir a Corea y Japón. Las bandas terroristas islámicas activas en la región habían perpetrado atentados salvajes. Y eso que Filipinas es uno de los países asiáticos con mayor población cristiana: un 90 % de filipinos se identifica como tal. Vestigio de los trescientos años de dominio español en época colonial.

—Me alegra que te lo tomes con calma. ¿Te importaría quedarte unos días para ayudarme a remodelar el barco?

—Depende del precio. —Necesitaba un poco de dinero para seguir avanzando en mi aventura.

* * *

Comencé a trabajar pocos días después de llegar. El capitán se fue a Europa a pasar Navidad y Año Nuevo, de modo que me quedé solo. Pasé dos meses trabajando ocho horas diarias bajo el sol abrasador a 30 ºC a pocos metros del muelle donde habían secuestrado a los rehenes. Para evitar insolaciones, me cubría cual árabe nómada. Mientras me asaba, me acordaba de Alemania, que por esas fechas estaría decorada festivamente. Me sobrevino un profundo sentimiento de solidaridad con las manzanas al horno, a las que se trata con tanta crueldad… Ahora las comprendía; las decoran y llenan con pasas, especias y azúcar, y las hornean hasta que casi se funden… *Cuando vuelva, ¡iniciaré un nuevo movimiento para salvar a las manzanas horneadas!* Trataba de motivarme con ese tipo de pensamientos para que la tribulación fuera algo más llevadera.

Ganaba poco más de dos dólares por hora. Me planteé seriamente si valía la pena ese trabajo, especialmente al lijar la cubierta de fibra de vidrio, cuando incontables astillas me pinchaban la piel y los pulmones. En el norte de Europa esto sería explotación. Pero no me quedaban muchas opciones, ya que en Filipinas es complicado ganar dinero. Y ya había trabajado en otros países por menos de un dólar la hora. En comparación, me estaba forrando. *¡Por no hablar de las lecciones vitales aprendidas!*

Pasé Navidad y Año Nuevo con una familia filipina muy acogedora a la que conocí en la iglesia. Junto con el filipino, el inglés es una de las lenguas oficiales, así que me entendían bastante bien. Pero me interesaba aprender un poco de su dialecto. Me fascinó ver que su idioma no solo emplea muchas palabras en español, sino que además comparte similitudes con islas del Pacífico muy distantes. Por ejemplo, en filipino *mata* significa *ojo*, igual que en Fiji, con los maoríes, en Indonesia y Malasia. Si estás leyendo esto, date una palmadita de felicitación en la espalda: ¡acabas de aprender a decir *ojo* en más de setenta idiomas! Enhorabuena.

La pregunta es obligada: ¿por qué se parecen tanto estas lenguas? ¿Cómo puede ser que la gente llegara a estas islas que estaban tan lejos? Madagascar, en la costa africana, y la isla de Pascua, cerca de Sudamérica, son prácticamente antípodas, pero tienen algo en común: sus habitantes comparten origen. Entre el 3000 y el 4000 a. C., algunos intrépidos pescadores fueron de China a Taiwán. Allí adquirieron conocimientos desarrollados de construcción de canoas y zarparon con las primeras embarcaciones con balancín, inaugurando así un movimiento migratorio conocido como la expansión austronesia. Llegaron a las Filipinas y siguieron hasta el occidente de Indonesia, en el océano Índico. Para el 500 d. C. ya habían ocupado la isla de Pascua y Madagascar. Ya habían viajado por una ruta oceánica similar a la de Colón cien años antes que él. La isla de Pascua y Madagascar están en lugares opuestos del planeta, pero el número dos se dice igual en ambas partes: *roa*.

Aprender a establecer esas fascinantes conexiones con los nativos me parecía espectacular. Por si no lo sabía, entonces me di cuenta: *¡el mundo es un pañuelo!*

En cuanto el capitán vio el trabajo que había hecho en la cubierta del barco se mostró satisfecho. Nos despedimos después de casi nueve meses. Ahora me tocaba tener paciencia durante al menos dos meses para que llegara la temporada de navegación a Japón y Corea. El periodo de tiempo es breve y pocos barcos emprenden ese rumbo. Me haría falta bastante suerte para encontrar a alguien que quisiera llevarme.

Entre tanto, la revista alemana *Focus* publicó un artículo sobre mí. Poco después Michal, una estudiante de Alemania, me envió un mensaje de Facebook: «¡Lo que estás haciendo es una pasada!». Le contesté y ella volvió a escribirme. Comenzamos una conversación con mensajes cada vez más largos cada uno desde una punta del planeta.

Se me presentó la oportunidad de trabajar como voluntario durante un mes en la isla de Leyte, que había sufrido destrozos a causa de un tifón. En nuestro día libre, fui a nadar a la playa con un filipino al que conocí. Nunca me había imaginado cómo se sentían las estrellas de cine, pero ahora un gracioso malentendido me ayudaría a hacerme una idea.

—¡Aquí hay sitio! —Señalé un estacionamiento vacío.

Había decenas de coches aparcados en el terreno mojado y arenoso. Había llovido por la mañana, pero el sol ya había salido y las gotas brillaban sobre las plantas tropicales por todo el camino. El filipino aparcó en el sitio que le indiqué y apagó el motor. Los cristales eran tintados, así que pudimos cambiarnos en el coche y ponernos los bañadores. Salimos y cerramos las puertas del vehículo. El camino estaba empapado. El aire era fresco, el mar rugía al fondo y lo acompañaba el ritmo de la música electrónica. Las piedras hacían ruido al pisarlas con las chanclas.

—Hay un festival de surf en la playa —me contó mi nuevo amigo a medida que avanzábamos hacia el agua. Era bajito incluso para ser filipino, pero también musculoso. Llevaba el pelo bien perfilado y con una cola al final, al estilo samurái—. ¿Quieres ir a verlo? —Cientos de personas se agolpaban ante un escenario donde tres chicas con gorra de béisbol bailaban al ritmo del *beatbox*. Negué con la cabeza

—Quizá luego. Primero vamos a nadar.

Empecé a correr a un ritmo relajado. El filipino me adelantó y enseguida estábamos esprintando para ver quién llegaba antes a las olas espumosas. Al saltar, nos salpicaron la cara; ¡qué salado! En la superficie soplaba un fuerte viento, pero por debajo la corriente parecía un balneario de aguas termales. Y lo mejor: ¡no había nadie más en el agua! Toda la playa era nuestra, porque el resto del mundo estaba viendo el espectáculo. Disfrutamos de la embriagadora sensación de las olas que nos envolvían a un ritmo constante. Me sacudió una ola enorme cuando emergía a la superficie y me inundó los ojos de agua salada. Un surfista pasó a mi lado. Lo saludé con la mano y me hizo un gesto amigable con la cabeza.

—Chris, será mejor que salgamos del agua —me dijo mi amigo, que estaba detrás de mí.

—¿Por qué? —Me giré—. ¿Tienes frío? —Señaló hacia la orilla. El espectáculo había terminado y la multitud se amontonaba en la ribera mirando hacia el mar.

—Para que no se piensen que somos surfistas profesionales. —Soltó una carcajada traviesa.

—Pues sí, mejor salimos.

Al avanzar por el agua cristalina hacia la orilla se me cayó la goma del pelo y la perdí. La melena rubia y larga hasta los hombros se me soltó. Al estar mojado, la camiseta azul turquesa que llevaba me marcaba todos los músculos. Detrás de nosotros, el surfista al que saludé surcó su primera ola. Sentí un poco de envidia; ¡surfear estaba en mi lista de cosas por hacer!

Observé a la muchedumbre de la orilla. Miraban al océano. *¿Pero qué…?* Me di cuenta, no sin sentirme incómodo, de que no contemplaban a los surfistas de detrás. Tenían la vista fijada… ¡en mí! Quizá pensaban que era el único extranjero en kilómetros que había venido a participar en el concurso. *¡Yo, que jamás he pisado una tabla de surf!*

—Te están mirando... —susurró mi amigo.

—¡Ya lo veo! —contesté en voz baja.

—Más vale que volvamos al agua… —me aconsejó.

—Pero si acabas de decir… —Quise replicar, pero me cortó.

—Sí… ¡Pero mira!

Un cámara y una reportera con micrófono se habían colocado en el punto justo para interceptarnos en cuanto saliéramos del agua. *¡Oh, no!* Nos escabullimos a toda prisa antes de pisar la orilla; parecíamos una caricatura lamentable de *Los vigilantes de la playa*, a un tiro de piedra del gentío que nos miraba. Algunos silbaban y otros grababan con el móvil.

¡Tierra, trágame! Tras perder de vista a la reportera, corrimos por la playa para volver al todoterreno. Al pasar entre la multitud, una chica se llevó la mano a la boca y gritó alocadamente. ¡Por

favor, no! Otros trataban de acercarse a mí para hacerse un selfi. Era como una cadena de dominó en que las piezas van cayendo una tras otra. El tumulto que se formó a mi alrededor convenció hasta al último escéptico de que yo era una estrella del surf. *¡Surrealista!*

—¿Qué hago? —grité desesperado ante la multitud que se apiñaba a mi alrededor.

—Pasa de largo y ya está —me contestó el filipino entre risas—. Te espero en el coche.

—¡¿Qué?! ¡No me dejes solo! —Exasperado, alargué el brazo empujando entre el gentío para agarrar a mi amigo. Un grupo de jóvenes muy guapas me cortó el paso.

—¡Una foto, por favor!

Suspiré y me agaché para ponerme a su altura para la foto. ¡Craso error! El resto se puso a gritar y me rodearon más personas pidiendo selfis. La demencia era contagiosa y se expandía entre la multitud. *¡Ayuda! ¡¿Dónde están mis guardaespaldas?!* Los locales me empujaban por todos lados. De no haberle sacado una cabeza a casi todo el mundo, me habría asfixiado. Me abrí paso con desesperación empujando a diestro y siniestro lo que parecían racimos de uvas gigantes formados por seres humanos. Forcé una sonrisa para no parecer demasiado angustiado en las fotos.

—¡Un selfi, por favor! —Las filipinas seguían plantándome los teléfonos en la cara.

—¿De dónde vienes? —me preguntó una chica.

—Alemania —respondí. La multitud gritó con entusiasmo.

—La última Miss Universo era filipina, ¡y su padre alemán! —exclamó una chica con brillo en los ojos.

No querrás decir que... Me froté los ojos con fuerza. A medida que insistí en que no era surfista y la gente terminó de tomarse fotos, la situación se fue calmando. Al final pude escapar de la multitud y corrí hacia donde estaba mi amigo. Nos refugiamos en el coche blanco.

—¿Qué, ya quieres irte? —preguntó el filipino entre risas. *¡Tipo listo!* Arrancó el coche sin dejar de reír—. Creo que es la primera vez que ven a alguien como tú fuera de las películas de Hollywood.

Recorrimos el camino de arena. Al final de los estacionamientos, dos tractores se acercaban con remolques largos llenos de adolescentes. Mi amigo bajó la ventanilla tintada de mi lado.

—Pero ¡¡qué haces!?

—Venga, ¡no seas tímido! —me espetó con una sonrisa. Bajó la velocidad a ritmo de peatón y se acercó al primer tractor.

Saqué la cabeza por la ventanilla y saludé con un «¡Hola!» a la vez que mi amigo tocaba el claxon. Unas cuantas chicas me miraron y comenzaron a gritar como fanáticas e intentaron agarrarme de la mano. Al verlas, el resto las imitó chillando y silbando. Mi amigo se moría de la risa al volante.

—¡Otra vez! —dijo, y frenó justo al lado del segundo tractor.

Ya habían oído al tractor anterior, de modo que me bastó con inclinarme por la ventanilla para causar furor entre el gentío. Empezaron a saltar y gritar hasta el punto en que temí que se cayeran del remolque. También me preocupaba mi amigo, que iba al volante sumido en un ataque de risa.

—¡Buf! —Estaba jadeando de la risa—. ¡Tendríamos que haberlo grabado!

Creía que los asiáticos eran tímidos, pero no es cierto. Lo que hay que hacer es verlos cuando se sienten en su salsa. Como en el karaoke. Cualquiera que haya cantado con asiáticos en un karaoke sabe a lo que me refiero. Incluso el asiático más tímido y precavido, por mucho que se esconda tras un par de gafas, se convierte en estrella de *rock* al pisar un karaoke. ¡Una estrella de *rock* con gafas de estrella de *rock*! No exagero si digo que Bruce Banner convirtiéndose en Hulk no les llega ni a la suela del zapato.

Junto con los karaokes y las figuras del surf (¡ejem!), los filipinos comparten otra pasión: el baloncesto. El básquet es para ellos lo que el fútbol para los alemanes. En casi cada esquina se pueden encontrar canastas improvisadas para que los más pequeños vayan practicando. Si no hay calles ni pelotas, hacen un círculo con un cable, lo atan a una palmera y juegan con cocos. *¡El que no juega, es porque no quiere!*

Es una pena que la pasión de los filipinos por el baloncesto sea un amor no correspondido. Como dicen en las islas, a los filipinos les encanta el baloncesto, pero al baloncesto no le gustan mucho los filipinos. Aunque no es de extrañar en una región donde los hombres adultos miden 1,62 m de media. Digamos que no están a la *altura* en el baloncesto internacional. Pero es de admirar que se mantengan firmes en su pasión por ese deporte.

Febrero del 2016

Mi siguiente destino fue Manila, capital de las Filipinas. Los padres y hermanos del filipino que me había llevado a la playa me acogieron durante una semana. Su madre es dentista. Me hizo una promesa: «Antes de que te vayas, te voy a revisar los dientes, *anak*». *Anak* significa *hijo*, y la verdad es que se convirtieron en una familia para mí. La madre no solo me trató una pequeña caries que me había salido, sino también las muelas del juicio. ¡Sin cobrarme nada! Si no me las hubiera extraído, me habrían generado muchos problemas y tendría que haber acortado el viaje.

Por suerte —o por algo superior a la suerte—, me encontré en el lugar correcto en el momento justo. Fue como ganar la lotería una y otra vez. ¿Podría seguir con la racha? Más valía que sí, porque necesitaba un barco para seguir con la aventura.

—¡Adelante!

Abrí la puerta y entré en la oficina portuaria del club de veleros de la bahía de Súbic. Los barcos hacia Corea y Japón zarpaban desde allí con toda probabilidad.

—¿En qué le puedo ayudar? —me preguntó el hombre que había en el mostrador a mi derecha. A la izquierda había una ventana de lámina de vidrio. Al estar en la cuarta planta, las vistas de los muelles eran espectaculares. Los barcos amarrados se movían como botando con suavidad sobre el agua. Apenas se oía el tintineo de las cuerdas chocando con los mástiles.

—Trabajo en veleros —me presenté—. ¿Qué barcos zarpan hacia el noreste?

—¿Zarpar? —preguntó el hombre riéndose. Se levantó y se acercó a la ventana—. ¿Ve todos estos barcos?

—Sí.

¿Se cree que estoy ciego?

— ¿Y no ve a toda la gente? —preguntó.

—¿Qué gente? —repliqué confundido. Ahí no había más que algunos miembros del personal de limpieza.

—Exacto. —Se sentó de nuevo—. La mayoría de barcos se guardan aquí y los dueños vienen cada dos meses a pasar el fin de semana.

—O sea, que nadie navega hacia donde yo quiero ir. —Me habría agarrado a un clavo ardiendo. El hombre asintió con la cabeza.

—Puede dejar su anuncio, si quiere. Por si acaso.

—Una pregunta más: ¿cuántos barcos al año viajan de Filipinas a Corea o Japón?

—¿En todo el país? Entre tres y cinco, quizá menos.

¡Madre mía! ¡¿Entre tres y cinco?! Tras haber encontrado a tantos pesimistas por el camino, me esperaba una decepción. Siempre hay gente o circunstancias que tratan de minarte la moral: «Mejor

que lo dejes estar; nadie lo ha conseguido antes», «Lo ha probado un montón de gente y a todos les ha salido mal». Esas frases ya no me afectaban. Pero si el hombre tenía razón, mis posibilidades se reducían mucho más de lo que esperaba. *En fin, ¡no tengo intención de rendirme!*

—¿Cuándo es la temporada en que los barcos que van hacia el noreste pasan por aquí? —Seguí indagando.

—Justo empieza. Le recomiendo que pruebe en la regata Rolex de Hong Kong. Llega a finales de mes. Tal vez encuentre algún barco de Japón allí.

¡Mejor que nada! Le di las gracias y salí de la oficina para ir a los muelles. Como dice el refranero, cuando se cierra una puerta, se abre una ventana. Así que me fui en búsqueda de todas esas ventanas entablando contactos personales en todos los veleros.

Pasé la mayor parte de los días hasta la celebración de la regata Rolex en el club náutico para conocer a tantas personas como pudiera. Por la noche dormía en un parque cerca de la playa. No era el lugar más seguro, y a la pareja de ancianos que llevaba años cuidando del parque les parecía un poco descabellado. Ellos vivían en una cabaña dentro del perímetro del parque. Me propusieron que colgara la hamaca al lado de la cabaña, donde había luz, por seguridad. Como siempre, puse la mochila en una bolsa de basura y la guardé bajo la hamaca.

—Sí, hay un barco japonés —me indicó un británico, capitán de un superyate. Había venido desde China a la regata en uno de los muchos veleros y, como la mayoría, quería participar en la carrera. Me había infiltrado en las ceremonias de bienvenida de los participantes para establecer contactos—. Pero más vale que te des prisa

—dijo inclinándose sobre el mantel blanco—; los japoneses quieren irse mañana por la mañana.

—Ah, entonces será que ya están completos.

Me recosté en el asiento decepcionado y mirando al techo… *No tiene buena pinta…* La decoración sí, ¡era preciosa! El pabellón estaba cubierto con acabados blancos elegantísimos. Las lámparas brillaban y, detrás de los setos artísticamente podados, la luna se reflejaba en el agua oscura. El hombre me sonrió como si conociera la solución a mis problemas.

—Al menos el ron es gratis —espetó. No era la respuesta que buscaba, pero me reí igualmente.

—Gracias. ¿Se te ocurre algo más?

—¿Por qué no vas a Hong Kong y de allí a Taiwán? Quizá ahí te sonría la suerte. —Era algo que ya había considerado. Negué con la cabeza.

—Dudo que ningún barco a Hong Kong necesite más tripulantes para ayudar a bordo.

El británico se puso serio.

—¡Venga ya! ¿Tan rápido te rindes? Todos tenemos malos días de vez en cuando. Genera más fracasos la falta de fe en ti mismo y en lo que puede suceder que los contratiempos. —Dejé que la idea me permeara la mente. El capitán señaló las licoreras del bufé—. Creo que puedo conseguir un par de botellas. ¿Te animas?

Estos navegantes…

Madrugué para probar suerte contra todo pronóstico con el barco japonés. Tal como había imaginado, no necesitaban más tripulantes, así que se marcharon sin mí. Abatido, contemplé cómo zarpaban desde el muelle.

Otra puerta que se cierra... Necesitaba un milagro. Por mucho que encontrara otros barcos, ¿para qué querrían mi ayuda? Las palabras del británico me resonaban en la mente: «No son los contratiempos los que generan fracasos». *¡Tenía toda la razón! ¡Por intentarlo, que no quede!*

Como ya había hecho en otras situaciones desesperadas, me puse en contacto con algunos amigos y les pedí que oraran por mí. Puede que no creas en la oración, pero yo he vivido experiencias bastante impresionantes con ella.

También volví a la regata para establecer más contactos. Ponerme en marcha y hacer todo lo que estuviera en mi mano me dio esperanza. ¿Y adivina qué? En unos días, se obró el milagro que necesitaba.

—Voy a presentarte a alguien —me dijo el capitán ruso al que había conocido en el vestíbulo—. Acaba de llegar de Tailandia.

Cruzamos la puerta giratoria para entrar en el lujoso interior del club, que también era un hotel. El suelo estaba hecho de mármol de color arena. En medio de la sala había una extensa escalera con una alfombra verde que llevaba al segundo piso. Los sillones eran muy cómodos, de caoba y terciopelo. En uno de ellos, un hombre alto, moreno, con el pelo lacio y la cara cuadrada hablaba por teléfono. Esperamos a que terminara, se levantó, nos estrechó la mano y nos sentamos con él.

—Este joven ofrece sus servicios a barcos que vayan a Corea del Sur. —El capitán fue directo al grano. El hombre del pelo liso y moreno me miró sin sonreír.

—Bien por ti. ¿Sabes manejar el timón? —me preguntó con acento ruso. Su cara se mantuvo hierática.

—Sí —respondí—. Ya he navegado por unos dos tercios del planeta. Trabajaré gratis. —El hombre sonrió. Por fin algo de expresión facial.

—Mi jefe estará encantado.

¡Pues no lo parece! Fruncí el ceño ante la desgana de su tono. Los dos rusos conversaron en su idioma durante un buen rato.

—El barco se dirige a Corea del Sur para la regata. El patrón llegará desde Vladivostok en un par de días. Cuando venga, podrán zarpar —dijo el hombre girándose hacia mí.

—¿«Podrán?» ¿Usted no viene con nosotros? —pregunté con sorpresa. Esbozó una sonrisa y señaló el teléfono.

—Acabo de dimitir. ¡Ese hijo de [censurado] no quiere pagarme! Mala suerte para mí, buena para ti —prosiguió entrecerrando los ojos—. Ya te diré cuándo puedes unirte a la tripulación.

¡De ahí su mal humor!

⦿ Abril del 2016

En cuanto llegó el capitán de Vladivostok todo fue muy rápido. El viento parecía favorable y no queríamos perder tiempo. Aunque no suele haber tifones por esa época, siempre existe el riesgo de que te atrape uno de esos molestos temporales. Cuanto más favorable fuera el clima, mejor. Con ello en mente, preparamos las velas, llenamos los depósitos y nos aprovisionamos con unos cien litros de ron que escondimos en la popa. Y todo en un solo día.

—¿Para qué lo necesitamos? —pregunté inocentemente refiriéndome al alcohol.

—Es para mi amigo —contestó el capitán ruso guiñándome el ojo. No hizo falta que aclarara que no pagaría aduanas.

El capitán tenía cincuenta y pocos. Lucía el pelo blanco y rizado y barba corta. Su sonrisa era encantadora y, a pesar de tener algo de barriga, parecía bastante atlético. Era el tipo de hombre que se apunta a un bombardeo. O al contrabando de ron. Otro ruso de unos cuarenta y tantos completaba la tripulación. Era corpulento y tenía un humor seco, la cabeza bien amueblada y buen corazón. Una lástima que se gastara todo su dinero en alcohol, tabaco y prostitutas. *Inteligencia no siempre equivale a sabiduría.*

El velero estaba equipado para las carreras. En cuanto salimos de la bahía, el bote avanzó rápidamente siete nudos hacia el norte. Fuimos en pantalones cortos hasta llegar a Taiwán, donde la temperatura bajó estrepitosamente. Las capas de ropa aumentaban de manera proporcional a la distancia que recorríamos.

En solo cinco días superamos la isla japonesa de Okinawa. ¡Mejor imposible! Sin embargo, al sexto día, el capitán trajo malas noticias.

—Se acerca una tormenta de frente —anunció con gravedad, trasmitiéndonos la previsión meteorológica que había oído por satélite—. Iremos a la isla de Jeju-Do, en Corea, para refugiarnos un par de días.

—¡Pero hay trescientas millas hasta allí! —objeté.

—Sí, vamos justos —admitió—, pero navegamos a casi ocho nudos. Podemos llegar en cuarenta horas.

Mientras, habíamos empezado a usar ropa gruesa para protegernos del frío. El viento y las olas alcanzaban la proa. Avanzábamos en un ángulo constante y la espuma rociaba la cabina continuamente. No es que fuera cómodo, ¡pero sí divertido!

En tales condiciones climáticas, a nadie le apetecía cocinar nada demasiado elaborado. Pasábamos calentando bolsas de trigo rubión con el hornillo. Los rusos lo llamaban *grechka*, y nos lo comíamos como si fueran almendras, con leche y azúcar.

Esa tarde el viento se detuvo tan drásticamente que tuvimos que arrancar el motor. El capitán se preocupó, porque se complicaba la llegada a tiempo a Jeju-Do. No podíamos permitirnos ni un contratiempo.

El ruso corpulento me despertó a la una de la madrugada: «¡Se ha apagado el motor!».

¡No, por favor! Me levanté somnoliento y sobresaltado para ir a ayudar. Inspeccionamos el motor cuidadosamente más de una hora sin dar con la avería. Encendí una linterna y enfoqué el agua

turbia de proa. Fue entonces cuando me di cuenta del horror: una cabellera humana colgaba de la hélice. *¡¿Un cadáver en el agua?!* En el mar del sur de China hay piratas, así que quizá en el del este también. Al acercarme un poco descubrí lo que era de verdad, y se lo grité a los demás.

—¡Son algas! ¡Han bloqueado la hélice!

Movimos el bote, alcanzamos las algas y las sacamos de las aspas. Pero la alegría nos duró poco.

—¡Otra vez no! —exclamó desesperado el capitán al ver que la hélice se bloqueaba de nuevo. Y esta vez no era posible alcanzar las algas. Tuvimos que desplazarnos con el viento débil, que nos movía a tres nudos por hora.

¡Qué le vamos a hacer!

Puesto que los rusos habían dormido poco, piloté el barco yo solo al día siguiente. La niebla espesa nos rodeaba como unas cortinas grises, y el aire y el agua estaban helados. La cubierta estaba llena de gotas de condensación que formaban un velo brillante.

«El mar de la China Oriental es muy especial», pensé. Estábamos a ciento cincuenta kilómetros de tierra, pero el fondo del océano tan solo estaba a unos cien metros de profundidad. *Qué poco profundo.* El mar tenía un color verdoso y en la superficie flotaban campos de algas marrón rojizo, como piscinas de sangre. También había montones de basura y boyas de los pescadores. Había un pesquero chino que de vez en cuando se separaba del muro de residuos que flotaba sobre el agua. *¿Cómo se mantiene a flote? ¡Está totalmente oxidado!* También me parecía increíble que pudieran pescar nada en aguas tan poco profundas. En la pantalla del sónar aparecían triángulos que indicaban que había docenas de esas barcas cerca de nosotros.

El inquieto clima cambió por la noche y trajo la completa calma. Seguíamos estancados en la húmeda nube de neblina. De vez en cuando llovía, pero en general había una quietud completa.

La calma antes de la tormenta, pensé. Era una sensación extraña; como navegar sobre un plato de sopa. Me imaginé a los chinos a bordo del pesquero. *¿Se estarán zampando los fideos de arroz con salsa de soja a la luz de una lámpara grasienta?* Pasaban la mayor parte de su vida en el agua. Me arrepentí de no haberles preguntado qué nos aguardaba.

Antes del amanecer, los triángulos ya habían desaparecido de la pantalla. *¡Lo saben!* Solo nos quedamos nosotros, sin posibilidad de huir para ponernos a salvo.

Los huevos del desayuno no tenían muy buena pinta esa mañana. Tal vez les faltaba sal. O quizá era la tensión que se respiraba lo que nos cerraba el apetito. El agua salpicaba suavemente el casco del velero. Ante nosotros, contemplábamos la densa niebla que llevaba días tragándose el sol.

De repente algo se movió. El ruso corpulento alzó la mano: «¡Aquí!», gritó. El agua salpicaba a escasa distancia. La vibración invadió la superficie y alcanzó el bote. La sentimos por el pelo como unos dedos fríos. *¡Viento!* La corriente ganó fuerza y despertó las olas del mar, que parecía dormido, arrastrándolas a la vida.

En cuanto el mar se avivó, el capitán enseguida nos dio órdenes y nos mandó al castillo de proa: «¡Arriad la grande e izad el tormentín!».

Apenas habíamos cumplido sus órdenes, las velas se llenaron y arrastraron la proa a través de las inundaciones de espuma, que salpicaban el tormentín naranja. Brillaba en la punta del arco y generaba un contraste con el gris apagado. Gracias a Dios, la corriente limpió la hélice y pudimos usar el motor para controlar el barco, a pesar del clima agitado. Contemplé la puesta en escena de la naturaleza con un profundo asombro. Jamás había vivido un cambio de tiempo tan rápido y drástico. De pronto me sentí agotado, así que fui para dentro a dormir un rato.

***

¡BUM!

¿Qué diantres ha sido eso? Me levanté aturdido y una sacudida me volvió a echar abajo. Un cajón se abrió y se soltó de las bisagras. Los cubiertos se esparcieron por el suelo. *¿Pero qué…?* Y otro impacto más. Parecía que el mar fuera a romper el barco en mil pedazos. Las paredes de fibra de vidrio crujieron y chirriaron al recibir los golpes. Medio dormido, me puse el arnés de seguridad y subí tambaleándome por la habitación, abrumado por el caos. Todo lo que no estaba sujeto acababa estallándose en el suelo. Bolsas de arroz, cereales, vasos, cuencos de plástico e incluso el hervidor pesado. El corazón me latía tan rápido que absorbía todo el sentido común de la cabeza.

¿Dónde están los demás? Subí las escaleras hasta la cabina de pilotaje. Era negra noche, el viento aullaba contra el aparejo y las aguas rugían rebosando por la barandilla del barco.

—¡¿Están todos bien?! —grité en medio del barullo. No veía a nadie. Aún no se me habían adaptado los ojos a la oscuridad. Alguien me respondió con una ininteligible cascada de insultos en ruso.

¡Gracias a Dios! Parece que todo sigue igual. Pero ¿hasta cuándo? La tormenta nos estaba ladeando a 45º. Las olas parecían montañas y, bajo sus estruendos, la inclinación parecía aumentar por minutos. Vi al capitán arriba, agarrándose con una mano a una cuerda de seguridad y manejando el timón con la otra. Profería tantos improperios que me pregunté cómo lograba concentrarse para dirigir el barco. El otro ruso estaba delante de él a cargo de los tornos.

—¡Tenemos demasiada vela afuera! —le grité. Era lo único que podía explicar tanta inclinación.

—¿NO ME DIGAS? —espetó el ruso corpulento desesperado.

Vale, ya lo saben. Me puse el arnés y subí por el lado inclinado del velero hacia los demás para ver mejor. Me arrasaba un torrente de agua helada y el viento y las olas me golpeaban. Me mordí la lengua para no insultar como el ruso.

Para evacuar la presión del barco habían bajado la botavara sobre el agua para que flotara a unos centímetros de la superficie. Si se sumergía, podría romperse el mástil. Esa era evidentemente la razón por la que no podíamos acortar la vela mayor: con un ángulo tan pronunciado, tirar de ella sería un suicidio, especialmente con la botavara tan lejos de la cubierta. Además, la corriente golpeaba las velas con tanta potencia que era imposible arriarlas. *Aun así, ¡tanta superficie de velas es peligrosísima con tormenta!* Con tales circunstancias, caer al agua supondría una muerte segura. La baja visibilidad imposibilitaría que te encontraran, la hipotermia no tardaría en llegar y te ahogarías.

—¿Has probado a navegar de bolina? —le grité al capitán. Era la única posibilidad de alcanzar la vela mayor.

El hombre del pelo blanco respondió apretando los dientes y alejándose del timón para bolinear. Me preparé para correr hacia el mástil y tirar de la vela. Como es de esperar, al capear el viento parece mucho más potente. El ruido ensordecedor se convirtió en estridente. A la vez, la proa se estrelló tan fuertemente contra la cresta de la ola que pensé que la nave explotaría. El agua desbordaba y entraba por la cubierta hasta mojarnos completamente. El frío calaba en los huesos.

—¡Olvídalo! —gritó el capitán virando el barco—. ¡Nos cargaremos la proa!

Volvimos hacia atrás, a la inclinación anterior. Intento fallido.

—¡Gracias! —gritó el ruso corpulento, enfadado. Se secó la cara con la mano que tenía libre—. ¡Por nada!

Entendía su frustración. Mis botas de goma se habían convertido en un acuario y tenía los dedos congelados. ¿Cuánto debía afectarles a ellos, que llevaban tanto tiempo navegando? Si el viento seguía soplando nos arrojaría el aparejo, o inclinaría tanto el barco que nos hundiríamos. Adentrarnos en la tormenta era aterrador, pero no me parecía que tuviéramos más opción.

A veces, no asumir el riesgo y esperar es lo más peligroso. Hay que ser proactivo para cambiar las circunstancias. Si te quedas quieto, el entorno te cambia a ti. Dependía de nosotros; la situación sería lo que decidiéramos que fuera. Ya lo dijo Aristóteles: «No puedes cambiar la dirección del viento, pero sí ajustar las velas». El momento no parecía el más apropiado para filosofar. Lancé mi propuesta una vez más.

—Quizá si giramos más lento…

—¡Basta! ¡Cierra el pico! —gritó furioso el ruso desde los tornos.

Eso no me lo esperaba. Miré al capitán en búsqueda de ayuda. Estaba manejando el timón y soltando una palabrota tras otra. Había descartado mi propuesta y se concentraba en otras cosas. Me senté ansioso en la parte más alta del barco para contrarrestar un poco la inclinación con mi peso. *Pues nada, así es la vida. Quieres cambiar las cosas, pero la mayoría te aplasta.*

Me cayó una ola congelada encima. Luego otra. Me crujían los dientes. *No, el problema no son las mayorías, sino la gente que no sabe ganarse su confianza.*

Estaba oscurísimo. No podíamos ni ver las olas hasta que se abalanzaban sobre el bote. Tampoco se veían la luna ni las estrellas, solo las luces de navegación verdes y rojas del púlpito. Habíamos encendido la luz de fondeo blanca de la parte superior del mástil para una mejor visibilidad.

Lo más insoportable de ser pasivo es la incertidumbre, reflexioné mirando a la oscuridad. No sabíamos cuánto duraría la tormenta ni hasta cuándo podríamos soportarla. Y nos jugábamos la vida. Sin embargo, en lugar de cambiar las circunstancias, nos rendimos ante ellas.

Solo queda esperar que la naturaleza se apiade de nosotros. No me gustaba la idea, pero tuve que admitir que la mejor opción era ir todos a una.

—Ve a descansar, te tomo el relevo —le dije al ruso corpulento. Se lo pensó como si no las tuviera todas consigo. Al final accedió y se apartó.

Se aseguró con un gancho extra y se dirigió al lado más profundo de la popa para fijar de nuevo los bidones de diésel. Las olas ya habían volcado tres. Luego fue al interior del bote y me trajo un cubo de agua para vaciar y se acostó entre dos sacos.

El patrón y yo nos quedamos fuera, combatiendo contra la tormenta hasta que él ya no pudo más. Se turnó con el otro. Luego me relevaron a mí. Estuvimos rotando toda la noche. Uno mantenía el rumbo fijo mientras el otro reajustaba las velas para facilitarle las cosas al timonel. El tercero descansaba. A medida que se acercaba el amanecer, la inclinación se reducía. Era la primera señal de que ya habíamos sobrevivido a lo peor.

—¿Qué te parece? —El patrón se me acercó mientras estaba a cargo del timón. Tenía los pantalones y la chaqueta empapados y le caían gotas del pelo y la nariz.

—Pareces papá Noel en una piscina —le respondí sonriendo—. ¡Al menos te has duchado de una vez!

—¡Pues te quedas sin desayuno! —contestó entre risas. Se estiró y se fue a la cabina. Por la abertura vi cómo preparaba un bol de leche con cereales.

¡Mecachis en la mar!

No pudimos sustituir el tormentín por la vela mayor habitual hasta la noche siguiente. Un día más tarde llegamos al puerto de Busán, cerca de Seúl, capital de Corea del Norte. Es la segunda ciudad y el centro económico más importante del país. El 80 % del cargamento estatal se envía desde sus puertos. Su paisaje es impresionante, con edificios de hasta ochenta pisos de altura. El rascacielos más alto de Alemania apenas llega a sesenta y cinco plantas, la mitad de lo que mide el más alto de Corea del Sur, con 123.

Me propuse aprender el idioma mientras estuviera allí. Hablar coreano sería sin duda la clave para comprender mejor la mentalidad asiática… ¡y también para que los coreanos me entendieran a mí!

Solo tardé tres meses en aprender español, italiano y portugués. El coreano debería costarme lo mismo. ¡Qué iluso! Me había sobreestimado demasiado. Con un par de horas basta para aprender a leer coreano. ¡Pero hablarlo es otra historia! En lugar de usar cientos de caracteres, como en chino y japonés, el coreano solo cuenta con diez vocales y catorce consonantes. Es decir, veinticuatro símbolos, casi como el abecedario latino. Cualquiera que disponga de conexión a internet, dos horas y las ganas de aprender puede inscribirse en un curso en línea. Si bien es cierto que para la mayoría de gente leer coreano no es una prioridad, ejercitar la materia gris del cerebro nunca viene mal.

Era consciente de que la tecnología moderna facilita muchísimo el aprendizaje de idiomas, así que le compré un teléfono inteligente barato de segunda mano a un señor de Bangladés. Hasta entonces había viajado sin dispositivos electrónicos. Era la primera vez que tenía un teléfono inteligente. Enseguida aprendí a usarlo y di con una aplicación llamada «Las 1.000 palabras más usadas en coreano». *¡Bingo! Me viene como anillo al dedo.* Me propuse aprender treinta palabras y un concepto gramatical al día. Era un objetivo ambicioso, pero quería ser un estudiante de nivel.

En dos semanas había aprendido más de setecientas palabras. Me di cuenta de que probablemente esas mil palabras más usadas provenían de periódicos. Podía traducir *empleado, estandarización* e *investigación y desarrollo* hasta en sueños, pero era incapaz de pedir comida y bebida o preguntar dónde está el baño. *¡Error! Sobre todo, si me urgía la necesidad.* Eso sí, como surgiera un debate de economía y política, estaría bien preparado.

GANGNAM STYLE Y EL MONASTERIO BUDISTA

📍 Mayo del 2016

ME QUEDÉ EN EL barco ruso hasta la regata. ¡Quedamos segundos de entre cincuenta participantes! *Qué buenos recuerdos…* Me despedí de mis compañeros rusos y me adentré haciendo autoestop en la región montañosa de Corea hasta llegar a la ciudad histórica de Gyeongju.

Llegué a un lago cerca de mi destino justo al ponerse el sol. La temperatura era agradable y suave. Me planteé darme un chapuzón. *¡Como los coreanos vean a un rubio europeo saliendo del agua oscura, se les quedará la imagen grabada de por vida!* Me reí y deseché la idea.

Crucé el puente que llevaba a la otra orilla. Mis pasos se amortiguaban y hacían eco. *¡Esta agua es totalmente mágica!* Me apoyé en la barandilla sin decir nada y perdí el sentido del tiempo. ¡La escena era cautivadora! A mi alrededor, las lámparas decorativas cambiaron de azul a rojo. Había unos altavoces que reproducían música asiática tradicional, y no muy lejos había un cerezo que parecía estirarse en medio de la noche.

¡Estoy en Corea de verdad! ¿Quién se lo habría imaginado? En ese momento vi claramente lo diferente que era Corea del resto de países que había visitado. Por primera vez estaba en un país del primer mundo desde que salí de Europa. *¡Todo parece seguro y armonioso!*

De hecho, en Corea prácticamente no hay asesinos, terroristas ni ladrones, y el consumo de drogas es muy anecdótico. No hay razón alguna para tener miedo… Exceptuando los cohetes norcoreanos, claro está.

Puesto que el día a día es tan seguro, han emergido temores totalmente infundados entre la población del país. Es como el sistema inmunitario: si no tiene nada que hacer, se dedica a atacar otros componentes totalmente inocuos y se desarrollan alergias. A muchos coreanos, por ejemplo, les aterrorizan los ventiladores. No los imponentes molinos industriales con hojas giratorias afiladas, sino los pequeños aparatos que pones en el tocador las calurosas tardes de verano. La mayoría de coreanos creen que, si dejas el ventilador encendido por la noche, absorbe el oxígeno de la habitación y mueres asfixiado. Otras teorías aseguran que genera un vacío que impide la respiración y, cómo no, te ahogas. Ni se ha demostrado científicamente ni se ha registrado ninguna muerte relacionada con ello, pero el miedo está arraigado en la cultura hasta el punto que incluso el gobierno coreano exige que los ventiladores se marquen con etiquetas de seguridad para advertir que no se deben dejar encendidos mientras se duerme. Muchos ventiladores coreanos disponen de un temporizador que los apaga automáticamente.

¡Problemas del primer mundo! Me reí a solas y proseguí el camino hasta la otra orilla. Allí acampé para pasar la noche detrás de un lavabo exterior abandonado.

Por la mañana hice autoestop hasta el centro de la ciudad. El conductor me preguntó dónde dejarme y se lo indiqué por señas. *¡Tendría que haber buscado cómo decirlo!* Necesitaba un supermercado para aprovisionarme de comida barata. Llevaba tres días buscando sin éxito y comiendo fideos instantáneos. La verdad es que el estómago empezaba a resentirse.

En mi cabeza la frase sonó bastante bien: «Por favor, pare de camino en algún lugar donde pueda comprar alimentos». En realidad, lo que dije fue algo así: «Usted. Camino periférico. Mucha gente compra. Dentro fuera».

¡Qué desastre! ¡No sé decir alimentos, pero periférico sí! Para mi sorpresa, el conductor asintió con la cabeza y dijo «¡Oh, oh, oh!», como si hubiera comprendido perfectamente a lo que me refería. *Bueno, ¡quizá mi coreano no está tan mal!* Se me hinchó el pecho por la satisfacción de haberme hecho entender. Aunque se me deshinchó enseguida cuando vi que me dejaba en una estación de tren en vez de un supermercado. *En fin, para la próxima seguro que me sale mejor.*

Si bien los edificios del lago eran tradicionales y bien diseñados a nivel estético, el centro era muy industrial: crudo, sin color y puramente funcional. Los edificios y sus ángulos eran totalmente rectos, igual que las calles. Para ahorrar espacio no había aceras, sino tan solo canales estrechos a los lados de las calles. El yeso se descascaraba de las paredes entre las señales polvorientas y las fachadas mostraban sucias manchas grises. Era una imagen triste.

Miré a ver si había plantas. Encontré una maceta en el lateral de una calzada. Nada más. Me rodeaba una jungla de cemento que había engullido cualquier rastro de naturaleza. Me alegré de no vivir en esa ciudad, pero me apremiaba un pensamiento: ¡seguía sin encontrar el supermercado! *Necesito un descanso.* Me rugía el estómago y me dolían las pantorrillas del peso de la mochila. Las fibras artificiales de las correas se me clavaban en los hombros sudados y me hacían daño.

Giré por un callejón y, por suerte, noté que la arquitectura cambiaba. Avancé por las curvas de la calle y se hizo evidente que me adentraba en la zona rica. Husmeé por una puerta de hierro que daba a un jardín verde. Era un complejo de apartamentos con forma de semicírculo muy bien cuidado. Había un techo con las esquinas inclinadas y cuidadosamente decoradas que rodeaba todo el edificio. Sobre un escalón que llevaba a la terraza, descansaban un par de zapatillas rosas. *¡Qué tierno!*

El camino se abría hacia un parque abierto donde había un 7-Eleven. Estaba agotado. Me desabroché la mochila y la solté. La recosté en una columna al lado de la entrada y entré en la tienda. Era improbable que la robaran. Era demasiado pesada para cargarla y salir corriendo, y todo lo de valor estaba empaquetado bien adentro. Por 1.500 wons (poco más de un dólar) pude comprar dos recipientes de fideos instantáneos y usé el dispensador para llenarlos con agua caliente.

Cuatro días seguidos a base de fideos instantáneos. Ya va siendo hora de comer algo decente.

Me senté detrás de la tienda para comer. A medida que iba sorbiendo los fideos notaba cómo recobraba energías. Mientras, contemplaba los cerezos que tenía enfrente. Parecían mucho más delicados que los europeos. Habían florecido semanas atrás, pero su fruto seguía siendo pequeño y verde.

De pronto apareció un señor mayor con una chaqueta deportiva azul. Me recordaba un poco a mi abuelo, en parte por los dientes torcidos y pronunciados. Agarró mi mochila y la levantó un centímetro del suelo gimiendo. Se rio y me miró de arriba abajo. Sus ojos eran castaños. Me señaló a mí y luego a la mochila.

Me pareció divertido. «No eres la primera persona que no puede levantarla», pensé. Mucha gente había mostrado la misma reacción al verla y querer comprobar cuánto pesaba. Normalmente bromeaban diciéndome que si la había llenado con piedras u oro.

Probablemente el señor había dicho algo parecido, solo que yo no le entendía. Detrás de él había un joven con una chaqueta blanca de un equipo de fútbol que vino y me tradujo lo que decía el hombre a un inglés macarrónico.

—Quiere saber de dónde eres.

—*Dogilesso wassoyo* —traté de responder en coreano.

—¡Anda! ¿De Turquía?

Definitivamente tengo que mejorar la pronunciación.

—¡No *Tokil*, sino *Dogil!* Turquía no; Alemania —contesté en inglés. ¿No era obvio al ver mi pelo rubio y ojos azules?

Lo comentaron entre ellos y empezaron a hacerme las mismas me preguntas que me hacían casi todos los días en Corea: qué me traía por el país, cuánto me quedaría, cuándo volvería a Alemania, cosas sobre mi familia, etc.

Es curioso que mucha gente también quería saber qué sabor de fideos instantáneos era mi favorito. Esa respuesta sí me la sabía: *shin ramyun*. Es un sabor con el que no te aburres: es tan picante que te adormece la lengua y luego ya no distingues ningún gusto.

—Mi padre pregunta si quieres venir con nosotros; puedes pasar la noche en nuestra casa. Está algo lejos de aquí —dijo el joven. O eso creo; su inglés era muy exótico. Con todo, era mejor que mi coreano.

—¿Ir con ustedes? ¿Ahora? —pregunté inseguro.

El hombre de la chaqueta deportiva hizo un gesto como de comer rápido. Cristalino.

—*Nae, nae* —respondí tan sorprendido como alegre. *Nae* es *sí* en coreano. Me incliné para mostrar respeto, lo cual es muy importante en Corea—. *Dardanio gamsahamnida.* —Significa muchas gracias.

Seguí al hombre de la chaqueta azul, que me llevó debajo de un cerezo donde había un grupo de personas. No sabía quiénes eran. Miré al que me hacía de intérprete y señalé al grupo.

—¿Es tu familia? —Asintió con la cabeza—. ¡Guau, ¡qué numerosa! —Me quedé fascinado. Seguí al señor mayor hasta un autobús turístico vacío.

—Choe Yong Mun —se presentó el hombre mayor en cuanto le alcancé.

—Christopher.

Los coreanos siempre dicen primero su apellido, de modo que se llamaba Yong Mun. Pero en ese momento no lo sabía, así que me dirigía a él como Choe. Tampoco era tan grave: él ni siquiera se acordaba de mi nombre.

Choe trataba de comunicarme con gestos que debía poner la mochila en el asiento trasero del autobús. *¿Han alquilado un autobús entero? ¡Brutal!* Volvimos donde estaba el grupo. No me sentía muy cómodo al dejar la mochila en el bus de un extraño, pero ¿qué podía pasar en Corea? El grupo paseaba entre unas amapolas rojas.

Al unirnos a ellos, una chica de unos doce años se me acercó. «Tú. Yo. ¿Foto?», me preguntó. El resto del grupo ya me había rodeado y se estaban tomando fotos y bombardeándome con frases en inglés macarrónico.

—Tú bienvenido a Taiwán —me espetó un hombre emocionado con una cámara colgando del cuello. Aprecié que la mayoría llevaban talismanes budistas.

—Eh… ¿Taiwán? ¿Es usted de Taiwán?

—Sí, sí. Todos de Taiwán —dijo señalando el círculo.

—¿No me habías dicho que eran tu familia? —le susurré al joven de la chaqueta blanca.

—¡No, familia no! Muchos. Estos de aquí. —El chico señaló a un hombre, una mujer y la niña de doce años—. Esos son familia. Estos dos abuelos. Y allí más familia. Aquí mi mujer. —Señaló a una joven asiática que había a su lado.

—¿Es tu padre? —le interrumpí preguntándole por Choe.

—No, no es mi padre. —Se rio como si la pregunta fuera estúpida.

—¿Sois un grupo de turistas?

—Sí, sí. Familia. Tres días en Corea y mañana otra vez a Taiwán.

Todo cobraba sentido. No tendía su coreano ¡porque era chino! Choe era guía local. Eso no era decisivo sobre si me ayudaría o no. Quizá solo quería añadirme al grupo para cobrarme después. Ya me habían pasado cosas así en otros países. *Parece majo, pero eso es engañoso.* Era complicado leer a los asiáticos.

¿Quizá es mejor darles las gracias y seguir por mi cuenta? Decidí quedarme y dejarme sorprender por el transcurso de la situación. En perspectiva, viví muchas experiencias interesantes dejándome guiar por el instinto y dejándome llevar por las circunstancias.

—*Mogda*. —Choe me devolvió a la realidad ¿Qué quería decir eso?—. *Mogda* —repitió llevándose la mano a la boca, como antes, como si sorbiera sopa con una cuchara. ¡Claro, comida!

Llevó al grupo a un restaurante. El aroma del caldo de pollo flotaba por toda la sala. El estómago me rugía sin cortarse. Me apetecía muchísimo comer con ellos, pero no podía permitírmelo. *¡Ya va siendo hora de que encuentre un trabajo!*

Choe notó que le estaba dando vueltas a algo. Me agarró de la manga y me llevó detrás del mostrador, donde había otros dos miembros del *tour* sentados. Me indicó que esperara. Enseguida una camarera arrastró un carro hasta nuestra mesa y nos sirvió boles de comida coreana. Nos entregó uno de arroz a cada uno y un poco de sopa de algas. También puso en el centro de la mesa brotes de soja, dientes de ajo en escabeche, cebollas picadas, huevos batidos, loto frito y kimchi, una especie de repollo fermentado que se sirve en Corea con todas las comidas junto al arroz. Como solían hacerlo los alemanes con el chucrut. La diferencia es que lleva salsa de chile, así que hay que acostumbrarse al picante.

Empezamos a comer y Choe apareció con tres boles más de arroz y uno de pescado picante y los colocó cerca de mí. Agarró los palitos de metal de su sitio y comenzó a comer. «¡Mogda!», dijo sonriendo. Había pagado mi cuenta. ¡Me sentí culpable por haber dudado de él!

Después de cenar fuimos a un hotel. Supuse que Choe había contado algún tipo de chiste por el altavoz del autobús, porque los taiwaneses se partieron de risa. El chico que iba a mi lado se inclinó y me contó en inglés lo que había dicho: «Dice que has comido por toda una familia, je, je». No pude evitar reírme también. *¡Si tiene razón, tiene razón!*

Una vez en el hotel, Choe me llevó a una habitación que compartía con el conductor del autobús. Era muy moderna, equipada con una televisión de plasma en la pared, una tetera eléctrica y un baño. *¡Ducha, por fin!* A diferencia de la mayoría de hoteles modernos, reparé en que ¡no había camas! Más adelante descubrí que incluso el rey de Corea comía y dormía en el suelo hasta el siglo xx. Aunque las sillas y camas occidentales cada vez son más populares entre los jóvenes, muchos coreanos mantienen esa tradición. Por eso tuve que descalzarme antes de pisar el suelo de parqué del hotel, igual que en el resto de casas de Corea. Fue un poco incómodo, porque mis calcetines no olían precisamente bien. *Pero es que ¡nadie se sube a la mesa y a la cama con zapatos!*

Sacamos tres alfombrillas gruesas enrollables y unas almohadas y mantas de un armario, y las extendimos sobre el suelo laminado. Esas serían nuestras camas. La verdad es que no está tan mal, sobre todo si no te importa dormir sobre una superficie dura. En apartamentos pequeños se puede ahorrar mucho espacio. Y lo mejor es que no hace falta hacer la cama: la enrollas y la colocas en el armario para que no moleste. *¡Dicho y hecho!*

De repente, Choe me puso su teléfono en la oreja.

—¿Hola? —pregunté confundido.

—Hola, soy la mujer de Choe Yonh Mun. Quiere preguntarte si te gustaría ir con él en autobús mañana hasta Busan.

¡Guau! Choe no hablaba inglés, pero el de su mujer era exquisito.

—¡Suena genial! Pero en realidad tenía pensado ir a Daegu mañana. —Rechacé la oferta. Acababa de estar en Busan. Además, tampoco quería abusar de la hospitalidad de Choe.

Choe agarró el teléfono para escuchar la respuesta. Tras un par de intercambios de palabras, volvió a dármelo.

—A mi marido le hace mucha ilusión que le acompañes. Por la noche irán a Seúl en tren y les prepararé la cena.

¡Qué propuesta tan generosa! Era tentadora, pero no podía permitirme comprar un billete de tren, y no quería que Choe pagara por mí otra vez. *Mejor el autoestop.*

El conductor se sentó a mi lado en camiseta interior y calzoncillos, sorbiendo el té. Me di cuenta de que negaba con la cabeza. ¿Me estaría intentando decir que no debería haber rechazado su propuesta? *Tal vez había sido muy maleducado.*

—Vale, iré con ustedes a Busan —dije. Él sonrió con satisfacción.

❖

Después de desayunar en el hotel fuimos hacia Busan, como habíamos planeado. Allí visitamos una favela coreana. O al menos así se refirieron a la zona, pero no tenía nada que ver con los distritos pobres de Sudamérica: era más bien un centro cultural. Lo único que se parecía eran las casas pequeñas pintadas con colores chillones y que se encontraba al lado de una montaña. El *tour* prosiguió por Yongdusan Park, que tiene poco de parque y mucho de plataforma en medio de una montaña boscosa que flota sobre la ciudad de Busan. Al bajar del autobús aprecié el aire marino típico de las ciudades portuarias y me sentí como en casa. Tenía toques de pino y árboles de hoja caduca que se mezclaban en la brisa. Si cerraba los ojos, era como estar en el norte de Alemania.

Choe me tocó el hombro y se señaló el reloj: «Han Schigan», una hora, indicó. Nos llevó a mí y al resto de taiwaneses fuera del estacionamiento. A diferencia de los demás, que enseguida entraron en las tiendas de *souvenirs*, me dirigí a la parte sur del parque. Encontré un pabellón verde y rojo con una campana de bronce gigante que colgaba en el medio. La campana era tan grande que apenas dejaba espacio para una persona. Quería saltar la valla y hacerla sonar con la viga de madera que servía de mazo. *¡Seguro que suena imponente!* Pero, además de que probablemente estaba prohibido, la viga de madera estaba encadenada. *Parece que no soy el primero al que se le ocurre.*

Transcurrida la hora, nos encontramos en la entrada del punto más alto del parque. Había tapices de mosaico cubriendo las escaleras que representaban tortugas, renos y pájaros. Ante ellos, unas columnas enormes sostenían un voladizo. La entrada tenía un aspecto majestuoso. Choe se colocó ante uno de los pilares, ondeó el banderín de guía turístico y comenzó la explicación en chino sobre el sitio. Los taiwaneses se agolparon a su alrededor en un semicírculo. Me esforcé por identificar alguna palabra, pero tan solo me venían a la mente imágenes de películas de kung-fu. *¡Qué idioma tan divertido!*

De repente Choe se me acercó, me agarró la manga y me arrastró hacia su sitio ante el pilar. *Pues igual sí que estaba hablando de kung-fu y ahora necesita a un rival para combatir. Qué lástima que nadie pueda entender mis bromas. Igual escribo un libro sobre ello algún día.*

Siguió hablando sin soltarme y me tocaba el pecho con el índice cada vez que quería enfatizar alguna palabra. Todo el mundo nos miraba. No podía evitar sonreír; seguía pensando en el kung-fu.

Para mi sorpresa, Choe se sacó la cartera y me dio casi cincuenta dólares en wones surcoreanos. Me lo quedé mirando sin saber qué decir. Ahora era él quien sonreía. De pronto un taiwanés se escapó del grupo, se hizo una foto conmigo y me entregó más wones por valor de unos diez dólares. Otro se acercó a la columna con dinero en la mano. Nos tomamos fotos para su familia y me entregó su donativo. Y así uno tras otro fueron viniendo todos. En total ¡me dieron casi 140 dólares! Choe me había organizado una función benéfica por sorpresa. *¡Qué guía más majo!*

Por un lado, me sentí muy incómodo al recibir dinero de gente por la que no había hecho nada. Pero, por el otro, los miembros del grupo parecían entusiasmadísimos por hacerse una foto conmigo, igual que muchos asiáticos, de modo que también rebosaba de emoción y alegría. Choe me había demostrado un gran amor al prójimo, a pesar de que a duras penas podíamos comunicarnos. Dicen que el amor se muestra con hechos, no palabras. Si eso no es una demostración de amor, apaga y vámonos.

Esa tarde recorrimos el paisaje coreano en un tren de alta velocidad que nos llevó a Seúl, la capital del país. Para alivio de Choe, compré mi propio billete con el dinero de las fotos. Choe y su mujer tenían pensado acogerme mientras me quedara en la gran metrópolis. No quería alargar demasiado la estancia en su casa, pero tampoco tenía dinero para alojarme en ningún lado.

¡Tengo que encontrar trabajo! A pesar de que viajábamos a más de 300 km/h, el wifi funcionaba como una seda. Me conecté y envié un correo a una chica a la que conocí en Busan. Me había contado que una amiga suya de Seúl necesitaba clases privadas de inglés. *Por algún sitio hay que empezar.* En el correo describí brevemente mis credenciales y adjunté una foto para identificarme. La respuesta no tardó en llegar: «Lo siento, pero ya no necesito profesor. Reenviaré tu correo a mis contactos. ¡Buena suerte!».

No negaré que me sentí decepcionado. Después de todos los trabajos manuales que había ejercido, no me vendría mal un cambio de ritmo con un trabajo intelectual. *No perdía nada por intentarlo.*
No, de hecho, gané bastante. Enseguida me entró otro correo:

«¡Hola! Una amiga me ha enviado tu correo. Vamos a grabar el anuncio del producto de nuestra empresa la semana que viene: zapatillas inteligentes para jugadores de golf. ¿Estás disponible el lunes? ¿Y qué pie calzas y qué talla tienes?».

¿Cómo? ¿Golf? ¡No he empuñado un palo de golf en mi vida! A menos que contemos el minigolf...
Lo comentamos y no resultó ser un problema; interpretaría al entrenador. Al fin y al cabo, el entrenador no tiene por qué ser un buen golfista, tan solo un sabelotodo. *¡Sí, lo haré bien!*[1]

❖

Tras pasar unos días con Choe y su mujer, me despedí y me alojé en una especie de residencia de estudiantes. Con el anuncio de las zapatillas de golf gané suficiente para cubrir el primer mes de alquiler. Grabamos el comercial en un campo privado propiedad de Samsung. Tan solo la entrada seguro que ya cuesta cientos de dólares. *No me pareció que el césped valiera tanto dinero, ¡pero era bonito!*
Mi nuevo hogar se encontraba en Gangnam. Sí, el distrito de la ciudad que inspiró la canción *Gangnam Style*. La canción llevaba tiempo fuera de la primera línea de la cultura popular, pero lo

1 «IOFIT Smart Shoes (Without Narration)», YouTube, publicado por Salted Golf (IOFIT) el 30 de junio de 2016, https://www.youtube.com/watch?v=UKyx6gu1nLY.

primero que hice al llegar a mi nueva habitación fue el icónico baile. *¿Estúpido? Puede que sí, ¡pero no por ello menos divertido!*

Gracias a la buena conexión a internet, el contacto con Michal, la chica de Alemania, se volvió más intenso. Casi daba miedo lo bien que nos entendíamos. Nos convertimos en una especie de «diario viviente» el uno del otro. Lo comentábamos prácticamente todo. De lo único que no hablábamos era de esa sensación de mariposas en el estómago que aumentaba a medida que avanzaba la relación. Al menos así lo vivía yo. Pero evitamos el tema.

«¿Te has vuelto millonario?», me escribió mi tía cuando se enteró de que había encontrado una habitación. Evidentemente, no sabía que el tamaño era como el de un lavabo. En Alemania, la ley exige que el espacio mínimo para la residencia de personas sea de 7 m². *¡Casi como yo, con mis 3,5 m2 de habitación!* Mi tía también había visto fotos en las que salía yo en yates y el campo de golf. *Y ahora se cree que soy rico. ¡Qué gracia!*

«No soy tan rico como crees», le respondí. Desde el punto de vista material, no tenía prácticamente nada. Pero estaba más que satisfecho con lo que tenía. O, como expresó Lao Tse con mayor elocuencia: «Es rico quien sabe que tiene lo suficiente».

En ese sentido, sí que era rico.

Julio del 2016

Los meses siguientes pude financiarme la estancia con otros trabajos pequeños de actuación, incluido un anuncio para Samsung. También participé en un estudio médico en Busan. Querían probar unas hormonas de crecimiento en hombres de ascendencia europea. No sonaba muy convincente al principio, pero puesto que es un medicamento ya contrastado en el mercado asiático, di por sentado que no sería dañino. Además, al parecer Sylvester Stallone usó esa misma sustancia para impulsar su rutina de trabajo muscular. ¿Y quién no querría tener un cuerpo como el suyo?

Me apunté al estudio, me analizaron y vieron que era un sujeto viable. Me invitaron a pasar dos semanas en un hospital de Busan. La verdad es que nunca he ganado dinero con tan poco esfuerzo. Al final, pasé cuatro días en el hospital con el portátil mientras me extraían sangre cada hora. Me pagaron dos mil dólares. Si me hubiera crecido un tercer brazo o algo así no me habría compensado, pero no sufrí efectos secundarios. Aunque tampoco acabé pareciéndome a Stallone. *¡No se puede tener todo!* Estaba muy agradecido por esos ingresos.

Puesto que me sobraba el tiempo, estudié vocabulario y aprendí sobre la historia del país. ¡Y vaya historia más movida! Tras la Segunda Guerra Mundial, Corea se dividió en dos: la parte ocupada por los soviéticos y la parte ocupada por los estadounidenses. Fue más o menos a la vez que Alemania se dividió en Occidental y Federal. El resultado inmediato fue el estallido de la guerra coreana a principios de los cincuenta, que convirtió a Corea del Sur en uno de los países más pobres del planeta. Había muchas ciudades en ruinas y campos desolados. Las familias se morían de hambre y deambulaban por las colinas congeladas del país en búsqueda de hierbas o plantas para comer. Esta espantosa situación no cambió demasiado hasta los sesenta. Lo que ocurrió entonces fue inimaginable.

Supón que Afganistán, Albania o Somalia se transforman en las principales potencias comerciales del mundo en tan solo cuatro décadas. Suena absurdo, ¿verdad? Por eso los avances de Corea del Sur suponen probablemente el mayor milagro económico de la historia de la humanidad. A pesar de que no disponía de muchos recursos naturales ni un gran sistema educativo, se convirtieron en el décimo estado más potente económicamente a principios de la década del 2000. ¡En solo cuarenta años, Corea del Sur pasó de ser el segundo país más pobre a superar a países avanzados como España o Australia! Hoy en día, el país, con una población inferior a la alemana, tiene una conexión a internet más rápida y la mayor concentración de robots industriales del mundo.

¿Cómo lo lograron? Principalmente trabajando duro. Tienen una mentalidad de la rapidez por la rapidez, en coreano *balli-balli*, que significa que, si bien su trabajo no siempre es lo más eficiente posible, lo compensan con un volumen laboral elevadísimo y veloz. Los coreanos trabajan más de cuarenta horas semanales por persona al año. Al principio pensaba que no era para tanto. *¡Yo también trabajo más de cuarenta horas a la semana a menudo!* Pero no hay que olvidarse de los fines de semana y festivos, las bajas por enfermedad y las vacaciones. Con ello en la ecuación, el alemán trabaja de media unas treinta horas semanales. Durante el *boom* económico, la mayoría de coreanos trabajaba cuarenta y ocho horas por semana.

Pero el trabajo duro también tiene sus inconvenientes. La competencia es tan severa que los empleadores esperan que sus trabajadores desempeñen horas extras sin retribución y no se marchen a casa hasta que lo hagan sus superiores. Si no estás dispuesto a hacerlo, el despido está asegurado, y no esperes encontrar trabajo en otra parte. Cuando los estudiantes salen del instituto, si no consiguen plaza en una de las cinco mejores universidades, la decepción familiar es tan exagerada que la única solución que contemplan los jóvenes es saltar de un puente. Según la Organización Mundial de la Salud, Corea es el país con más suicidios.

El trabajo sin descanso tiene su lado oscuro. Pero no deja de ser impresionante cómo Corea del Sur o Singapur (otro ejemplo de avance económico aceleradísimo) han demostrado que se puede alcanzar la cima aunque empieces desde lo más bajo.

Pero solo con trabajo no basta. Hay otro ingrediente secreto en la receta del éxito surcoreano. Por cavar un hoyo y llenarlo luego no conseguiré nada. Además, los alemanes tienen de media una mayor producción económica que los coreanos, a pesar de que estos trabajen muchas horas más por semana que los primeros.

El otro factor clave es el énfasis en el desarrollo continuo y la mejora de la educación. Si quieres mejorar tu entorno, primero debes mejorarte a ti mismo. Una sola generación de surcoreanos comenzó por producir ropa, luego aprendieron a diseñar coches y barcos y al final también dispositivos electrónicos. La empresa surcoreana Samsung comenzó vendiendo productos textiles y alimentos, y en la actualidad es la empresa con más teléfonos inteligentes en el mercado. Nada de eso habría sido posible sin invertir gran parte de ese trabajo duro en la educación.

Un proverbio de su país vecino, China, dice que aprender es como nadar contracorriente: si te detienes, retrocedes. Yo lo expresaría de la siguiente forma: *el que abandona el aprendizaje, se abandona a sí mismo*. Los coreanos también tienen su dicho: 배움에는 왕도가 없다: «No hay atajos simples hacia al aprendizaje».

Después de tres meses en la residencia estudiantil de Gangnam, decidí hacer autoestop para visitar más partes del país. Aunque ya dominaba bastante vocabulario en coreano, la realidad es que no sabía hablarlo. La mejor manera de practicarlo era no tener otra opción.

Empaqué y me dirigí hacia el sur. Escribí «cualquier lugar» en coreano en un cartel. Como indicación confundía a algunas personas, pero a la vez me valió algunas experiencias únicas. Por ejemplo, un granjero me llevó a las montañas una tarde para enseñarme un monasterio llamado Daeheungsa.

En lugar de encontrarse en la cima de la montaña como sería de esperar, las instalaciones se construyeron en un sumidero para que los acantilados boscosos protegieran la zona desde todos lados. El ambiente era tranquilo y pintoresco. Cual artista habilidoso, el verano había salpicado el verde con tonos rojos, amarillos y naranjas.

Las estructuras de madera pesada del monasterio, con sus techos puntiagudos y tan bien decorados, combinaban a la perfección con el paisaje, tanto que parecía haber estado allí por siglos.

El granjero me llevó a una plaza de arena de la entrada y me presentó a un monje. Llevaba el pelo rapado como la mayoría de sacerdotes budistas para simbolizar el deseo de liberarse de las ilusiones y la ignorancia. Llevaba un hábito gris y largo para recordarle las cenizas y la antigüedad. El agricultor se inclinó ante al monje de forma especial. Traté de imitar la muestra de respeto.

—¿De dónde eres? —me preguntó el monje.

—*Dogilesso wassoyo* —respondí en coreano, confiado de que mi pronunciación había mejorado bastante.

—¿De Turquía? —respondió. *¡Otra vez! ¿Por qué nadie me entiende?*

—Alemania —repliqué con una sonrisa. Traté de ejercitar el vocabulario que había aprendido recientemente—. Europa, reunificación, coches, Merkel, Alemania.

El monje asintió y lo dejó estar. Se giró y comenzó a hablar con mi acompañante. *Espero no haberle ofendido.*

Mientras ellos charlaban, empecé a pensar en lo que conocía sobre el budismo. La máxima fundamental de Buda sobre la que se basa la religión es que la vida está llena de dolor y sufrimiento, problemas, dudas, enfermedades y similares. *Yo no sería un buen budista. La vida me parece maravillosa.* Lo peor, según Buda, es que el sufrimiento no se detiene al morir, porque te reencarnas una y otra vez. La única forma de romper el ciclo es separarse de todo lo que causa sufrimiento.

Pensé en los exámenes de matemáticas. Pero, para Buda, el origen del dolor reside en algo más profundo: el deseo. En ese sentido, los exámenes son duros porque deseamos lograr buena nota (o por lo menos aprobar). La solución consiste en separarse de todo deseo, es decir, básicamente separarse de la identidad, posesiones, familia (se dice que Buda abandonó a su mujer e hijos), preocupaciones e incluso los pensamientos, opiniones y sentimientos. Si consigues distanciarte de todo eso y no depender de nada, has alcanzado el nirvana. Lejos de ser un paraíso como mucha gente cree, el nirvana representa la extinción o desaparición, un estado de liberación de cualquier sentimiento, deseo o idea.

—¿Te gustaría pasar la noche aquí? —me preguntó el granjero.

Ya había terminado de conversar con el monje. Me miré los pies sin saber qué decir. La curiosidad me corroía y me impulsaba a decir que sí, pero también había decidido enriquecer a los demás, y a este monje yo no parecía interesarle en absoluto (tal vez por mi extraña respuesta a su pregunta).

—Gracias, pero no hace falta. —Rechacé la oferta sutilmente, ya que la declinación directa se considera de mala educación en la cultura surcoreana, pero lo dejé claro.

El monje metió la mano en el hábito, sacó un móvil y llamó a alguien. Al terminar, asintió mostrando acuerdo.

—Ningún problema, el alemán puede quedarse a dormir.

¿Quedarme a dormir? Pero si... Era vergonzoso comunicarse tan mal, pero por dentro me sentía muy feliz. Seguro que podría aprender muchísimo en el monasterio.

Me despedí del granjero y llegó otro monje, que me mostró la habitación. Tenía más o menos mi edad y, a diferencia de los demás, llevaba ropas marrones.

—¿Por qué vas de marrón? —pregunté, tratando de entablar conversación.

—Soy novel; solo llevo tres meses aquí —respondió en muy buen inglés.

¡Por fin alguien que me entiende! Tenía la nariz grande y llevaba unas gafas gruesas y negras.

—¿Cómo hablas tan bien inglés? ¿Y cuánto se tarda en pasar de monje novato a experto? —Quería indagar un poco más.

—Haces muchas preguntas.

Si tú supieras…

—Pues acabo de empezar —contesté sonriendo.

Llegamos a una plaza en la zona del templo con dos edificios tradicionales a izquierda y derecha. En cada uno había cinco puertas de madera oscura cubiertas con papel blanqueado.

—Este es tu cuarto. —El monje novel abrió una de las puertas. Tan solo había un escritorio y un ventilador. Sobre la mesa, dos mantas dobladas y una almohada de arroz—. Una manta es la cama y la otra es para taparse —explicó—. El pasillo lleva al baño. Por desgracia, solo tenemos agua fría. No dejes el ventilador encendido por la noche… Es peligroso.

Asentí obedientemente.

Después de que anocheciera, me puse a escribir el diario y escuché que alguien tocaba discretamente a la puerta. Abrí y ahí estaba el monje novel. «¿Pero qué…?». Sin dejarme terminar, se llevó el dedo a los labios pidiendo silencio y me indicó que lo siguiera.

Me puse las chanclas de baño, salí detrás del coreano y cerré la puerta. Me llevó a un camino cuesta arriba. Era plena noche. Me tropecé un par de veces en las rocas, porque estaba oscuro y el terreno era resbaladizo. Qué dolor en los dedos… El novel insistía en que no usáramos ningún tipo de iluminación. *De haber sabido que íbamos de escalada, ¡me habría calzado mejor!*

Al final llegamos a un edificio lejano. El monje me susurró que se trataba de la casa del té y abrió la puerta corrediza. Me indicó en voz baja que me quitara los zapatos.

Me saqué las sandalias y entramos por el pasillo en calcetines. Abrió otra puerta, me llevó a una sala interior y, por fin, encendió la luz. Las paredes eran de madera y papel de colores claros a través de los cuales se transmitía una brillo cálido y agradable. Al final de la sala había una mesa larga de suelo con varias teteras y tazas de té.

—Haremos la meditación del té. En realidad, a los monjes de mi categoría no se nos permite todavía, pero yo tengo los dedos ágiles. —Me guiñó un ojo, se puso detrás de la mesa y comenzó a verter agua de una vasija de cerámica a la tetera eléctrica—. Siéntate.

Con unas pinzas de madera colocó algunas tazas en forma de torre pequeña. Cuando la primera infusión estuvo lista, echó el té en la taza superior para que formara una cascada al bajar por las otras. Luego vació las tazas sujetándolas con las pinzas y vertió una segunda infusión, esta vez para que nos la bebiéramos.

—¿Y ahora qué? —pregunté.

—Ahora charlamos. Es el corazón de la meditación —contestó sonriendo.

—¿No te da miedo que nos pillen y te castiguen?

—El resto de monjes está viendo la tele o durmiendo, como cada noche. No nos encontrarán.

—¿Los monjes ven la tele? —pregunté desconcertado.

—¿Tú no? —replicó.

—No mucho —admití—. Me vuelve algo apático. Por eso nunca me he comprado ninguna. —El aroma del té era delicioso. Di otro sorbo—. ¿Por qué ingresaste en el monasterio? —El monje se inclinó un poco.

—Buscaba paz. Los estudios me estresaban mucho. —Su tono era extraño; no entendía muy bien qué transmitía.

—Pues has llegado al lugar indicado —señalé. La naturaleza de la zona no podría generar un ambiente más calmado e idílico.

—No estoy yo tan seguro.

—¿Cómo que no?

Volvió a poner ese tono extraño. Sonaba como si estuviera casi decepcionado. Traté de alcanzar la tetera, pero él la agarró primero y me sirvió. Luego continuó hablando.

—Buda decía que todos somos iguales. Pero aquí muchas veces me siento como un esclavo.

¿Cómo podía ser? Me sorprendió mucho ese comentario.

—Esclavo… ¿de quién? ¿De los otros monjes? —El monje mantuvo la calma, pero tampoco lo negó. Entendí que quien calla otorga—. Tal vez es así porque estás al principio… Quizá es para que aprendas algo —sugerí.

—Muchos monjes parecen mucho más amables por fuera de lo que realmente son —contestó esbozando una mueca—. La estructura del monasterio es muy jerárquica, como en el ejército.

Con razón estaba de tan mal humor. También descubrí otras cosas que seguro que no ayudaban, como el tambor que sonaba como alarma a las tres de la madrugada o el apretado horario que imposibilita dormir más de seis horas por la noche. *En un par de semanas yo ya estaría harto de todo esto.* Al parecer, la falta de sueño afectaba a los monjes, que pagaban el pato con el novel.

—¿Crees que fue un error venir aquí? —pregunté.

—Creo que todo tiene un precio; nadie alcanza la paz sin sacrificar algo. Buda dijo que nadie nos salva sino solo nosotros mismos. —Sirvió un poco más de té. No parecía dispuesto a abrirse mucho más—. Supongo que tú eres cristiano. ¿Qué dice tu religión? —La pelota en mi tejado.

—¿De verdad quieres saberlo? —pregunté frunciendo el ceño.

—Los occidentales son firmes y lo tienen todo clarísimo en términos de negocios. ¿Por qué dudan tanto cuando tienen que hablar de su religión?

Interesante observación.

—Si me lo permites, comenzaré con la cita de Buda que has mencionado. Yo no creo de ninguna manera que podamos salvarnos a nosotros mismos, e intentarlo solo sirve para someternos a más presión con expectativas que jamás podremos satisfacer. Creo que solo Dios puede salvarnos. —Sabía que eso era retador en comparación con su fe, pero me había pedido mi honesta opinión.

—Todos tenemos que hacer algo para progresar —contestó negando con la cabeza—. En el cristianismo también: hacer el bien, guardar los mandamientos… Todo eso.

—Mucha gente cree eso —admití—, pero en realidad el cristianismo es muy diferente. Ser cristiano no consiste en hacer buenas obras o seguir ciertas normas, sino en tener una relación con Dios. Puesto que Él nos ama, en nosotros crece el deseo y la fuerza para hacer el bien. Estoy convencido de que solo el amor puede cambiarnos. Nada transmite tanta paz como saber que Dios nos ama.

Se hizo el silencio. Mis propias palabras me retumbaban en la cabeza. Creo realmente que el profundo deseo de amor es lo que motiva la mayoría de cosas que hacemos en la vida. Pasamos mucho tiempo tratando de ganarnos el amor y el reconocimiento con logros y buenas acciones. Es gracioso. Si sabemos que el dinero no puede comprar el amor, ¿por qué pensamos que los logros sí?

El novel recogió las tazas de té y las lavó en un bol con agua vieja de té. Me miró directamente a los ojos.

—Hasta aquí la meditación del té. Ahora a dormir.

***

Pasé cuatro días en el monasterio, suficientes para comprobar lo que me había contado el monje sobre su jerarquía casi militar. Lo ayudé un par de horas al día en la jardinería y la limpieza, y me di cuenta de cómo lo trataban. A mi juicio, no le generaba la paz interior que él deseaba; más bien lo contrario. Le deseé que le fuera bien. *Espero que encuentre lo que busca.*

Tras abandonar el monasterio, avancé por Corea del Sur en autoestop y acabé regresando a Seúl. Ya llevaba casi seis meses en el país y, a pesar de que al principio era difícil de imaginar, ya podía comunicarme con la gente con frases normales y del día a día. Por fin tenía la oportunidad de hacer lo que había querido desde el principio: dar las gracias a las fantásticas personas que me habían ayudado durante mi estancia.

Invité a Choe y a su mujer a un restaurante de barbacoa coreana. No era nada en comparación con lo que ellos habían hecho por mí, pero ¡fue genial poder hablar con Choe sin intermediarios! Fue como hablar por primera vez con mi héroe.

Como en casi cualquier país, me habría gustado quedarme más. Pero ya llevaba tres años fuera de casa sin ver a mi familia. Algo me decía que era hora de seguir avanzando.

Me dirigí a Busan por última vez y de allí viajé en ferri hasta Japón. El transbordador estaba equipado con la tecnología hidro-ala, que elevaba la embarcación hasta que prácticamente no tocaba el agua y reducía sustancialmente la resistencia. En menos de tres horas ya habíamos recorrido los doscientos kilómetros que separaban ambos países. Aunque pesaba varias toneladas, el ferri parecía levitar encima del agua. *¡Qué locura! El doble de velocidad que los portacontenedores corrientes, ¡así como si nada!*

LA MEJOR SOPA
DEL MUNDO

ATRACAMOS EN LA CIUDAD portuaria de Fukuoka. La oficial de inmigración parecía preocupada, como si no se me permitiera entrar en el país. De ser así, en el mejor de los casos me tendría que pagar el billete de vuelta a Corea del Sur, aunque quizá me deportaban a Alemania. Estaba asustadísimo. *¡No me había imaginado que mi viaje pudiera terminar tan a bote pronto!* El problema era que no tenía ningún billete de avión o barco de salida. Los japoneses querían asegurarse de que, si accedía al país, lo abandonaría en un periodo de tiempo predecible. *Burocracia…*

Estaba a merced de la oficial de inmigración, así que traté de ser amable y describirle mi plan de viajar a Tokio para conseguir un visado hacia China y visitar Shanghái. También le proporcioné las direcciones de los contactos que tenía en Japón gracias a mis viajes. Gracias a Dios, las direcciones parecieron convencerla. Me selló el pasaporte y se me permitió la entrada.

Fui a la oficina de turismo de la terminal portuaria para descubrir cómo podía seguir viajando. Fukuoka no tenía mucho que ofrecer aparte de que el ramen se inventó allí. *¿Cuán especial puede llegar a ser una sopa de fideos?*

En cuanto crucé las puertas de cristal para salir al estacionamiento soleado, una mujer de mediana edad se dirigió a mí. Era la mujer de Inmigración: la reconocí por la prominente marca de nacimiento de la mejilla derecha, los labios finos y ojos redondos. *¿Qué pasa? ¿Ha habido algún error? ¿Me van a deportar?* Pero me di cuenta de que no iba vestida de uniforme.

—Acabo de salir del trabajo y tengo algo de tiempo libre. Si quieres, puedo enseñarte Fukuoka —se ofreció—. Respiré aliviado; todo seguía en orden.

—Gracias, pero me marcho ahora mismo a Hiroshima —contesté.

—Tendrás que ir en tren. Mi marido e hijo llegarán enseguida para recogerme; si quieres te acercamos a la estación.

¡Suena bien! La estación de tren parecía un buen lugar para hacer autoestop, así que acepté. Mientras esperamos, me propuso que comiera con su familia. *Sin duda, ¡este es el mejor recibimiento diplomático que me han dado nunca!*

Su marido e hijo nos recogieron en un coche japonés blanco y compacto. Por sí solo, eso ya fue una experiencia. Mientras que a los europeos nos gustan los coches aerodinámicos, en Japón los vehículos parecen cajas de colores pastel con cuatro ruedas. La parte delantera es tan comprimida como sea posible y la zona de pasajeros es un cuadrado con ángulos rectos, tan baja que casi no se puede entrar, y prácticamente no hay parte trasera.

Este cuestionable y ligero diseño se conoce como *kei car*, y disfruta de beneficios fiscales. La verdad es que por su funcionabilidad parecía un coche de Playmobil: divertido, pero poco realista. Y si crees que este sería el mercado ideal para los lujosos coches alemanes, te equivocas. Los japoneses son muy fieles a la industria del país y evitan los productos extranjeros con el mismo fervor con el que un estudiante holgazán pospone la tarea. Cabe mencionar que los estudios demuestran que los deberes son muy poco útiles, a menos que el objetivo sea torturar a los niños. ¡Para eso sí que sirven!

Con los coches de Playmobil, el tráfico urbano parecía un patio de recreo. Los taxis blancos parecían sacados del anime, igual que los uniformes de los niños. Era como estar en un cómic. La sociedad, sin embargo, no es en absoluto infantil: funciona como un reloj suizo. Los japoneses *siempre* obedecen las normas de tráfico. Aunque parezca increíble, me pregunté si quizá existe algún tipo de fiebre insular que altera los mecanismos cerebrales, ya que, igual que en Inglaterra, Australia y Fiji, los japoneses conducen por el lado incorrecto (es decir, el izquierdo). ¡Deseo a todos los habitantes de islas que se mejoren pronto!

A diferencia de la oficial de inmigración, que había aprendido inglés de niña en Estados Unidos, su familia solo sabía japonés. Me pareció curioso que su hijo, que tenía más o menos mi edad, llevara una camiseta del Bayern de Múnich. «Un *souvenir* de un viaje a Alemania», explicó la madre. *Te guste o no el equipo, al parecer Alemania le causó una buena impresión al chico.*

Aparcamos a unas calles del restaurante y caminamos hasta allí. Tuvimos que ir por la calzada porque, a excepción de las vías principales, no había aceras. Aunque también echaba en falta otra cosa… *¿Dónde están los colores?* La zona entera estaba cubierta por tonos grises y marrones. No había plantas, y los edificios alicatados parecían edificios industriales de los setenta. *¡Y yo que creía que todo lo japonés era moderno!* Luego descubrí que esos edificios en realidad eran muy modernos, pero que la cultura japonesa trata de llamar la atención lo menos posible. Eso sí, cuando quieren recibirla, ¡saben cómo hacerlo!

Llegamos a la entrada de un edificio donde dos ventiladores parecían competir por cuál soplaba más. Parecía más una puerta trasera que una principal. Por las apariencias, la puerta corredera parecía llevar a un dormitorio en vez de a un restaurante. Había un cubo de metal azul claro colgado en la puerta. Le daba un toque original a la sosería general.

La mujer de Inmigración me contó que cuando el cubo azul estaba colgado es que estaba abierto. Si no, estaba cerrado. Me pregunté por qué no colgaban un cartel como todo el mundo, pero, según me dijo, el dueño era bastante peculiar.

Estábamos a punto de entrar cuando una joven empleada salió disparada por la puerta, como si nos estuviera esperando. Vestía de un azul claro que contrastaba con sus coletas y delantal negros. «Tienen que esperar», nos espetó antes de desaparecer tan rápido como había aparecido.

Así que esperamos. Y esperamos. Y esperamos. Poco a poco la gente iba saliendo del restaurante. *¡Tiene que haber sitio sí o sí!* Pero la chica no nos dejaba entrar. *Pues sí que es especial el dueño, sí.*

Una eternidad más tarde nos dejaron pasar. Por dentro parecía un restaurante callejero como cualquier otro: una alfombra marrón sin decorar y, a la izquierda, cuatro mesas del mismo color para dos personas. A unos diez pasos se veía la cocina medio abierta. Solté una carcajada: más de la mitad de las mesas estaban libres: ¿por qué tanta espera?

«¡ARIGATO GOSAIMAS!», gritó alguien desde la cocina antes de que nos sentáramos. Era el hombre más mayor del lugar, probablemente el dueño. Sonó como si acabara de ordenar que ejecutaran a su archienemigo. *Arigato gosaimas*, como ya sabía entonces, significa *muchas gracias*.

Un instante más tarde ambos empleados gritaron «Arigato gosaimas» al unísono. *Debe de ser también una forma de saludo cordial.* Nos sentamos y pedimos todos lo mismo: ramen de cerdo.

«¡ARIGATO GOSAIMAS!», gritó otra persona. Me encogí del susto sin querer. Identifiqué al causante de tal ataque verbal: alguien que se levantaba para irse. Como un francotirador, los empleados enseguida le contestaron con la misma frase.

—¡Qué militar es este sitio! —le comenté a la de inmigración.

—Muchos restaurantes de ramen son así. Y este es incluso más… especial.

Esperamos un buen rato hasta que nos sirvieron. Me levanté para hacer una foto.

—¡QUIETO! —gritó el propietario en un tono que me heló la sangre.

—Está prohibido hacer fotos aquí —me explicó la mujer—. Ya te he dicho que el propietario es un poco…

—Sí, especial —dije entre risas.

Mientras tanto, el restaurante se había ido vaciando, pero los clientes que llegaban tenían que esperar fuera. Cada vez que alguien entraba o se iba, se les dirigía un agresivo arigato gosaimas. Había tanta fuerza en esas palabras como para despeinarte. *No me extrañaría que el propietario cortara las cebollas con una catana gritando como un samurái.*

Nos deseamos buen provecho, en japonés *itidakimas*, y agarré los palillos.

—Eh… —murmuló la mujer—. El dueño pone la regla de que primero hay que probar la sopa y luego los fideos… Es un poco…

—No hay problema. —Sonreí y agarré la cuchara para probar la sopa.

¡Guau!

Perdí la cabeza por un momento; era una explosión de sabores que me catapultó del restaurante al cielo culinario. No pude evitar gemir. ¡Madre mía! Comerme esa cucharada fue como hincar los dientes en el trozo de cerdo más jugoso, intenso y mejor sazonado que jamás haya visto la faz de la tierra.

—¿*Oishi?* —me preguntó la de Inmigración, disfrutando del momento. En japonés significa *sabroso*.

—¡Y tanto, está increíble! —Estaba muy emocionado—. En la vida he probado…

—¡SILENCIO! —gritó el propietario para interrumpirnos. Un camarero me explicó rápidamente que estaba prohibido hablar.

El hombre es raro como él solo, ¡pero por esta delicia comería a gatas si hiciera falta!

Ahora que estábamos en silencio, solo se oían los sorbos de los clientes. Hacer mucho ruido al comer fideos se considera de buena educación en Japón, porque es señal de que la comida está buena. *Si mi madre supiera que cuando de pequeño hacía ruido sorbiendo la estaba halagando, no me habría regañado.*

Después de comer, le dimos las gracias al gran maestro del sabor y salimos disparados por la puerta con un explosivo *arigato gosaimas*.

Pues sí, bastante… especial.

Octubre del 2016

En Fukuoka, una pareja me recogió y fuimos hacia Hiroshima. Una vez más, gracias a mi aplicación de traductor sin necesidad de conexión, pudimos entendernos sorprendentemente bien. *Es increíble lo que llega a conseguir la tecnología.* A mitad de camino me di cuenta de que los conductores no tenían planeado abandonar Fukuoka ese día, pero al verme con el cartel pensaron en hacerme el favor de recorrer 240 kilómetros de ida para llevarme a Hiroshima y volver. Cuando me enteré tras una hora de conducción, insistí en que me dejaran en la siguiente área de servicio para seguir por mi cuenta. Ya habíamos pasado un buen rato juntos y nos habíamos hecho fotos. De ser por ellos, habrían hecho todo el camino ¡solo para llevarme a mí a Hiroshima!

Al mencionar Hiroshima, la mayoría de gente piensa en las bombas atómicas lanzadas por Estados Unidos a finales de la Segunda Guerra Mundial. Me pregunté por qué más de dos millones de persones viven allí actualmente. *¿No sigue contaminada de radiación la zona?*

Descubrí que existe una enorme diferencia entre que la bomba atómica explote en el aire o en tierra. Si detona al aterrizar, la radiación permanece en el terreno de la zona colindante y produce radiación a largo plazo. Si, por el contrario, explota en el aire, como ocurrió en Hiroshima y Nagasaki, el daño inicial es más grave, pero la materia radioactiva se desvanece más rápido y en un área mayor, de modo que la contaminación a largo plazo se reduce. Los materiales más peligrosos se liberan durante las primeras semanas y el resto se esparce tan pobremente que es casi inocuo. En todo el planeta pueden encontrarse concentraciones naturales de radiación que son más altas que las que quedan de las bombas atómicas de Japón. Por ello las centrales nucleares son tan cuestionables. Si explotan, está claro dónde lo harán: en tierra.

Por fin llegué a la ciudad que en realidad era el objetivo original de las bombas: Kioto. La ciudad había sido la capital nipona durante siglos y más tarde hospedó la sede de la corte imperial, hecho que la convirtió en un lugar de alto valor histórico. Es un milagro que sobreviviera a la guerra prácticamente ilesa. Estuvo bastante tiempo encabezando la lista de objetivos para la bomba atómica, por encima de Hiroshima y Nagasaki.

Por suerte para Japón y todos los turistas, un hombre se opuso a esa decisión: el secretario de guerra Henry Stimson. Había visitado Kioto veinte años antes y había desarrollado un apego emocional por la ciudad. Se rumorea que había pasado su luna de miel allí. Con los recuerdos como motor, se dispuso a borrar la ciudad de Kioto de la lista. Puesto que tenía contacto directo con el presidente, lo logró.

En perspectiva, es increíble que la suerte de más de dos millones de kiotenses de la época dependiera de un solo hombre o, mejor dicho, de sus recuerdos vacacionales. Es una prueba fehaciente de cómo viajar cambia nuestro comportamiento. Las experiencias vitales pesan mucho más que la mera teoría porque ejercen una impresión permanente en las personas. Ahora estoy más seguro que nunca de que todos podemos beneficiarnos de visitar otros países y culturas por tiempos prolongados descubriendo cosas nuevas. Ya lo dijo Goethe: «Viajar es la mejor formación que pueden recibir las personas inteligentes». Viniendo de él, ¡tiene que ser cierto!

En japonés existe un dicho que todo joven con espíritu viajero debería conocer: «可愛い子には旅をさせよ。» («Si amas a tus hijos, deja que viajen»). Increíble, ¿verdad? Puesto que la mayoría de padres quieren a sus hijos, ¡tienen que dejarlos partir! Lo peor que puede pasar es que te respondan que no les importan los refranes japoneses y que no te mueves de casa, pero vale la pena intentarlo.

En cualquier caso, ¡creo que, para viajar, siempre sale a cuenta el viaje!

¡Y para visitar Japón también! Aunque, por desgracia, el valor del país también se muestra en sus precios altos. Por eso me esforcé en llegar a Tokio cuanto antes para conseguir el visado y viajar a China.

La mayoría de gente sabe que Tokio es la capital nipona, pero pocos saben lo que significa el topónimo. *To* significa *este* y *kyo* es la abreviatura de *Kyoto*. Así que Tokio es literalmente la Kioto oriental, la capital del este. ¿Te imaginas que hiciéramos lo mismo el resto de países? En lugar de Berlín, diríamos «capital del este». Hamburgo, de donde provengo, sería «el centro del mundo». En Alemania también tenemos algunas ciudades que indican la ubicación con su nombre, pero no son tan poéticas. Un ejemplo sería Darmstadt, que significa «ciudad de las tripas». *Ni a la suela del zapato.*

En el país nipón la actitud hacia la vida es muy diferente. Por ejemplo, mientras que la mayoría de alemanes escogen su carrera profesional en clave económica, los japoneses emplean otros parámetros: utilizan el trabajo para justificar la vida, para demostrar que son dignos de vivir y que pueden contribuir a la sociedad con su puesto. No es de extrañar que darían la vida por su trabajo. De hecho, a veces lo hacen; incluso existe un término para referirse a matarse literalmente trabajando: *karoshi*. Para algunos, ofrecer la vida en servicio a la empresa es una muerte honorable. Para mí, es una tragedia.

Puede encontrarse mucha variedad entre la cultura japonesa. Los ciudadanos de Osaka se han ganado la fama de locos y abiertos con respecto al resto del país. La mejor manera de ilustrarlo es un sencillo experimento: si te encuentras en Osaka y te sientes con agallas, señala a un extraño con el dedo y haz como si le dispararas.

¡Yo lo probé y funcionó! Basta con señalar a alguien y decir «¡bang!» para que la mayoría de personas representen espontáneamente una dramática escena. No importa si son adolescentes, personas de negocios o jubilados; les encanta seguir el rollo y acabar echando unas risas. Algunos incluso empuñan sus propias armas imaginarias y fingen dispararte de vuelta.

¡Solo en Osaka puede experimentarse algo así!

Diciembre del 2016

Desde Osaka fui en ferri hasta Shanghái. Aunque Alemania seguía quedando lejos, la sensación era que los mayores desafíos ya estaban superados. Al fin y al cabo, desde aquí podía llegar a casa por tierra firme; ya no dependía de barcos. O eso pensaba.

El autoestop es una práctica muy poco conocida en China, pero a mí me funcionó de maravilla. La razón es que los chinos son muy curiosos y no tienen sentido del límite. A la mayoría no parece molestarles nada, ni el ruido, ni el mal olor o los espacios reducidos y repletos de gente. Ya puedes dejar que tu hijo haga de vientre en una bolsa de plástico en plena calle, que nadie te prestará atención. Sí, pasan cosas así todo el rato.

Por ejemplo, decenas de personas no tuvieron reparo en rodearme por completo mientras pintaba los carteles para hacer dedo. Muchos dieron por sentado que hablaba chino, ya que los rótulos los escribía en mandarín con caracteres bien detallados. La realidad es que los había copiado cuidadosamente desde el móvil.

Solo sabía un par de frases, así que me comunicaba con la aplicación del teléfono. Una vez, un hombre de negocios y su mujer, a los que conocí haciendo autoestop, me invitaron a cenar en un restaurante. Puesto que nunca habían conocido a un caucásico, para ellos era una ocasión muy especial, así que llamaron a algunos amigos también. Al llegar al restaurante, la camarera nos llevó a una sala privada. Comedores de este tipo son muy comunes en Asia Oriental; facilitan la conversación fluida con los demás. La sala estaba diseñada con un alicatado ornamentado, paredes de madera oscura y molduras brillantes. El hombre de negocios me agarró el teléfono y escribió unos caracteres en la aplicación del traductor. Me lo devolvió para que lo leyera: «¿Te gusta la comida china?».

Escribí de vuelta para contestarle que comería lo mismo que ellos (o incluso más). El hombre asintió con satisfacción y pidió sin siquiera consultar la carta. Nos sentamos los tres y en seguida llegaron sus amigos para unirse a nosotros. Al final fuimos siete. Mientras iban llegando, los camareros comenzaron a servirnos más y más boles en la mesa giratoria de cristal. Las patas de madera comenzaron a crujir del peso. Había sopa con pescado, ternera, tofu, berenjena, pollo, frutas, cacahuetes (con miel, salados y fritos), setas y más alimentos que no pude identificar. Giramos lentamente la mesa para que cada uno pudiera probar un poco de todo.

En cuanto empezamos a comer nos sirvieron unos chupitos. El anfitrión propuso un brindis: «¡Por Kis!». Hicimos chinchín y bebimos. Quería decir «Chris», o sea, yo. Por respeto, propuse otro brindis por él. Nadie entendió lo que dije, pero lo señalé para dejar claro a quién me refería.

Apenas me había terminado el primer chupito, el hombre que tenía al lado quiso llenármelo de nuevo. «No, gracias. No más licor; solo cerveza. ¡Soy alemán!», le expliqué tapando el vaso con la mano. *Si no, a este ritmo, ¡acabaremos buenos!*

Por suerte me entendieron y pidieron una cerveza. Era un banquete en toda regla. En cuanto vaciábamos un plato, traían otro. El aroma de la comida se mezclaba con el humo de los cigarrillos. Para mi sorpresa, lanzaban los huesos de pollo y las colillas al suelo, a veces escupiéndolos directamente. *Con razón hay azulejos y no moqueta.*

A excepción de la mujer y yo, todos fumaban y bebían como el coche viejo de mis padres. En cuanto nos llenamos la barriga a reventar, los cuatro amigos decidieron intentar emborracharme. Me llenaban la copa, brindaban y bebían. Me vi obligado a seguirles el ritmo para no ofenderles.

Parecía un poco injusto; cuatro contra uno. Además, yo estaba en baja forma, ya que llevaba en abstinencia desde Guayana. Pero sí tenía algo a mí favor: no se dieron cuenta de que ellos bebían alcohol de alta graduación y yo solo cerveza, en cantidades iguales. En una hora larga, los cuatro estaban fritos sobre la mesa, así que la velada se terminó. *Y aún no son ni las diez de la noche, je, je.*

Durante los viajes, escuché muchas historias sobre la gente de las zonas rurales de China. La noche encajaba perfectamente con lo que me habían contado. No tenía nada que ver con cenar en un restaurante chino en Alemania. El exceso de tabaco y alcohol, los brindis, los modales en la mesa… Por no hablar de que dos tercios de la comida se quedaron sin terminar.

Esta última parte me entristecía un poco. Pero la celebración de Año Nuevo quedaba cerca, y los chinos siempre se dejan mucha comida en esas fechas, ya que supuestamente garantiza la abundancia del año entrante.

Aunque Japón, China y Corea están muy cerca a nivel geográfico, sus culturas son muy distintas. Solo en el plano gastronómico, China y Japón se parecen como un huevo a una castaña. Además, los japoneses y los coreanos se ofenden mucho cuando alguien los confunde con chinos, porque su relación con China es como la de muchos europeos con Estados Unidos: creen que hablan demasiado fuerte y son maleducados.[1] ¡Qué ofensa que les confundan! Al final, todo depende de la perspectiva. En un país se percibe como educado lo que en otro no lo es. El lenguaje corporal de cada país es tan importante como el idioma.

Llegué a la conclusión de que, aunque fue increíble experimentar la diversidad y ver paisajes que quitan el hipo, lo mejor del viaje

---

1   ¡Que conste que este comentario sobre los estadounidenses lo añadió la traductora norteamericana que tradujo el libro al inglés; no yo! Atentamente, Chris.

no fue eso. De hecho, se lleva el tercer puesto. ¡Las vivencias culinarias fueron mucho más fascinantes!

Sin embargo, lo mejor de viajar es, de largo, conocer gente nueva. Los paisajes se disfrutan un instante y quizá más adelante con fotos (aunque la realidad no se puede plasmar en ellas), pero conocer gente y sus historias y hacer amistades duraderas es algo que nos da forma como personas.

Al llegar a Pekín enseguida entendí por qué no conviene visitar China en invierno: la ciudad estaba recubierta por una espesa capa de nubes grises y densas de polución. La contaminación proviene principalmente de las fábricas de las afueras, pero se concentraba en el perímetro urbano debido a los patrones climatológicos. En las noticias se catalogaban las condiciones como peligrosas, así que me compré una mascarilla en la farmacia. Parecía un turista recién salido de un festival de música tecno *underground*.

Pero no estaba solo: un montón de gente se protegía de la contaminación con mascarillas sudorosas y pegajosas. Valía la pena enfrentarse a la polución a cambio de que me mimaran con delicias gastronómicas como el pato Pekín original y escorpiones fritos.

El esmog estaba siempre presente, pero el nivel de toxicidad descendió el día que visité la Gran Muralla china. ¡Por fin pude disfrutar del cielo azul, el sol y el oxígeno! La parte del muro a la que fui estaba perfectamente restaurada, de modo que no se distinguía qué partes eran antiguas y cuáles nuevas. La construcción de ladrillos y las fortificaciones puntiagudas eran imponentes por todos lados. Con todo, la mayor parte de la muralla está en mal estado. No se construyó con rocas, sino con arcilla y tierra, de modo que no es posible recorrerla en bicicleta a modo romántico, como algunos se imaginan.

Otro mito extendido es el de que se puede ver desde la luna. Por desgracia, no es cierto, ya que ni de lejos es lo suficientemente ancha. Eso sí, ¡el mito es un buen truco de *marketing*! El punto más ancho mide unos nueve metros. En comparación con los 384.400 kilómetros que nos separan del satélite lunar, sería como pensar que podemos ver un pelo a dos o tres kilómetros de distancia. Si te da la vista para ello, probablemente puedas incluso ver tu casa desde el espacio (siempre y cuando mida al menos nueve metros). ¡Buena suerte!

A pesar de esta pequeña decepción, el muro era muy impresionante. A nivel de masa y volumen, es la estructura más grande del planeta, y serpentea acantilados muy empinados. *¡Es de locos pensar cuánto tiempo, energía, trabajo y dinero debió invertirse para construirla!*

Teniendo en cuenta su propósito original, la muralla fue probablemente la peor inversión política en siglos. El proyecto, que costó cientos de miles de vidas, debía proteger el país de sus enemigos del norte. No funcionó. En lugar de asaltar las fortalezas, los invasores se limitaron a sobornar a los guardas y accedieron libremente. Tragicómico. El diablo se esconde en los detalles. Si no atiendes con cuidado los pequeños asuntos, los grandes se irán a pique.

* * *

Pase las Navidades en Xi'an, donde se encuentra la imponente zona arqueológica de dos mil años del ejército de terracota. Luego fui hacia el sur, a Guilin, para ver cómo trabajaban los pescadores de cormoranes. En lugar de usar caña y anzuelo, capturan los peces con lámparas y un cormorán domesticado. Salen al río de noche y encienden las luces, que atraen a los peces a la superficie. Entonces el ave se abalanza sobre ellos. Atan una cuerda al cuello del pájaro para que no se los trague, de modo que el dueño se limita a extraérselos de la boca. Las imágenes de esta antigua técnica eran tan fenomenales que tenía que verlas con mis propios ojos.

Cerca de Xi'an dormí en mi tienda a 3 ºC bajo cero. Al día siguiente, mil kilómetros más al sur, podía ir en manga corta. ¡Qué diferencia de temperaturas!

Fui a explorar la zona a pie. Al recorrer los caminos sin pavimentar, no fue la pesada mochila lo que me dejó sin aliento, sino el paisaje: campos verdes de arroz y verduras salpicados con lunares amarillos (los sombreros de los trabajadores que cavaban y ataban plantas). Había casas sencillas distribuidas por los campos, así como pequeños bosques de bambú y enormes búfalos de agua. *¡Ojalá pudiera montar uno de esos robustos animales, como hacen aquí los niños!*

Las enormes montañas verdes que sobresalían me secuestraron la mirada. Parecían panes de azúcar, como de ensueño, surrealistas a la par que familiares. Un pequeño arroyo fluía murmullando al pie de esos gigantes de roca. *Si me jubilo algún día, este es el sitio ideal para vivir… Siempre y cuando se respete la naturaleza.*

Seguí un camino pedregoso que llevaba al pueblo. Era tarde y el sol arrojaba su cálido resplandor sobre las casas blancas. Un par de perros paseaban por el lugar y había muchas puertas abiertas que dejaban ver el interior de las casas. Pude vislumbrar un retrato de Mao Zedong colgado sobre un sofá viejo. Una familia formada por una madre, una abuela y cuatro hijos se sentaban en el patio delantero. *¡Guau! Una auténtica familia china de la región. Justo lo que quería ver.* Disfruté de la escena en silencio. Los saludé con un «Ni hao» al pasar y me sonrieron.

Llegué a un embarcadero de piedra donde los botes se balanceaban suavemente. Estaban hechos con seis vigas gruesas atadas. Tras inspeccionarlos de cerca, descubrí con decepción que los postes eran de plástico, no de bambú. *Si hubiera pescadores de cormorán en esta región, este sería el lugar.*

Dejé la mochila en el suelo y me agaché en la orilla para observar el paisaje en silencio hasta que se puso el sol. La corriente formaba pequeños remolinos en la superficie y las siluetas de bambú se reflejaban en el agua tranquila y oscura. La gente ya cocinaba la cena en casa. Desde la otra orilla llegaba una suave música de tambores, campanas y algo que parecía una gaita. Debían de estar celebrando algo al otro lado, porque también se oían fuegos artificiales de vez en cuando.

Sentado en la orilla, pasé de pensar en los pescadores y las celebraciones a dónde dormiría esa noche. Me vino un proverbio chino a la mente: «Si quieres ser feliz por una hora, échate una siesta. Si quieres ser feliz un día entero, ve a pescar. Si quieres ser feliz un mes, cásate. Si quieres serlo un año, hereda una fortuna. Si quieres serlo para siempre, ayuda a los demás».

¡Sabio y retador! Aunque no estaba muy convencido con los cálculos temporales. *Ver a los pescadores de cormorán me alegraría más de un día.*

La primera persona a la que conocí al caer la noche fue un hombre de mediana edad que salió a lavarse los pantalones con un cubo de metal. «Disculpe», dije enseguida para que supiera que estaba allí.

Parecía irritado, pero cuando le entregué mi móvil lo agarró con gusto. Había preparado una frase en él: «¿Dónde puedo encontrar pescadores de cormorán? ¡Quiero pescar con ellos!».

El hombre respondió pronunciando cada palabra en voz bien alta. Al terminar, sacudía la cabeza sonriendo. Le indiqué que escribiera la respuesta en el teléfono y leí la traducción: «Cormorán no. Solo para turista. Aquí está prohibido pescar».

¿En serio? ¡No puede ser! Le pregunté para qué eran los botes y el muelle: «Transporte. El gobierno prohíbe pescar».

¡Qué jarro de agua fría! Debí haber esperado que el enorme crecimiento económico cambiara las cosas incluso en zonas remotas como esta, por mucho que cumpla tantos estereotipos.

Le di las gracias y le dejé con su tarea de lavar pantalones. *El entorno de este lugar es mágico; ha valido la pena. El planeta es, sin lugar a dudas, una obra de arte insuperable. ¡Qué diversidad, detalles y belleza!*

14

BIFURCACIONES

📍 **Nochevieja del 2017**

PASÉ LA NOCHEVIEJA HABLANDO por teléfono con Michal. Ambos sentíamos que nos conocíamos muy bien, a pesar de no habernos visto nunca (a menos que cuentes las videollamadas). Conocernos de esta manera era extraño y emocionante a la vez. Es muy diferente a conocer a alguien en el día a día; más concentrado e intenso. Yo, por mi parte, sentía que la ilusión entre nosotros iba creciendo. Aún no sé si ella se sentía igual o solo me veía como un buen amigo.

De Guilin hice autoestop hasta Vietnam. Había banderas comunistas en la frontera que recordaban a los turistas quién había ganado la guerra. Pista: Estados Unidos no.

Se habla mucho de las restricciones y la vigilancia del país, pero lo que yo experimenté fue todo lo contrario: libertad absoluta. En la vida diaria parecía que se permitía todo (o al menos no se castigaba). Hay muchas cosas que se consiguen por amistades más que por papeles (o al menos no los papeles burocráticos). Quizá una de las razones es la gran densidad de población de esos países, que te obliga a entablar relaciones personales con mucha gente y hace que el lugar sea mucho más abierto que las grandes ciudades de occidente. En perspectiva, me parece un enfoque mucho más humano, y me hacía sentir acogido, arropado y como en casa.

Vietnam resultó estar repleto de gente con buen corazón, paisajes preciosos y comida exótica y deliciosa. También es uno de los países más asequibles de Asia. Pero hay que ir con cuidado al pedir comida. Se habla mucho de que los chinos comen perro, pero en realidad es más probable que te encuentres a uno de nuestros amigos cuadrúpedos en la mesa en Vietnam. O eso me pareció. Y gatos también, por cierto. En cualquier caso, hay más países de los que pensamos que comen perro, como Corea, la Polinesia Francesa, el nordeste de India, Hawái ¡e incluso en Suiza según donde!

◉ Enero del 2017

Cuando se me caducó el visado decidí viajar a Laos para pedir otro y regresar a Vietnam cuanto antes. El país tenía muchas ventajas que ofrecer y había hecho muchos amigos. Era el lugar ideal para alquilar una habitación cerca de la playa y escribir sobre mis viajes. Aunque seguía escribiendo en mi diario, quería redactar las experiencias de forma ordenada antes de volver a casa. Al fin y al cabo, a saber cuándo tendría la oportunidad de hacerlo al regresar a la frenética vida de Alemania.

Al llegar a Vientiane, la capital de Laos, fui a toda prisa a la embajada vietnamita. Cuanto antes tuviera el visado en mano, mejor. De camino, conocí a unos contrabandistas de combustible que querían ir a Vietnam en una semana, y se ofrecieron a llevarme. Si tenía el visado para entonces, podría regresar para celebrar el Año Nuevo chino con mis amigos.

En la esquina que había ante la embajada me cambié la camiseta interior, que estaba sucia, y me puse un polo limpio. Algunas instituciones oficiales exigen códigos de vestimenta, y no quería arriesgarme. Entré a la oficina: una sala iluminada, alicatada y con un mostrador brillante y bien pulido al final. A la derecha había sillas de plástico unidas a una barra de metal, como en los aeropuertos.

La funcionaria me dio dos formularios que no eran nada nuevo, después de tanto tiempo viajando. Los rellené enseguida. Cuando los entregué, se ofreció a procesarlos al instante por un sobrecargo. Tentador, pero lo rechacé porque me pidió el doble de la tasa habitual. Y resultó ser una decisión afortunada.

Estaba a punto de irme cuando entró una pareja joven con pinta de europeos. Su bronceado y pelo decolorado por el sol evidenciaban que no estaban aquí para pasar unos días, sino que llevaban tiempo viajando.

—¿De dónde son? —les pregunté con curiosidad.

—De Polonia —contestó el chico educadamente.

—¿Llevan mucho viajando?

—Varios meses; vinimos sin avión.

—¿En serio? —Me reí—. ¡Yo también! ¿Por qué ruta? —Ahora parecían más interesados.

—Cruzamos Rusia, Mongolia y luego China. ¿Y tú?

—Yo desde el otro lado, por el Atlántico y el Pacífico. Pronto iré a la India y luego a Europa.

—Ah, ¿entonces comprarás un vuelo?

—No —respondí confuso—. No contemplo esa opción. ¿Por qué?

—Entonces, ¿cómo irás a la India? —preguntó la chica.

—Por Birmania. —Al fin y al cabo, era la ruta más rápida por tierra, lo había consultado seis meses antes. Las fronteras estaban abiertas.

—Lo siento, hermano —replicó el chico—. La frontera está cerrada a cal y canto, lo acabamos de comprobar. Si no, nosotros también lo habríamos hecho.

¡Vaya! Como sea verdad, me aguaron la fiesta. ¡Y no puedo saltarme la India!

Me despedí rápidamente y busqué la primera cafetería con wifi. Dejé el pasaporte en la embajada vietnamita. Como no había pagado el sobrecargo, gracias a Dios, tenía hasta la tarde para comunicarles si finalmente quería el visado o no. Ya era mediodía.

Efectivamente, los polacos tenían razón: la frontera de Birmania a la India estaba cerrada desde hacía cinco meses. Tenía que rehacer el plan, pero volar seguía sin ser una opción. Había cuidado meticulosamente esa sensación de viaje y quería preservarlo así. Con el avión, llegas de un lugar a otro sin experimentar lo que hay en medio. Ya había cruzado el Atlántico sin volar; quería mantenerme firme hasta el final.

Tenía dos opciones: la primera, volver a China y cruzar el antiguo bloque soviético hasta Europa. Me esperaban frío y visados más caros y complicados. Además, no iría a la India. La otra opción, aunque no hay ferris entre el sureste de Asia y la India y prácticamente ningún barco lo cruza, era intentar cruzar el océano Índico de alguna manera.

La primera opción era más segura. Leí en varios foros de la red que algunos mochileros de Tailandia habían intentado la segunda sin éxito. Para viajar a la India sin vuelos se necesita un visado previo. Se tarda algunas semanas en obtenerlo, así que tendría que solicitarlo y pagar las tasas sin siquiera saber si lograría llegar. La opción dos era o todo o nada.

Si tuviera una ruta segura, podría encontrar un barco como he hecho siempre hasta ahora. Indagué un poco más por internet y encontré que muy pocos navegantes se detienen en la India debido a la gran cantidad de trámites que implica. *No tiene buena pinta.*

¿Cuándo es la temporada de navegación del océano Índico? Fue fácil de encontrar con un par de clics. Para mí sorpresa, ¡era ahora!

No quedaba tiempo para pensárselo. La embajada vietnamita cerraba en pocos minutos, y si quería el pasaporte para ir a buscar un barco tendría que olvidarme del visado para Vietnam. ¿Opción uno o dos? Me puse a pensar como un loco.

La opción uno tenía mucho más sentido a nivel práctico. Pero al preguntarle a Dios qué debía hacer, sentí la convicción inesperada de ir a por la dos. Es difícil describir la sensación; es como una brújula interna que te indica el camino. Por lo general, soy de pensamiento matemático y calculador y soy escéptico ante los sentimientos superficiales. Pero esta vez era distinto. Ya no es que notara que me tiraban palos, sino que directamente me golpeaban en la cabeza con uno para que pillara el mensaje, como me sucedió en España cuando conocí al profesor de navegación justo antes de cruzar el charco, o como cuando casi tuve que volver a Alemania para empadronarme pero una impresora rota me sacó las castañas del fuego. Todas esas veces tuve esa sensación de «brújula». Todas las flechas apuntaban en una misma dirección: sigue. Y todo salió bien, como con el barco de Filipinas a Corea.

Debo aclarar que no es una sensación que me haya ocurrido a menudo. Más bien al contrario; es bastante inusual, pero cuando sucede es diáfana. *Como ahora.*

No le había contado a nadie lo de la ruta de Birmania, y en cuanto lo hago resulta que es en temporada de navegación. Aún no he alquilado el apartamento de Vietnam ni adquirido el visado. Sigo teniendo flexibilidad. Me voy al sureste.

Decidido. Después de tanto tiempo con navegantes, sabía por dónde empezar: *Tailandia, ¡allá voy!*

Fui de Vientiane a Bangkok y envié el pasaporte y los documentos necesarios a Alemania para solicitar el visado a la India. Mi familia podría pedirme el visado para Pakistán e Irán. En muchos países no está explícitamente prohibido viajar sin identificación, pero siempre tienes que poder demostrar quién eres, por eso no recomendaría a nadie viajar sin pasaporte, siempre que sea posible.

Harían falta un par de semanas para que el pasaporte llegara a Alemania y volviera. Mientras, trataría de encontrar un barco. Comencé por la isla de Phuket. Junto con Langwaki, en Malasia, es el lugar con mayor tráfico en su lado del océano Índico. El ruso corpulento con el que viajé a Corea del Sur vivía allí trabajando con yates. Era el lugar idóneo para empezar.

Al llegar a Phuket, resultó que el capitán ruso con el que navegué trabajaba allí en esa misma época. Las circunstancias nos reunieron de nuevo. ¡Fue genial volverlos a ver!

Los ayudé con su trabajo. El corpulento me trataba como un hermano y me dejaba dormir en su habitación. También me presentó a personas clave para encontrar un barco. ¡Era extremadamente amable! Gracias a él, a pesar de tener la suerte en contra, tardé solo dos semanas en encontrar uno que zarparía a principios de marzo. ¡Y encima el patrón era alemán!

Mi pasaporte cumplió su misión de conseguir visados y regresó pocos días antes de que expirara mi periodo de estancia legal en Tailandia. Si hubiera tardado un poco más habría tenido que pagar una multa. Pero, de nuevo, todo se ponía en su lugar. Todavía faltaba un poco para zarpar con el patrón alemán, así que alargué mi visado para Tailandia y me desvié hacia Malasia y Singapur. Sin embargo, al regresar me enfrenté a algunas complicaciones para cruzar la frontera tailandesa a pie.

○ Febrero del 2017

Disfrutando de la cálida y agradable tarde, paseé por la calle principal de un pueblo fronterizo para encontrar un buen lugar para hacer autoestop. No tenía ni idea de cuán lejos tendría que ir. La calle fluía como las olas por las colinas, de modo que era imposible ver demasiado lejos. Bajo mis chanclas, los adoquines pasaron de gris ceniza a rojo arcilla. Los ventiladores bombeaban el olor de pollo frito de los carritos de comida de la calle. Los vendedores se sentaban en sillas de plástico charlando con amigos y transeúntes. Había paquetes de salsa picante y piezas de papel de carnicería listos para que los clientes se llevaran la comida. Había motos aparcadas por la calle bajo una maraña de cables eléctricos que se tendían de una columna de hormigón a otra.

Tras quince minutos andando, los carritos y tiendas cada vez eran menos y con más espacio entre ellos. Seguía sin encontrar un buen lugar para hacer dedo. *¿Encontraré alguno? Tendría que haber esperado en la frontera.* Ahora ya era demasiado tarde.

—Disculpen —dije a un matrimonio que estaba a punto de entrar en un coche compacto verde oliva. Me miraron extrañados, saqué el teléfono y les mostré un mensaje en tailandés—. ¿Pueden llevarme al semáforo de la calle principal?

—No sé tailandés —respondió el hombre en inglés—. Somos de Malasia. ¿Qué es lo que quieres?

Mejor aún. Repetí la pregunta en inglés.

—Claro, te llevamos —respondieron. Subí al asiento de atrás, donde había algunas bolsas de la compra. El hombre arrancó el coche, pero solo condujo un poco hacia delante y luego otro poco hacia detrás. Vi por qué: una moto nos cortaba el paso.

—No se preocupen. —Abrí la puerta, bajé, retiré la moto y volví a entrar. Me dieron las gracias—. ¡No hay de qué! —respondí encogiéndome de hombros—. ¿Adónde se dirigen?

—Estamos buscando una farmacia, así que no podemos llevarte muy lejos.

Y de hecho me dejaron a poco menos de un kilómetro, al lado de una tienda de alimentación. *¡Mejor eso que nada!* Seguí andando. Pasé por delante de una discoteca donde la policía había detenido a un todoterreno negro. Tras caminar un poco calle abajo, quise consultar el mapa sin conexión del móvil. Me puse la mano en el bolsillo y nada. Miré en el otro y tampoco. *No puede ser...* Me toqué los pantalones hecho un manojo de nervios. Nada. *¿Y mi móvil?* No es que fuera de última generación ni nada, pero era lo más caro que tenía. Y lo más importante: ¡los datos que almacenaba! *Contactos, notas, fotos, comunicaciones, el teléfono del patrón alemán...* Perder el móvil es una de las peores pesadillas de la sociedad de hoy en día. ¡Increíble! Lujos aparte, ¡es realmente un engorro!

¿Cuándo lo usé por última vez? Pensé como un loco conteniendo el aliento. *¡El coche! Se me debe de haber caído en el asiento.* Esprinté calle arriba con la mochila botando de un lado a otro. Las piernas dejaron de responderme enseguida y el peso cada vez era más notorio. No me quedaba aire, pero no quería detenerme. *¡Hay que aprovechar las puertas abiertas mientras lo están!*

Corrí más rápido, jadeando. Pasé el club, el coche de policía y el todoterreno. Al acercarme a la tienda identifiqué un pequeño coche blanco. *¿Será ese?* No me acordaba muy bien del modelo ni del color. Era de noche y no había dormido apenas, y había subido a tantos coches que los detalles se me mezclaban.

Se me detuvo el corazón por un segundo al mirar por la ventanilla. Ni rastro del móvil. ¡Ni siquiera había asientos traseros! *Coche incorrecto... ¡No!* Miré a todas partes buscando pistas. Nada. El coche se había ido con mi teléfono. *¡No puede ser!*

Corrí hacia la discoteca a toda prisa. Allí todo seguía igual. Me di cuenta de que el todoterreno también era un coche de policía.

—Disculpe —le dije educadamente, aunque entre jadeos, al primer policía que encontré—.

¡Dos personas se han ido con mi móvil que se me cayó del bolsillo yo me fui y luego me di cuenta de que no lo tenía y ahora ya no los encuentro!

Aunque hablaran inglés no me habrían entendido. Busqué en el bolsillo para usar la aplicación del traductor… Pero, claro, había perdido el móvil.

El policía se dio cuenta de que buscaba algo. Me hizo señales para que subiera a su moto para ir a la comisaría, que estaba a unos doscientos metros. *Tal vez puedan encontrar el coche con las cámaras de seguridad y pararlos en la frontera de Malasia. O quizá localizarlos antes. ¡Alguna manera tiene que haber!*

Me llevó a la comisaría, donde había un agente que hablaba algo de inglés y me atendió. Me pidió que esperara a sus compañeros y me ofreció asiento. En vez de sentarme, salí hacia la entrada. Le pareció un poco raro y me indicó que entrara de nuevo.

—Quiero estar atento a la calle, por si vuelven —grité. Me sentía destrozado. A un lado, los policías me arrastraban para que entrara de nuevo, pero yo no podía evitar girar la cabeza hacia el otro lado, donde pasaban los coches. Tuvo que parecer que me estuvieran dando espasmos cervicales—. Dejadme que… —Me interrumpí a mí mismo—. ¡Ahí están!

Un coche pequeño verde oliva se dirigía a la tienda. *¿Serán ellos?* El conductor estaba en la sombra, inclinándose como si buscara algo. Se me aceleró el corazón.

—¡He visto el coche! ¡Tengo que ir a la tienda, ahora! —Miré a mi alrededor ilusionado. Nadie se movió. La confusión se les dibujaba en el rostro. Se debieron de pensar que estaba loco… Y no les culpo. Me dirigí a la entrada para salir.

—¡Yoot! —gritó alguien en tailandés, que significa quieto—. El agente te llevará —dijo el policía que sabía inglés.

Me subí a la moto emocionado… Y no nos movimos.

El conductor se puso a hablar con el otro agente. Él respondió. Y siguieron conversando. No sé qué decían, pero no se movían. Esperé treinta segundos y me bajé para echar a correr hacia la tienda. *¡No tengo tiempo para esto! Si la pareja de Malasia me está buscando, ¡no van a esperar mucho!*

—¡Quieto! Te llevamos —me gritó el agente. No sabía si creerle, pero enseguida me alcanzó la moto. Me subí y nos pusimos en camino por el lado opuesto de la circulación. *¿Puede hacer esto la policía? En fin, ¡me da igual con tal que lleguemos a la tienda cuanto antes!*

«¡Aquí, aquí, *yoot*! —le dije al policía para que parara delante de la tienda. Ahí estaba, ¡el coche verde oliva! Miré por la ventanilla. *Sí, ¡es este!* Pero el móvil no estaba.

—¡Eh! —me gritó un vendedor ambulante que había en la calle. Señaló hacia la discoteca. ¡Ahí estaba la pareja de Malasia, en el semáforo! Estaban mirando a todas partes, preocupados.

—¡Gracias! —le dije al vendedor. Eché a correr hacia ellos—. ¡Aquí, hola!

—¡Tenemos tu móvil! —gritaron.

Al encontrarlos no dije nada: me limité a abrazarlos con todas mis fuerzas. Fue un poco raro y no pareció gustarles. En Malasia probablemente la gente no va expresando sus emociones por ahí a cualquiera. ¡Pero es que no podía sentirme más feliz! Tenía que mostrar mi gratitud de alguna forma.

—Estábamos comprando y vimos que te habías dejado el teléfono, así que volvimos enseguida —explicó la mujer.

—¡No sé cómo darles las gracias!

—¡No hay de qué! —respondieron, usando las mismas palabras que yo cuando aparté la moto. Cuando se fueron, negué con la cabeza. ¡Demasiadas emociones para recorrer menos un kilómetro!

De vuelta en Phuket, el capitán alemán accedió a llevarme a las islas Andamán, que pertenecen a la India. De ahí él iría a Sri Lanka y yo, en teoría, iría en ferri hasta Calcuta.

Antes de emprender la ruta por el océano Índico visitamos una isla llena de acantilados que pertenece a Tailandia. Mi nuevo patrón era un aventurero a lo grande, al nivel de Indiana Jones. ¡Un fuera de serie!

La vista de la isla selvática me dejó encandilado. ¡La bahía donde anclamos el barco era gigante! Las rocas tenían una textura granulada que formaba fisuras y estalagmitas, que salían de agua y se abrían como abismos. En los escarpados acantilados había monos y, al fondo, el accidentado paisaje de Phang Nga se alzaba en el agua como las escamas de un dinosaurio.

El patrón estaba emocionadísimo: «¡Parece una película de King Kong! ¡Solo falta un gorila gigante colgando de un precipicio golpeándose el pecho!».

Al bajar la marea preparamos el bote, tomamos algunos faros y remamos al interior de una cueva delante de donde habíamos anclado. Los estragos del tiempo habían excavado profundamente en el peñasco. Hacía un rato el agua escondía la entrada de la cueva, pero ahora la marea baja abría el camino para entrar.

La luz del sol desapareció al cabo de un rato. El aire era húmedo, pegajoso y estancado. En las estalactitas había murciélagos; con su piel sedosa y marrón, los ojos pequeños y arrugados y el hocico plano, parecían cerdos con alas. En mi cabeza empezó a sonar una versión de la canción del Spider-cerdo de Homer Simpson: «¡Spider-cerdo, Spider-cerdo, hace lo que un Spider-cerdo hace!». Me reí. Seguimos profundizando hasta que llegamos al límite. Un muro nos cerraba el paso, pero la luz brillaba debajo del agua.

—¡Parece un pasaje! —sugirió el patrón.

—¡Me ofrezco voluntario para bucearlo!

—¡Adelante! —Me dio luz verde.

Me sumergí en el agua y nadé unos diez metros bajo las estalactitas que parecían una entrada. Buceé persiguiendo la luz. El pasaje era pequeño en comparación con el resto de la cueva, de un metro más o menos.

Al cabo de unos pocos metros se abrió un agujero hacia la superficie y salí. Me limpié la sal de los ojos y contemplé la abrumadora vista: *¡una laguna escondida en medio de una montaña!* Había acantilados por todos lados que parecían teteras gigantes. Al norte, un afluente descendía hacia… *¿Adónde se dirige? ¡Quizá los piratas escondías sus tesoros aquí años atrás!* Encajaba con el ambiente aventurero del lugar. Me hubiera gustado nadar hacia allí, pero entonces me acordé: *¡tengo que encontrar cómo volver!*

Contuve el espíritu explorador y me giré para examinar el muro gris de piedra que tenía a mis espaldas. ¿Dónde está el pasaje? Desde dentro solo había tenido que seguir la luz, pero desde aquí no podía ver dónde estaba la entrada sumergida a la cueva oscura. La marea ya subía y pronto la cueva se llenaría de agua. Si no volvía rápido, tendría que esperar unas diez horas a que bajara de nuevo. Y tampoco eso me garantizaba encontrar el túnel. El patrón ni siquiera sabía si había salido a la superficie. *¡Si no vuelvo rápido se empezará a preocupar! No quiero causarle problemas.*

«¡¿Me oyes!?», grité a todo pulmón. Nadie respondió. El agua y los acantilados lo insonorizaban todo. Me sumergí para palpar los bordes del muro. Había muchos agujeros lo suficientemente grandes como para bucear dentro de ellos. ¡Lo último que me apetecía era entrar en el que no era y ahogarme! Salí a la superficie, respiré hondo y reflexioné. Esperar a la marea baja no era una opción.

¡Un momento! A escasos metros se formaba un remolino en la superficie. *Si hay un remolino es que el agua fluye…* ¡Tiene que estar por aquí! Buceé para palpar el muro de nuevo y seguí montaña adentro. El agua estaba turbia y, cuanto más descendía, más oscura era. Estaba ciego como un murciélago. Los pulmones me quemaban indicando que me quedaba sin aire. Aun así, seguí bajando. *Tiene que haber un camino por aquí que lleve a la superficie...*

Me rasqué las piernas con los cantos afilados. Comencé a subir con la esperanza de encontrar la cueva y respirar, pero no había más que rocas y agua. Estaba a punto de sufrir un ataque de pánico. El corazón me iba a mil, lo que me hacía consumir más aire. Intenté calmarme. De la nada, me vino a la mente una historia de Eric Thomas, un conferenciante motivacional. En ella, un hombre que buscaba el éxito fue a visitar a un sabio. Este lo llevó al mar y lo hundió en el agua a la fuerza. El hombre, asustado, trató de defenderse, pero el sabio seguía sumergiéndolo. Justo antes de que se desmayara, el sabio lo soltó para que respirara. Mientras el hombre jadeaba para recuperar la respiración, el sabio le transmitió su lección: «Si deseas lo que sea con la misma intensidad con que querías respirar, lo conseguirás».

Muy motivador, pero, la verdad, prefiero respirar a encontrar el pasaje. ¡Es demasiado peligroso! Cambié de rumbo para regresar por donde había venido, como la primera vez, siguiendo la luz. Tuve que nadar lento para no chocar de cabeza con las estalactitas.

Salí y respiré hondo. Me alegré de no ser tan sabio como para querer antes encontrar el pasaje que respirar. Misión fallida. A la tercera fue la vencida y encontré el camino de vuelta a la cueva.

—¿Por qué has tardado tanto? —preguntó el patrón, aliviado al verme nadar hacia el bote.

—¡Casi no encuentro el camino! —Le expliqué rápidamente la peligrosa experiencia y luego le conté las maravillas de la laguna. Me lo pensé un segundo y salté del barco—. ¡Tengo que volver! —le dije—. ¡Serán tres minutos!

—Ten cuidado —contestó él, preocupado. Me sumergí y llegué a la laguna en un santiamén.

Esta vez me grabé en la mente cómo era el túnel. Nadé a estilo libre hacia el río que fluía de la laguna hasta el punto que vi que este llevaba a otra laguna. Me emocioné tanto que me quedé más de tres minutos.

Al volver el nivel del agua había subido, de modo que la entrada estaba mucho más abajo. Menos mal que esta vez sabía dónde ir.

—¡Hay un montón de lagunas! ¡Es una pasada! —le conté al patrón al alcanzar la superficie.

—Habrá que volver cuando la marea haya bajado de nuevo, así puedo verlo yo también mientras tú vigilas el barco —contestó ilusionado.

Cuando volvimos, por desgracia, no encontramos ningún cofre escondido lleno de oro. Pero ni falta que hacía. *¡El verdadero tesoro eran las fantásticas vistas de la naturaleza!*

De Tailandia fuimos a las islas Andamán, que pertenecen a la India. Aunque están muy lejos de la península india, el «caos y bullicio exótico» típico del país se respira en todo el lugar: bocinas, triciclos motorizados; casas de metal corrugado de colores vivos; altavoces a todo volumen reproduciendo melodías de Bollywood; el imponente aroma de incienso y especias y el aún más penetrante olor de los mendigos; mujeres con coloridos saris y, cómo no, el sinnúmero de vacas que campan a sus anchas buscando comida por los montones de basura.

Y hablando de basura, ¡la había por todas partes! Lo que más tarde podría comprobar en la península era también una realidad aquí: India tiene un gran problema con los residuos sólidos. La gente tira plásticos, embalajes y cualquier cosa por todas partes. No hay ningún servicio de recogida de desechos y a nadie le importa. No parece que lo cause solo la pobreza, sino también, por desgracia, la sociedad y la cultura.

Tengo un amigo indio que pasó bastante tiempo en Rusia para completar su formación médica. Al regresar a su país pensó para sí mismo que India era como un zoo gigante: olores, calor y caos. *¿Dónde diablos estoy?*

En lo que respecta a la India, o la amas o la odias: no hay término miedo. Mi primera impresión fue que me encantaba, con tanta diversidad, cosas nuevas y extrañas. Me robó el corazón en un abrir y cerrar de ojos. Sin embargo, no tardaría en ver su lado oscuro.

El alemán sabía cuán ridículamente lento es el proceso burocrático para entrar y salir de la India, así que contrató a una agencia de viajes para que lo gestionara. Al desembarcar tuve que pagar una tasa de «registro» de última hora de cuarenta dólares. *Probablemente para la Oficina de Inmigración, ya que se necesita un permiso especial para visitar las islas Andamán sin barco.*

El patrón zarpó rumbo a Sri Lanka tal como había planeado. Yo fui a la oficina portuaria para conseguir un billete de ferri hacia la península. ¡La cantidad de papeleo que tuve que rellenar fue un despropósito! Necesitaba dos fotos de carné, varias fotocopias del pasaporte y de un permiso especial de la zona y un sinfín de formularios con preguntas como cuánto me medía el pecho y cuántas manchas cutáneas tengo. *Igual para los modelos sí es importante, pero ¿para comprar un billete de ferri hace falta?*

El billete más temprano era para dentro de seis días. *Sin problema; exploraré la isla.* Ahora solo quedaba enviar el billete a la agencia de viajes. O al menos eso me habían dicho. Con eso ya estaría, ¿no?

Abrí la puerta de la agencia de viajes y entré. El espacio era un contraste fresco y agradable con el exterior; el aire acondicionado mantenía una temperatura llevadera. Varias personas locales parecían trabajar duro en el ordenador.

—Querría hablar con el encargado —dije.

—Se lo haré saber. Volverá en breve —me respondió un empleado señalándome un sofá haraposo para que esperara allí.

De las paredes con paneles de madera colgaban anuncios de Air India, con un avión, una alfombra voladora y un lema: «Experimenta la diferencia».

—¿Qué ocurre? —me preguntó—. ¿Tienes el billete? —Me lo saqué del bolsillo y se lo acerqué—. Sí, todo en orden. En seis días me voy.

—¿Cómo? ¡Imposible! —exclamó—. ¡Tienes que irte en tres días! Fue la única condición de la oficina de inmigración cuando desembarcaste; ¡tres días de tránsito!

¡Y ahora me lo dicen!

—¿No basta con el visado y los formularios que he rellenado?

Negó con la cabeza, lo cual era confuso, ya que ese gesto puede significar que sí en la India. En este caso significaba que no.

—Andamán es una zona restringida, y se requiere un permiso especial para estar aquí. Solo es posible pedirlo en la península —explicó.

—¿Un permiso especial además del permiso de zona especial del barco? —repliqué.

—Exacto.

—¿Y para qué servía la tasa de registro? —Levanté las manos confundido.

—Para el transporte al hotel y el aeropuerto.

—¿Y por qué no ha sucedido eso? —El hecho de que no pretendiera ir a ninguno de esos dos sitios no era la cuestión—. ¿Y por qué se llama tasa de «registro» y no de «transporte»?

—Como no has usado el servicio, puedo devolverte el 80 % de la tasa.

Vaya, qué generoso. *Pero no me valía con eso.*

—¿Y si no puedo cambiar el billete y tengo que quedarme más días? —pregunté volviendo al tema—. En el ferri que zarpa pasado mañana no quedan plazas.

—Inmigración te comprará un billete de avión y te cargará el costo —concluyó con seriedad.

¿Cómo? ¿Mi plan de viajar por el mundo sin aviones se vería truncado a tan poco de la meta? ¡Ni hablar! Solo tengo un día para solucionarlo.

Intenté comprar otro billete en la terminal portuaria. La respuesta fue la misma: «Agotados».

Ahora sí que me hace falta un milagro. Quizá ya no sea sorprendente, pero seguía teniendo la sensación de que todo saldría bien a pesar de los contratiempos.

Lo primero que hice fue sentarme en el área de espera cubierta y lidiar con la situación. El sudor me bajaba por la sien, y di gracias por el ventilador que soplaba hacia mi asiento. A escasos pasos, decenas de personas se empujaban en la fila ante el mostrador. En cuanto a disciplina para hacer fila, podrían aprender de los niños alemanes de preescolar.

—¿Está libre? —me preguntó un hombre señalando el asiento vacío que había a mi lado. Era blanco, con el pelo rizado y llevaba pantalones cortos grises, sandalias y una camisa de cuadros lila.

—Sí —respondí. Comenzamos a hablar. Era de Bélgica y acababa de llegar a Adamán en ferri.

—¿Y qué te trae por aquí? —me preguntó. Le conté mis aventuras y el obstáculo actual que podía echarlo todo a perder—. Seguro que lo solucionas —dijo tratando de animarme—. Con lo poco que me has contado, deduzco que eres el tipo de persona que consigue lo que se propone.

—No, no lo entiendes —repliqué—. Han ocurrido todo tipo de circunstancias fuera de mi control que, de haber sido por mí, jamás habría resuelto por mucho que me esforzara. No es que yo sea especial o algo y lo consiga todo.

—Claro, un poco de suerte nunca viene mal —contestó el belga encogiéndose de hombros.

—Con un poco de suerte te quedas corto —contesté entre risas—. Lo que he experimentado es surrealista, no puede ser coincidencia.

—¿O sea que crees en el destino? —dijo levantando una ceja.

—Más bien creo en la gracia. —Le resumí mis experiencias y cómo había llegado a la fe—. No creo que sean sucesos normales o por azar, ni tampoco que yo lo merezca más que otros. Simplemente son regalos que deben motivarme a buscar a su Dador.

Sin pena ni gloria, lo intenté de nuevo al día siguiente en la oficina y… ¡conseguí el billete! No sé si es que alguien canceló el viaje a última hora u ocurrió otra cosa, pero de lo que sí estoy seguro es de que no fue mérito propio.

15

BESOS Y AMETRALLADORAS

EL FERRI AMARRÓ EN Calcuta tres días y medio después de un día entero cruzando un delta fluvial. Había chimeneas en fila en la orilla; debía de haber cientos de fábricas de ladrillos.

En India recibí un mensaje sorpresa de Michal que me puso algo nervioso. Llevábamos quince meses en contacto y bromeábamos sobre las cosas de las que tendríamos que «hablar más adelante, tomando un café». De hecho, pusimos lugar para ese café: Bombay. A veces parecía que lo decíamos en serio, pero otras como si fuera una broma.

Dejé que Michal eligiera el día y escogió el 1 de abril. No sabía cuán en serio iba la cosa. Descubrí que a Michal le gustaba gastar bromas extremas el día de los inocentes en abril. A mí, sin

embargo, la idea de que iba en serio me emocionaba muchísimo.
Si viniera a la India, podría descubrir si simplemente me ve como
un amigo o como algo más. Yo ya no negaba lo que sentía. Si
no se presentaba a la cita, sería una inocentada con todas las de
la ley, pero al menos sabría a qué atenerme en cuanto a nuestra
relación.

Tenía siete días para recorrer los dos mil kilómetros que separan
Calcuta de Bombay y recoger a Michal en el aeropuerto. Lo que en
Alemania son dos días de autopista, en la India requiere *un poco
más* de tiempo.

Resumiendo, fui saltando de camión en camión a unos 40
km/h por las carreteras nacionales. El sol pegaba sobre las cabi-
nas claras de los camiones y las convertía en hornos. Una ola de
calor había recorrido la India y Pakistán en marzo con temperaturas récord de hasta 51 ºC, a veces incluso más. Era la peor
desde 1956.

A pesar de la lentitud, los vehículos se tambaleaban brusca-
mente cada vez que el conductor daba un volantazo para evitar
baches o vacas. Abundaban más que el asfalto en la carretera principal que llevaba hacia la estepa norte. Había varios semitráileres
volcados en la carretera como recuerdo de lo peligrosas que son las
condiciones del tráfico.

Para protegerse contra los accidentes, muchos conductores con-
fían en estatuillas de Shiva, uno de los dioses hindús, y las colocan
en el salpicadero. Por la noche le entregan una ofrenda de marihuana. De este modo aclaran la mente y se ponen de buen humor,
lo que los lleva a entonar —con poco esfuerzo— un breve cántico
espiritual. O al menos eso experimenté yo con los dos camioneros
que me recogieron.

El camión frenó de golpe pasada la media noche. Uno de los conductores estaba al volante y el otro dormía a mi lado en el asiento trasero.

—¿No puedes aguantar? —me preguntó. Levanté la cabeza, medio dormido.

—No... No puedo más —contesté aún somnoliento. Por alguna razón, estaba mareadísimo. Nos detuvimos en un pueblo pequeño. Las estrellas brillaban en el cielo y en el horizonte azul oscuro se veía el contorno tenue de casitas separadas las unas de las otras. La distancia hacía que el pueblo pareciera vacío y solitario.

Crucé el polvo por detrás del camión hasta llegar a un árbol pelado y me desabroché los pantalones. No había muchos baños como Dios manda en la India. En lugar de colocar las típicas construcciones con tuberías, la gente hace sus necesidades en el monte. En lugar de papel higiénico, usan agua de botella que siempre llevan encima. Hay pueblos con cientos de habitantes ¡y cero baños!

Dejé que la naturaleza siguiera su curso. O eso intenté. Un par de gotitas, pero nada más. Seguía sintiendo mucha presión. Me apoyé contra el tronco y apreté más. *¿Por qué no sale?* Parecía tener la uretra bloqueada. *Quizá tengo una piedra en el riñón.* Nunca había tenido y no sabía lo que se sentía, pero era la única explicación razonable. Lo volví a intentar y me mareé de repente. Todo se volvió negro y aparecieron cientos de estrellas nuevas que se juntaron en una sola. Respiré hondo y me puse de rodillas hasta que se me pasó el mareo. *Así no se puede. Necesito un lugar privado donde apretar con todas mis fuerzas.* No tenía ni idea de dónde ir y no quería que me explotara la vejiga.

Deshice el camino y crucé la calle hasta llegar a un edificio más grande y me puse en un rincón detrás de una pared. Estaba oscurísimo y olía a heces. *Parece que no soy la primera persona a la que se le ocurre.* El suelo estaba cubierto de hojas y plásticos que crujían.

Me quedé quieto y me preparé para sufrir. Escondí la barriga y apreté con todas mis fuerzas. Me entraron náuseas y me empezó a dar vueltas todo. Me derrumbé sobre un saliente de hormigón que había al lado del muro.

Asqueroso. Pero bueno, al menos es mejor que el... Ah... Eh...

¿Qué es ese tufo? Parpadeé. *¿Hojas? ¿Dónde estoy?* Me noté algo blando en la nariz. *¡Gracias a Dios que está oscuro!* Me arrastré en medio de la oscuridad para levantarme. *¿Cuánto tiempo llevo desmayado? ¿Dónde está el camión?*

Las piernas me temblaron al tratar de ponerme en pie apoyándome contra el muro. La suciedad se me escurría por el pelo. Se me pegaban montones de basura por todos lados. Bueno, al menos caí en blando. Puse un pie delante del otro. El cuerpo apenas me respondía, me sentía vacío, tembloroso, débil. Me tambaleé por la calle como un zombi.

El conductor estaba parado en el resplandor rojo de las luces traseras, buscando por todas partes a su autoestopista perdido.

—¡Aquí! —gruñí tropezándome hacia él.

—¡Vamos, tenemos que irnos! —dijo con prisas mientras corría hacia la cabina. No se había dado cuenta de que estaba hecho unos zorros. Di un traspié a sus espaldas.

—¡No, aquí! —Esas dos palabras me robaron toda la energía que me quedaba—. Necesito... ayuda... —Caí de rodillas con las manos al suelo. Contuve las náuseas jadeando. Todo me parpadeaba alrededor. Un minuto después, el indio volvió y me agarró de las axilas para ponerme en pie.

—Quería... hacer pis y... me desmayé... —dije temblando. Fijaba la vista en el suelo para no vomitar.

El indio me arrastró hasta el camión. Traté de ayudarle moviendo las piernas, pero aún lo empeoraba. *¡Menos mal que no estoy solo!*

Al llegar a la cabina, me colocó las manos en el estribo para que me aguantara. «Será mejor que te limpiemos», dijo. Fue al camión a buscar una botella y caí de rodillas de nuevo. Me sentía fatal, pero el cuerpo no me respondía.

El conductor me ayudó a levantarme de nuevo. Me echó agua para limpiarme el barro y yo intenté quitármelo. Se me pasó un poco el mareo y me arrastré hasta la cabina. Olía a rayos y tenía suciedad enredada en el pelo. *¡Por favor, que solo sea barro!*

Arrancamos. El otro camionero seguía durmiendo en el sillón trasero con su manta. *Menos mal que los indios no son muy tiquismiquis con la higiene. El asiento tampoco es que esté muy limpio.*

—¡Bebe! —Me lanzó una botella de agua. Le di un par de tragos escasos sin pensarlo y la aparté.

—No debería beber más… Me va a explotar la vejiga.

—No te va a explotar nada —contestó el indio sonriendo—. Estás deshidratado, el cuerpo te engaña.

Me costó un minuto entender lo que me decía. *O sea, ¿que lo que siento en la vejiga no es real?* Sonreí yo también. De hecho, era bastante divertido al pensarlo. *¡Estaba tratando de mear como un tonto cuando lo que necesitaba era beber!* Y en ese noble intento acabé envuelto en un montón de… a saber qué. *¡Menuda broma!*

Por la mañana, el conductor me dio una botella de dos litros de cola y le pusimos dos cucharaditas de sal. Por la noche me sentía mucho mejor.

Ahí entendí lo importante que es beber suficiente agua. También aprendí que ayudarnos mutuamente puede ser crucial e incluso de vida o muerte si alguien enferma. Los camioneros me podrían haber abandonado en el suelo y marcharse con mi equipaje. Pero no, me cuidaron. ¡No hay palabras para expresar la gratitud que siento hacia ellos!

Todos queremos que los demás nos ayuden y se sacrifiquen por nosotros cuando pasamos por malos momentos, pero ¿estamos nosotros dispuestos a hacerlo? En toda su vida, esos conductores no tendrán jamás el dinero que la mayoría de alemanes tienen. Con todo, igual que muchas otras personas a las que conocí, no se lo pensaron dos veces a la hora de invertir en la familia, los amigos e incluso desconocidos como yo. Al final, eso los hace más felices que la mayoría de alemanes.

Un estudio de Harvard realizó un seguimiento a cientos de personas de diferentes contextos sociales durante setenta y cinco años. Los resultados mostraron que la gente más feliz y sana no son los famosos, ricos o exitosos, ni los más guapos, talentosos o bien formados. Más bien al contrario: esos factores aportan muy poco a su satisfacción vital, por mucho que las revistas, la televisión e internet nos quieran vender lo contrario. ¡Las personas más felices son las que tienen buenas relaciones!

Es tan importante que lo voy a repetir: las personas más felices son las que tienen buenas relaciones, las que tienen amigos y familia con los que contar en los momentos difíciles (y a la inversa). Pocas cosas lo hacen a uno tan feliz como ayudar a los demás.

Esto es sabiduría de parvularios. Todos lo sabemos, pero hoy en día, en los países ricos, vemos a cada vez más gente sola. No conseguimos aplicar esta lógica. Trabajamos tanto que no tenemos tiempo de desarrollar relaciones con la gente que nos rodea. ¡Quiero que esas personas sean mi prioridad!

Y no es algo que se logre de la noche a la mañana. Es un compromiso diario. Mi objetivo es mucho más importante que la carrera, seguridad financiera, apariencias o popularidad:

cuidar las buenas relaciones, atesorar a las personas de mi vida y
servirlas.

※

En Bombay encontré un sitio donde dormir con un usuario de
Couchsurfing. Por suerte, tuve la oportunidad de darme una ducha
y limpiar mis cosas. Además, el anfitrión me preparó una deliciosa
cena de curri. *¡Qué chico más majo!*

El vuelo de Michal llegaría al día siguiente. Me levanté y salí
de casa mucho antes de que amaneciera para llegar a tiempo al
aeropuerto. ¡La primera impresión es muy importante! El semáforo
aún no estaba encendido y las calles parecían solitarias y desiertas.
Había un perro dormido a un lado de la carretera, que se sobresaltó
cuando pasé por su lado y saltó a cuatro patas.

Sorprendentemente, el caótico sistema ferroviario de la India
funcionó con puntualidad religiosa. Llegué al aeropuerto mucho
antes de lo previsto y pasé el rato en la sala de espera junto con
cientos de indios. ¡Impresionante! La arquitectura del edificio era
como una nave espacial gigante y orgánica. Las columnas brillaban y se clavaban como enormes conductos de combustible en el
techo. Parecían las raíces del árbol más grande que hubiera visto
jamás. Desde unos altavoces que no estaban a la vista sonaba una
relajante música de espera que contrastaba con el bullicio de la
multitud.

Una eternidad más tarde, Michal apareció por las puertas giratorias y caminó hacia la barrera de acero inoxidable. No me vio
entre el gentío, así que me dirigí hacia ella sin que se diera cuenta.
Vaya, es más guapa de lo que me imaginaba fue lo primero que pensé.
Solo es un poco más bajita que yo, lo segundo.

Nuestras miradas se cruzaron por primera vez justo antes de
abrazarnos. Le brillaban los ojos de color avellana. Sentí como si

alguien detuviera el tiempo para hacer una foto; como si, por unos segundos, todo se quedara quieto para luego volver a la normalidad.

Me mantuve sereno, pero me arrolló una oleada de emociones. *¡Tal vez sea la mujer de mi vida!*

❖

Pasamos diez días juntos en Bombay. Al principio era raro; por un lado, nos conocíamos muy bien por la cantidad de correos que habíamos intercambiado. Por el otro, así en persona, éramos unos perfectos desconocidos. A medida que avanzó la semana, sin embargo, esa sensación se fue desvaneciendo. Nos dejamos llevar por el caos de la ciudad y nos sumergimos en conversaciones profundas. Pudimos confirmar que teníamos mucho en común, pero la pregunta sobre qué era exactamente esa relación seguía sin respuesta.

—¿Qué es lo que más te gusta del mundo? —me preguntó Michal la segunda noche mientras dábamos un paseo. «¡Tú!», quise responderle, pero me contuve. No sabía si eso mejoraría o empeoraría las cosas, pero al final me lancé al ruedo.

—¿Te importa si te beso? —le pregunté cambiando completamente de tema.

—¿Cómo? Eh... En absoluto... —contestó visiblemente sorprendida.

Le di ese beso que llevaba tanto tiempo esperando. *No fue el más sofisticado del mundo, pero ¡suficiente!*

❖

¡Primer paso dado! Tanto ella como yo somos de plantearnos mucho las cosas antes de iniciar algo tan importante, así que reflexionamos mucho sobre cómo debía ser esa relación recién salida del horno.

Quizá alguien piense que le dimos demasiadas vueltas, pero si quieres conducir lo mejor es sacarte antes el carné y prepararte bien para evitar accidentes. Para mí, manejar un coche es mucho más fácil que construir una relación sana.

Para mis veintitrés años no tenía mucha experiencia en relaciones, pero había conocido a muchos matrimonios felices y funcionales durante el viaje. Curioso como soy, siempre les preguntaba cuál era su secreto. Cada uno respondía diferente, pero la mayoría coincidían en un punto: lo más importante es ser honesto y resolver los problemas cuanto antes. Me parecía una respuesta demasiado evidente, pero la realidad es que mucha gente se olvida de cuán clave es.

«No puedes pretender que la buena comunicación se consiga por casualidad», me había aconsejado un amigo filipino unos meses antes. «Tienen que dedicarse tiempo el uno al otro a menudo y lidiar con todo lo que sea importante o les preocupe. En mi opinión, lo más importante es no esconderle nada al otro».

Otro consejo que me llamó la atención fue que ambas partes deben ser felices sin depender de la otra, es decir, no deben buscar la plenitud en la pareja ni esperar que esta satisfaga sus deseos y necesidades. Tarde o temprano la otra persona no dará la talla. No es justo cargar al otro con la responsabilidad de hacerte feliz.

El tercer factor clave es entender que cada persona expresa y recibe amor de diferentes modos. Algunos, con regalos; otros, con halagos y palabras de afirmación. Gary Chapman escribió el libro *Los 5 lenguajes del amor*, donde describe las maneras en que cada persona muestra el amor como un idioma. ¡Y todos sabemos que los idiomas deben practicarse! Si dos personas tienen lenguajes del amor distintos, pueden darse malentendidos. Quizá uno se deshaga en cumplidos, mientras que su pareja lo que necesita es afecto físico. ¡Es importante conocer el lenguaje del amor de la otra persona!

—¿Cómo identifico mi lenguaje del amor? —me preguntó Michal.

—¿Qué hacían tus padres para demostrarte que te querían cuando eras pequeña? ¿Cómo muestras a los demás que te importan? Normalmente, la manera como lo expresas es también como te gusta recibirlo.

Decidimos prestar atención a esos detalles desde el principio con la esperanza de que nuestra relación floreciera como un jardín bien cuidado.

Un día planeamos ir en autobús hasta Goa. Teníamos que ir en tren y casi lo perdimos. Corriendo a toda prisa, saltamos dentro justo antes de que las puertas se cerraran y nos sentamos con los paquetes de bebidas frías que el anfitrión de Couchsurfing nos había dado. Clavamos las pajitas y empezamos a beber los macchiatos de Nesquik. Mientras pensaba en qué haríamos luego, Michal se echó a reír.

—¿Qué pasa? —pregunté confundido. Ella señaló las bebidas.

—No me lo imaginaba así, pero ¡me alegro de que al final nos hayamos tomado ese café juntos!

***

—Siempre había pensado que mi marido tendría que ser mucho más alto que yo, porque me encanta llevar tacones altos y es bonito estar a la misma altura al besarse —dijo Michal en la escalera mecánica del aeropuerto.

Su tiempo en Bombay se había esfumado demasiado rápido. Para ser mucho más alto que ella tenía que ponerme un escalón arriba. Se rio de mí.

—Hay gente por la que vale la pena pasarte la vida descalza —continuó—. Me encanta llevar tacones, pero es bonito estar a la misma altura al besarse.

—Puedes llevar tacones siempre que quieras. Creo que nos las arreglaremos por mucho que me saques una cabeza con ellos. Y si no, ¡me pondré tacones yo también! —Le sonreí. De repente el buen humor se desvaneció y Michal me transmitió su preocupación.

—¿Qué pasará si cambias durante el resto del viaje y cuando vuelvas no eres el mismo?

—Mi hermana sufría por eso también, temía que volviera siendo otra persona. Le respondí que eso espero, ¡ser distinto! Quiero que las experiencias me cambien a mejor. —Le di la vuelta a la tortilla—. ¿Y si eres tú la que cambia?

Al fin y al cabo, yo también me arriesgaba. La vida es un proceso y no hay garantías. Todo lo que nos sucede (pensamientos, sentimientos y decisiones) determina en quién nos convertimos. Tal como explica John C. Maxwell, lo que decidimos hoy, dictamina lo que seremos mañana.

—Ojalá no dejemos de cambiar nunca —concluí. Nos acercábamos ya a la puerta 5, donde facturaba Michal—. Si cambiamos juntos y no cada uno por su lado, todo irá bien —continué. Michal se mostró convencida.

Tras el último beso, le devolví la bolsa.

—¡No me pienso girar al irme! —me aseguró al despedirse. Diez pasos más tarde, se dio la vuelta. Diez más, y otra vez. Y otra. *¡La amo!*

◯ Abril del 2017

Me quedé en la India dos meses más para terminar el libro, ya que en Vietnam no tuve tiempo. Dos hermanas a las que conocí en Corea del Sur me pusieron en contacto con su numerosa familia de Nagaland para que me quedara con ellos. Los pueblos tribales de esta región lluviosa y montañosa tienen un aspecto distinto y son diferentes a nivel cultural de la población del centro del país. Se parecen más a la gente de Mongolia. Originalmente, su cultura se basaba en la caza y en coleccionar las cabezas de sus enemigos a modo de trofeo. La práctica perduró hasta los sesenta. Desde entonces, se han vuelto un pueblo bastante pacífico y amigable.

Gran parte de este libro se coció en ese relajante ambiente, rodeado de montañas, bosques densos y amigos increíbles. Es genial cuando las personas creen las unas en las otras y se ofrecen ayuda, aunque no sepan cómo acabarán las cosas. Me encontraba a punto de cruzar el Oriente Medio, una de las regiones más peligrosas del planeta. El final del viaje se acercaba a su fin, pero hasta el rabo todo es toro, y podía pasar cualquier cosa.

Era la hora de proseguir con la aventura. Desde Nueva Delhi fui en autobús hasta Lahore, en Pakistán. Debido a un violento atentado en la frontera, nuestro autobús fue escoltado por soldados y un coche de policía con las luces y las sirenas encendidas. Tuvimos que mantener las cortinas cerradas. Un indio enorme con una ametralladora nos vigilaba desde el asiento trasero.

Pakistán es como la India, pero con mayor influencia árabe. No es de extrañar, ya que es un país musulmán. Por el otro lado, pertenecía a la India hasta hace tan solo setenta años. Me dio la impresión de que eran más tradicionales que en la India. Por ejemplo, la mayoría de matrimonios los acuerdan los padres, y a los recién llegados se los recibe con pétalos como muestra de respeto. Los hombres de Pakistán llevan túnicas largas llamadas *shalwar kameez* y aportan un toque oriental al lugar. En la India, la vestimenta tradicional se ha sustituido casi en su totalidad por pantalones, camisas y polos.

Pasé bastante tiempo cerca de Lahore con amigos a los que conocí en Fiji. Mucha gente me ofreció lugar donde quedarme en Pakistán para cuando celebrara la luna de miel. Quizá no suene al típico viaje romántico soñado por los occidentales, pero la idea no me parecía tan mala. Al fin y al cabo, Pakistán es muy asequible y la cultura es diversa y exótica: ¡nunca te cansas! Pero en aquel entonces la zona era relativamente segura. Cuando partí hacia el Beluchistán las cosas empezaron a cambiar.

La región desértica del Beluchistán se extiende por el lado oriental de Irán, el lado sur de Afganistán y luego hacia el sureste hasta Pakistán. La provincia está ocupada por tribus territoriales y combatientes paramilitares que han tomado el control de los gobiernos en algunas zonas. Se conoce poco sobre el Beluchistán debido al desinterés general de los medios de comunicación y los múltiples asesinatos de periodistas que se han atrevido a explorarlo. ¡Las oportunidades para traficar con drogas y armas ilegales son infinitas!

Si no te disparan las bandas armadas, entonces los talibanes, Al Qaeda o los combatientes separatistas están ahí acechando. ¡Las oportunidades para los terroristas y extremistas también son infinitas!

Julio del 2017

El tren que me llevó a Quetta, la capital del Beluchistán, no pudo haber sido más incómodo. El ardiente sol del desierto calentaba tanto las paredes de metal que sentías como si te cocieran vivo. El viento soplaba por las ventanas abiertas, pero parecía el de un secador antiguo. Las nubes de arena entraban por las grietas más pequeña y lo cubrían todo con una densa capa de polvo, ya fueran asientos, paredes, ventiladores o incluso la ropa y la cara.

Y lo peor es que tenía billete, pero no asiento. El lugar que me habían asignado estaba ocupado por unas doce personas. No sé si es que entraron sin billete o si es que la estación vende más puestos de los que se pueden ocupar. Era el único extranjero del tren, así que, en vez de discutir, me hice amigo de un grupo de soldados vestidos de paisano. Pude encontrar asiento en su vagón porque a ellos se les muestra más respeto.

De repente, el tren comenzó a temblar y chirriar. Miré por las polvorientas ventanas y vi que cada vez íbamos más lentos. El suelo era pedregoso y había espinos secos. En la distancia se vislumbraban montañas rojizas.

Teníamos delante un pequeño asentamiento. Parecía una película bélica del Oriente Medio. Figuras envueltas de tiras de tela empuñando un AK-47 se agachaban en los tejados de las casas, bajo la sombra de las lonas. El aire parecía arremolinarse en medio del calor abrasador y borraba los bordes de la ciudad.

El tren siseó hasta detenerse. Había visto una señal azul hacía un rato donde ponía Mushkaf. *¿Será la base de algún caudillo militar?*

Uno de los soldados de paisano miró hacia fuera también. Llevaba un kameez azul y tenía el pelo corto y barba de tres días, así como una cicatriz bajo el ojo izquierdo y un hueco entre los incisivos. Su afilada barbilla y brazos peludos le daban un aspecto masculino.

«¿Ducha?», me preguntó de la nada mirándome con curiosidad. Me lo quedé mirando confundido. Nada me apetecía más que una ducha, pero no sabía por qué lo preguntaba en ese momento. *¿Qué hay en esta escena que le hace pensar en la ducha? ¡No hay agua en kilómetros!* Asentí sin saber muy bien qué hacer.

«¡Ven!», me dijo para indicarme que le siguiera. Bajó del tren con dos soldados más y fuimos a una muralla que rodeaba el pueblo. Alarmado, un hombre desde un tejado nos ordenó que nos detuviéramos. Detrás de él había un pequeño refugio con una ametralladora sobre un trípode. Mis escoltas comenzaron a discutir con el hombre y salieron dos personas más. No sé qué dijeron, pero indicó que nos dejaran continuar. Dentro del asentamiento el polvo nos seguía crujiendo bajo los zapatos y entre los dientes.

Llegamos a una pequeña plaza donde había un pozo. Miramos dentro y solo había un charco de barro de unos quince metros. «Sigamos», dijo el soldado con la cicatriz.

Al final del pueblo, a unos cien metros de las vías, encontramos otro pozo de piedra más pequeño y bien cercado por un muro de piedra bajo. Apartamos el revestimiento de madera y lanzamos una piedra. Sonó un gran «¡plop!» y supimos que era el lugar correcto. Uno de los soldados agarró la cuerda que colgaba del travesaño y la aflojó. Echó el cubo dentro del pozo y giró la palanca del travesaño. Al salir, el cubo estaba lleno a rebosar. Se lo entregó al hombre de la cicatriz.

Este se echó el agua por la cabeza con muchas ganas y enseguida lo volvió a llenar. Mi turno. Lo llenamos otra vez y el silbido del tren sonó. *¡Hora de irnos!*

Asustados, dejamos caer el cubo en el pozo y corrimos hacia el tren, que ya estaba en marcha. Aceleramos para saltar a la plataforma del último vagón. Literalmente en el último segundo conseguimos llegar al tren, pero la puerta estaba bloqueada.

¡No puede ser! Puesto que la mitad de los compartimentos se usaban para el transporte, las posibilidades de que alguien nos abriera eran bajas. Detrás de la puerta solo había equipajes.

«¡Por el otro lado!», grité. Saltamos y corrimos detrás del tren hasta allí. ¡Menuda locura! La locomotora aceleró y tuvimos que esprintar para aguantarle el ritmo. La mezcla de tierra y agua hacía que me resbalaran las sandalias; tenía miedo de perderlas o torcerme el tobillo.

Corrimos a toda prisa y por poco no conseguimos alcanzar la plataforma. Yo salté el primero, luego el de la cicatriz y después los otros dos. Esta puerta sí estaba abierta. Nos sonreímos aliviados.

¡Guau! ¡Ha sido como una escena de Indiana Jones o de una peli del salvaje oeste!

Solo había un hotel en Quetta que aceptara a extranjeros. El resto consideraban que los foráneos son demasiado delicados. El monopolio se aprovechó de la situación y cobraba el triple de lo que costaría un hotel o albergue habitual. Pero no tenía otra opción si quería seguir vivo. Y me interesaba vivir por lo menos unos ochenta años más.

En un esfuerzo por adaptarme, me puse un kameez negro, un turbante para cubrirme el pelo y gafas de sol. Con ese atuendo parecía un talibán. Y ese era mi objetivo. *¡Cuando vuelva a casa, estaré listo para el carnaval!*

La primera mañana que pasé en Quetta, tres policías con ametralladoras vinieron a buscarme al hotel. No se me permitía ir a ninguna parte sin ellos. Incluso con su supervisor solo podía ir a tres lugares: la oficina donde solicitaría el permiso para proseguir con mi viaje, una terminal de autobús para hacerlo y la comisaría.

Pasé la mayor parte del tiempo en Quetta estresado en la tercera ubicación. La comisaría parecía una fortificación con un patio de cemento rodeado de paredes gruesas y un alambre con púas. Alrededor había unos edificios planos y desmoronados cubiertos con yeso. En la parte trasera de las instalaciones, se veía a los presos entre voluminosos barrotes de metal. En la entrada que llevaba a una estrecha torre de vigilancia había unas jarras de agua grandes de arcilla a la sombra para calmar la sed de los agentes.

Mientras esperaba, las puertas de metal se abrieron de repente y apareció un Toyota Mark X 250G plateado. El parabrisas estaba salpicado de sangre y ambas ventanas del lado derecho estaba rotas y tenían agujeros de bala. La puerta izquierda presentaba varias abolladuras que parecían ser también de disparos.

Me quedé mirando al coche en estado de *shock*. Alguien abrió la puerta del conductor y me costó un rato procesar lo que vi: la palanca de cambios y el salpicadero estaban llenos de sangre.

Un agente le contó a los demás, con total naturalidad, que se había llevado a cabo con éxito un asesinato hacía unos quince minutos. El conductor era un miembro importante de un partido político.

La sangre brillaba en el salpicadero. Sentí ganas de vomitar. Me había acostumbrado a un montón de cosas, pero esto no tenía nada que ver. Aunque el cuerpo no se hallaba en el vehículo, sentí como si toda la escena se representara en mi mente. La ventana estallando, los pasajeros gritando, un montón de balas estridentes atravesando el cuerpo del conductor en milésimas de segundo... Y luego el tono de un teléfono. La llamada a su mujer para informarle de que su marido no iría a casa a cenar. Los niños creciendo sin padre. La vida arrasada.

Mientras luchaba para no perder la compostura, un hombre con un shalwar kameez blanco se acercó y miró por la ventanilla de los pasajeros. Soltó un grito medio reprimido y dio un puñetazo al techo del vehículo. Comenzó a llorar; las lágrimas le recorrieron las mejillas hasta la barba. Me rompió el corazón. *¿Quizá es su hermano?* Me sequé las lágrimas. *¿Por qué habrían hecho algo así?*

El jefe de policía se me acercó y me dio un toque en las costillas con el codo. Indicó hacia el coche y me espetó una advertencia: «Es preocupación para nosotros, para ti». Supongo que quiso decir que a mí me podría pasar lo mismo.

Tragué saliva. *¡Qué manera tan agradable de tranquilizar a la gente!* Me sentó como un puñetazo en el estómago. No era una película, era la vida real. No estaba en Disneyland, sino en zona de guerra.

Poco después, un todoterreno reforzado con chapa de acero me llevó a la terminal de la estación de autobuses y me remolcaron hasta un bus vacío, de modo que no tuve que abrirme paso entre la multitud de pakistaníes para subir a bordo. No había comido nada desde el desayuno, pero ya era tarde. No podía salir del bus hasta llegar al destino.

Comenzó el ajetreo. Todos los asientos estaban llenos y había gente en el pasillo. El conductor era temerario. Entre los volantazos en las curvas y las maletas mal colocadas, se produjo una lluvia de objetos de los compartimentos superiores a mi regazo. El autobús no parecía tener escolta ni había nadie con armas dentro. Nada que ver con la frontera entre la India y Pakistán. *Probablemente la mejor protección es no llamar la atención.* Mantuve la cortina de la ventana cerrada excepto por unos milímetros.

No podía sacarme de la mente la imagen del coche manchado de sangre ni evitar pensar en que podía darse un tiroteo así en el autobús en cualquier instante. O quizá detenían el bus y me secuestraban para pedir un rescate. Eran cosas que ocurrían en la región. Entonces me acordé de que había leído que a los autobuses normalmente los volaban con bombas. *Tampoco es que me anime mucho.* Huelga decir que era el único extranjero del bus, ¿verdad?

Acabábamos de abandonar la ciudad cuando el autobús se detuvo en medio del camino y se abrió la puerta. Alguien comenzó a hablarles a los pasajeros de la parte frontal. Hubo cierta conmoción. *¿Qué ocurre?* Alargué el cuello para ver qué pasaba. Se hizo el silencio y todas las miradas se fijaron en mí. Yo era el único que no entendía la situación. *Esto me da mala espina…*

«¡Vamos, fuera!», me gritó el conductor con seriedad. Me encogí de miedo. ¡Justo lo que me temía! ¿Por qué solo yo? Quise agarrar la mochila, pero el conductor negó con la cabeza. «¡No! ¡Solo tú!».

Se me secó la boca. Me mordí el labio de los nervios y recorrí el pasillo muerto de miedo, abriéndome paso entre la gente.

Cuando me acerqué a la parte delantera vi a dos hombres en la entrada vestidos de negro, cada uno con una ametralladora. Consideré rápidamente mis opciones, pero no tenía ninguna. Las ventanas eran resistentes y las bloqueaban los pasajeros. Además, escapar de las armas sería imposible. *No me queda elección.* Mi única opción era tratar de que nos lleváramos bien.

—As-salāmu 'alaykum —saludé educadamente a los hombres según la costumbre. ¡Sea la paz con vosotros!

—¿País? —preguntaron ásperamente. Ellos no parecían desearme precisamente paz.

—Alemania. —Asintieron y me llevaron a unos metros de distancia, a un refugio de tablas y tela de plástico.

¡Cabe decir que el paisaje del Beluchistán es impresionante! El sol se ponía en el desierto con un resplandor espectacular. Las montañas rocosas despuntaban y se clavaban en el cielo. Tenían un aspecto salvaje, indómito. Lástima que, sea por lo que fuera, no podía disfrutar mucho de las vistas.

—¿Nombre? —preguntó uno de los hombres.

—Christopher.

—¿Mustafá? Es un nombre islámico. ¿Eres musulmán? —Me sentí tentado a decir que sí, pero eso hubiera sido ir contra mis principios.

—No, Mustafá no; Christopher. Soy cristiano. Christopher, cristiano. Mustafá, musulmán.

Era una manera de que la gente recordara mi nombre. El tipo, claramente decepcionado, agarró un libro de un taburete.

—¿Pasaporte? —prosiguió. Lo saqué del bolsillo y se lo mostré en seguida. Escribió mis datos con un bolígrafo pringoso en una página vacía y me devolvió la documentación.

—¡Firma! —Me indicó un espacio en blanco. Le hice el favor. Cerró el libro de golpe y lo lanzó de nuevo al taburete. Hizo un gesto con la barbilla señalando el autobús.

¿Ya puedo irme?, pensé sin acabar de creérmelo. El hombre chasqueó la lengua para confirmar que sí. ¡No esperé a que me lo dijera por tercera vez! Me apresuré hasta el bus y me senté en mi sitio.

¡Gracias a Dios que solo era un control de seguridad!

A la mayoría de la gente no le gusta pensar en la muerte, aunque es algo que nos llegará tarde o temprano. Creemos que es algo desagradable que sucede en lugares lejanos, como los hospitales, campos de batalla o residencias para enfermos.

Al menos es así en Alemania. En muchos de los países que visité, la perspectiva sobre la muerte es distinta. Evidentemente, para todos es un suceso doloroso, pero también un visitante conocido con el que se cruzan a menudo. La tasa de mortalidad es más alta y la gente no muere en instituciones, sino con la familia, porque muchas generaciones viven bajo el mismo techo. La presencia de la muerte es diaria, pero no es negativa, sino positiva. Lidiar con ella nos ayuda a centrarnos en lo que es importante en la vida, en lo que importa de verdad.

Cuando a uno le queda solo una semana de vida no invierte el tiempo en discutir sobre minucias. O así me sentí yo en el bus del Beluchistán al no saber si sobreviviría al viaje. Pensé en mi familia, en Michal y en todas las cosas buenas que me habían ocurrido. De eso se trata la vida.

Viajamos toda la noche y me sacaron del bus más de doce veces para los controles de seguridad. Un «servicio» prestado por los paramilitares. Si desaparecía, sabrían perfectamente dónde me vieron por última vez. Después del sexto control, un pakistaní con un Kaláshnikov entró en el autobús y se presentó como mi guardaespaldas personal. Otro «servicio» para demostrar hospitalidad. El chico que iba a mi lado resultó ser su mejor amigo. La verdad es que nos llevamos bastante bien, e incluso me sentí tentado a regresar para visitarlos (mamá, ¡olvida que he dicho esto!).

Cruzamos la frontera de Irán sin problemas. Al otro lado, los soldados me pidieron el pasaporte y me llevaron a una base militar.

Nos montamos en la parte trasera de una camioneta protegida por un hombre en el techo con una ametralladora pesada. *¡Jamás he visto tantas armas como aquí en el Beluchistán!* Me subieron a otro vehículo igual que el primero, me llevaron al punto de control y me dejaron marchar de nuevo.

Cuando llegué a Zahedán, entre la policía y los militares me habían parado ya ocho veces. Siempre me requisaban el pasaporte y me lo devolvían al cabo de un rato para que volviera al autobús y siguiera con el viaje.

Tomé el siguiente bus hacia Teherán, capital de Irán. Llevaba tres días sin ducharme ni afeitarme y seguía llevando el shalwar kameez negro con el que me había disfrazado para encajar. Sin embargo, allí desentonaba lo que no está escrito: todos vestían pantalones tejanos, zapatos de cuero pulido, cinturones brillantes y camisas ajustadas.

«¡Pareces un extremista!», me informó un hombre en el metro cuando le pregunté indicaciones. ¡Me pareció bastante divertido! *¡Un terrorista alemán en Irán!*

Al parecer, la mayoría de los habitantes de la ciudad estaban más avanzados que su gobierno. Para las mujeres era obligatorio llevar velo, pero por lo demás iban tan completamente maquilladas que eclipsaban el código de vestimenta discreta. Además, las estudiantes se «olvidaban» de cubrirse con el pañuelo. Por las calles, en televisiones y móviles, podían oírse y verse constantemente videoclips de artistas como Rihanna. La homosexualidad se castiga con pena de muerte, pero los hombres se saludan con un beso en la mejilla. Muchos quisieron besarme directamente en la boca. No se puede decir que escondieran su orientación sexual.

Como contraste, las aldeas de las zonas rurales son mucho más adeptas al islam. Un desarrollador de *software* iraní me invitó a conocer a su familia, que vivía en un asentamiento remoto. Cometí el error de intentar estrecharle la mano a su hermana para saludarla.

Abrió los ojos como platos y dio un paso atrás aterrorizada para evitar tocarme. También se aseguraban siempre, y con razón, de no estar nunca a solas con un hombre en una habitación. Si las violan en tales circunstancias, en el juzgado nadie las cree, y la deshonra para la familia es tal que la mayoría de mujeres se lo callan y se llevan el secreto a la tumba. Muchas se culpan a sí mismas por la agresión y se resta importancia a la responsabilidad del hombre, como si fuera una pobre víctima de sus impulsos naturales.

Una iraní me contó lo que su prima le dijo categóricamente: «Si mi marido me engaña con otra lo perdonaré; ¡no puede evitarlo! La culpa es de la mujer que lo seduce». Había dado la vuelta al mundo y me encontraba ya muy cerca de Europa. Sin embargo, con estas historias, la cultura occidental parecía estar a años luz.

El último país que debía cruzar era Turquía. Quería viajar tan rápido como fuera posible para pasar las dos últimas semanas de mis años en el extranjero en Italia con Michal. Además, ¡echaba mucho de menos a mi familia! No cabía duda de que era hora de volver.

En menos de diez días, mi padre iba a acompañar a un grupo de jóvenes que viajaba a Tirol del Sur, en el norte de Italia. Quería darle una sorpresa allí (si es que era posible). A mi padre solo le gustan las sorpresas cuando no son especialmente sorprendentes.

Me llevaron dos camioneros iraníes que transportaban una carga a Estambul. Pasamos de largo el famoso monte Ararat. El paisaje cambió del árido desierto iraní a las colinas mediterráneas llenas de praderas verdes, campos llenos de flores, cipreses y olivos. Los pastores apacentaban los rebaños y se oía el abejorreo de los insectos en la brisa suave.

¡El primer helado turco que probé fue inolvidable! Era tan pringoso que el tendero hizo un montón de trucos divertidísimos con él (advertencia, publicidad encubierta: el mejor helado del mundo lo encontré más tarde en el Eiscafé Alfredo de Pirna, que pertenece a los padres de Michal. ¡En serio! Mi favorito es el de mango y coco con arroz con leche).

Tras Estambul, volví a pisar suelo europeo. Aceleré aún más el ritmo. ¡El esprint final! Y en tan solo tres días crucé Europa del Este y llegué a Tirol del Sur un día antes que mi padre.

¡Justo así me imaginaba los Alpes! Casas blancas con balcones oscuros de madera y macetas de flores en su máximo esplendor, calles pavimentadas que conducen a frondosos huertos de manzanos y cimas de montañas en el fondo. ¡Como en los briks de leche! *Era casi para hacérselo mirar. Soy alemán, he viajado por todo el mundo… ¡y nunca he estado en los Alpes!*

Se me hacía muy raro hablar con la gente de la calle en mi lengua. Llevaba mucho tiempo sin hacerlo. No tardé en encontrar la pensión donde se hospedaba mi padre con el grupo de jóvenes. Por suerte, se acababa de marchar un grupo un día antes de lo que habían reservado, así que pude quedarme en una habitación. Como ya estaba pagada, no me cobraron nada. *Un colchón blando, una ducha, jabón… ¡Todo listo para el feliz reencuentro!*

Me volví a duchar otra vez por la mañana para asegurarme. No quería que mi padre me viera hecho un desastre. Me sequé con la toalla y salí del baño para vestirme. La luz del sol inundaba la habitación y el agua me caía del pelo en el suelo. No había secador. Me senté en la cama y me puse los calcetines. Oí desde fuera el ruido sordo de la puerta de un coche que se cerraba. *¡No puede ser, ya están aquí!*

Me asomé por la ventana y abrí un poco las cortinas. Había un minibús en el estacionamiento y… *¡PAPÁ!* No pude evitar llorar de la emoción. ¡Estaba igual que siempre! Su amable expresión, sus gafas de leer de supermercado… Solo le había cambiado el pelo, que ahora tenía más canas.

¡Qué estoy haciendo! Retrocedí de un salto para que no me viera. Me puse una camisa azul claro y me miré al espejo una vez más para comprobar que estuviera presentable. *Todo en orden.* Por lo menos en la apariencia, ya que por dentro el corazón me iba a mil. Me pesaba como una roca en el pecho, casi no podía respirar. *¡Hace cuatro años que no nos vemos!*

Salí por la puerta a toda prisa en calcetines y corrí por las baldosas marrones. En las paredes había fotos de grupos de jóvenes que habían pasado sus vacaciones en el hostal. Al llegar a la entrada, me detuve y miré a la esquina. Al otro lado estaba mi padre, medio dándome la espalda. Llevaba una cómoda sudadera gris, pantalones vaqueros y zapatillas deportivas. Estaba mirando a la cocina y, por los gestos, parecía hablar con alguien.

Me puse detrás suyo sin hacer ruido, emocionado por el momento. «¡Su hijo ya ha llegado!», le dijeron. Le tapé los ojos con las manos desde atrás y entonces ya no supe cómo continuar la sorpresa. Si le decía algo, sabría que era yo, aunque probablemente ya era bastante obvio.

Mientras me lo pensaba, se dio la vuelta y me miró a los ojos. Me dio un abrazo de oso entrañable y me besó. Me sentí como un globo al que inflaban con un hinchador hasta el punto de estallar de un momento a otro. Todas las emociones de estos años se desataban ahora como una avalancha. Sentía como si me corriera agua con gas por las venas en vez de sangre. Indescriptible. *¡Mi papá, mi modelo a seguir, mi héroe de la infancia!* La roca que me oprimía el pecho se había desvanecido. Ahora me sentía ligero como una pluma.

Después de un buen rato, dejamos de abrazarnos y nos miramos. Me tocó la cara y nos volvimos a abrazar, esta vez entre lágrimas. «¡Qué bien volver a verte!», sollocé.

Respiramos hondo y nos calmamos. El dueño de la pensión y un conserje estaban a nuestro lado. *¡Ojalá no nos molestaran ahora!* Mi padre me presentó al conserje y llegaron algunos de los jóvenes.

—¿Cómo se sienten? —preguntó el dueño, emocionado.

—Yo tengo que ir al baño —respondió mi padre entre risas—. ¡Ha sido un viaje largo!

¡Gracias a Dios!

—Puedes ir a mi habitación. Te enseño el camino. —Quería pasar un tiempo a solas con él.

Una vez en la habitación, comenzamos a discutir sobre Dios y sobre el mundo. ¡Era increíble hablar con él de nuevo!

—Tienes los mismos gestos que tu hermano —dijo cuando se cansó de conversar. Estaba agotado, ya que llevaba toda la noche sin dormir. Nos echamos una siesta de media hora en la cama doble.

—Es raro —observó mi padre con la cabeza en la almohada—. Eres tan familiar y, a la vez, como un extraño.

Mientras yo aún pensaba en sus palabras, él ya estaba roncando.

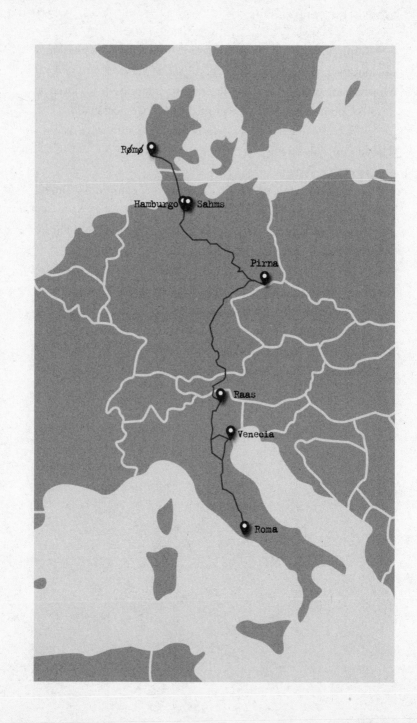

16

DE VUELTA A CASA

VER DE NUEVO A mi padre me causó una impresión tan profunda que aún se me saltan las lágrimas cuando lo recuerdo. No me quedé mucho tiempo en el Tirol. Tenía demasiadas ganas de volver y abrazar a mi gemelo, mi hermana pequeña y mi madre.

Antes de ir a ver a mi familia en Alemania recogí a Michal en Roma. Su año de intercambio en Italia se terminaba y queríamos volver juntos a casa. Por las tardes hacíamos pícnics en el Coliseo, nos perdíamos por los callejones de Venecia o acampábamos a la luz de las velas en la Toscana bajo un olivo con vistas a una fortaleza antigua. Los días viajando con Michal fueron mucho más de lo que podía haber imaginado, como de final de novela romántica. Quién sabe, ¡tal vez algún día escribimos una!

Cruzar la frontera alemana fue justo como lo había imaginado: bajamos las ventanillas y conducimos lentamente mientras los policías con chaquetas reflectantes nos miraban con sospecha. La brisa fresca del verano sopló unas finas gotas de lluvia que nos mojaron la cara y el salpicadero. Una masa de nubes grises se amontonaba en el cielo sombrío. *¡Ah, Alemania! Cómo te echaba de menos…* Sonreí. *¡Aunque a tu clima no!*

Michal se quedó en Pirna con su familia y yo hice autoestop hasta el norte del país. Mi hermana me esperaba en Hamburgo y mis padres y hermano se habían ido a Dinamarca de vacaciones a la misma casita donde las pasábamos desde que era niño.

Unos reporteros grabaron el reencuentro con mi hermana. Al principio nos preocupaba que nos molestaran, pero en realidad no nos dimos cuenta de las cámaras; estábamos emocionadísimos de volvernos a ver. Mi hermana y yo nos llevamos muy bien. Probablemente ella fue quien lo pasó peor durante mi larga ausencia, exceptuando a mi madre. *¡Mi hermanita de nuevo en mis brazos!*

Ese mismo día nos dirigimos a la casa de vacaciones de Dinamarca. ¡Por fin volvíamos a estar todos juntos! Ni siquiera mi hermano gemelo, que casi nunca llora, pudo evitar que se le cayeran las lágrimas. *¡Es genial tener a gente que se alegre tanto de verte de nuevo!*

A veces me pregunto qué habría ocurrido si el reencuentro con la familia no hubiera sido por partes (primero mi padre, luego mi hermana y luego el resto). ¿Y si nos hubiéramos reencontrado a la vez en un mismo lugar? En realidad, me alegro de que sucediera de esa forma. Con esos reencuentros a plazos pude experimentar una mejor sensación de final de aventura y tuve tiempo para aclimatarme. Ya se sabe lo que dicen: ¡las cosas buenas vienen de tres en tres!

Mis padres estuvieron sonriendo durante días. Mi padre decía que le estaban entrando espasmos musculares en las mejillas.

Me pareció divertido y casi aterrador que todo volviera a la normalidad. Los roles como hermanos, las bromas, los gestos… Es como si no me hubiera ido nunca. *¡Esta familia es un tesoro!*

La casa en la crecí no se mantendría en pie mucho más tiempo. Mi familia se había mudado mientras yo estaba fuera. El aislamiento era tan malo que incluso con la calefacción puesta teníamos que llevar abrigos de nieve para sobrevivir. Probablemente la demolerían. Me acerqué en coche a verla por última vez. Tenía un aspecto antiguo y abandonado, no era una imagen muy bonita. Pero me dio igual; el hogar no es un edificio, el hogar es donde está la gente a la que amas. Por eso nunca me sentí solo en los viajes. Me acogieron siempre con tanta amabilidad que me hicieron sentir como en casa. ¡Como ahora!

La extraña sensación de no haberme ido nunca cada vez era más habitual, especialmente al ver a gente o lugares que no parecían haber cambiado en absoluto, como mi antiguo colegio o mis fantásticos vecinos.

Con mis amigos sí que cambió la historia. Todos estaban en la universidad, cursando algún grado o trabajando. ¿Y yo? Ya tenía veinticuatro años y ningún tipo de formación, oficio o trabajo. ¿Había malgastado cuatro años de mi vida? La respuesta es fácil: ¡no!

Mis viajes por el mundo son mi formación. Estuve básicamente de aprendiz y cursando prácticas constantemente durante cuatro años: jardinero, tripulante, guía turístico, gasolinero, fontanero, actor, cocinero, modelo, conejillo de Indias, establero, profesor de refuerzo, guía de fiestas, orador, limpiador, encargado de canal, paleta, carbonero, timonel, vendedor, traductor, cargador, carpintero, buscador de oro, autor, agricultor, pescador, niñero, camarero… y muchos más.

Había adquirido todo tipo de habilidades en un sinfín de campos. Ahora sabía navegar, reparar cañerías, hacer fuego con las manos, destripar pescado y mucho más. Me fui hablando alemán y volví sabiendo español, portugués, inglés, italiano y defendiéndome con el coreano.

Pero, sobre todo, valoro los tesoros que no pueden medirse. Ahora veo el mundo desde una perspectiva diferente. Hasta cierto punto, también descubrí cosas nuevas de mí mismo. Ahora conocía mis fortalezas y debilidades y me cuestionaba el razonamiento de mis convicciones antiguas. Conocí a Dios de una forma personal que jamás habría imaginado.

Aprendí a ser feliz sin tener casi nada. Y no solo eso, sino a contentarme. Descubrí lo que significa ser agradecido. Y no me refiero a decir un educado «gracias» después de que alguien te desee salud al estornudar, sino a la gratitud profunda y verdadera por los pequeños regalos de la vida: una buena comida, una ducha caliente, una familia que te quiere y un país pacífico.

No hay institución que pueda compararse a la escuela de la vida a la que tuve el honor de asistir. ¡Vi cosas que jamás había soñado! No hay carrera académica que me pudiera comunicar historias tan personales sobre las personas y culturas como las experiencias de estos cuatro años. ¡Y los regalos aún persisten! Gracias a las incontables amistades que hice, construí una auténtica red internacional de amigos con los que ya he planeado muchas visitas por ambas partes.

Y por último, pero no menos importante, la mayor sorpresa que un autoestopista podría imaginar: ¡encontré novia! O, mejor dicho, esposa.

📍 Diciembre del 2017

Michal y yo volvimos a su lugar favorito de Roma, la Columna Trajana, y le pedí matrimonio. Allí estábamos, rodeados de velas y yo arrodillado tocando la guitarra y cantando la canción que le había compuesto. ¡A veces hay que ponerse un poco cursi! Dijo que sí. Nos hicimos los anillos nosotros mismos con el oro que había extraído en Guayana. ¡No puedo esperar para pasar por viento y marea con esta increíble mujer!

Poco después de mi vuelta comencé a estudiar Teología cerca de Darmstadt (sí, ¡la ciudad de las tripas!). Si te planteas si es posible acceder a la universidad y no morir en el intento después de una pausa tan larga, la respuesta es que sí. No tuve problema. Quizá es porque durante los viajes estaba siempre leyendo y estudiando para aprender el idioma y el oficio. También pasé mucho tiempo investigando historias fascinantes sobre las regiones y culturas y leí muchos libros que de un modo u otro acabaron en mis manos.

Acostumbrarse a la rutina diaria tampoco fue difícil. Durante el viaje también tuve que someterme a horarios estrictos y estructurados, como al navegar en los barcos. A pesar de todo, me encanta lo productivo que puede ser el día si me organizo bien.

El poco tiempo libre que tengo lo invierto en vivir miniaventuras con mi futura esposa y grabando videorespuestas para el montón de preguntas que me envía gente con unas insaciables ganas de viajar. Me parece de suma importancia ayudar a las personas a cumplir sus sueños. Al fin y al cabo, mis logros solo fueron posibles gracias a la gente que estuvo a mi lado y me prestó ayuda, consejos, hospitalidad, ánimos, experiencia y tiempo.

Gracias a su apoyo, conseguí lo que me propuse: me lancé a la aventura con cincuenta dólares en el bolsillo y regresé siendo rico.

✦

Por lo general, la manera en que vivimos depende de nosotros. «Siempre he querido…» es una frase que muchísima gente guarda en el corazón. Cada uno la termina a su manera, y eso es bueno. Para mí, el deseo era un viaje por el mundo. Para otros, quizá sea algo totalmente distinto. Lo principal es asegurarse de que no se quede en un anhelo, sino convertirlo en un propósito: «¡Lo haré!». Quizá mi libro ayude a alguien en ese sentido. ¡Me haría muy feliz!

La aventura no es ponerse en peligro, sino permitirte esperar lo inesperado. La misma actitud que mantuve a lo largo de mi viaje será la que me llevará a la siguiente etapa de mi vida. «No te preocupes. ¡Las mejores cosas siempre suceden cuando menos las esperas!».

Y mi próxima aventura comienza… ¡ya!

AGRADECIMIENTOS

QUIZÁ EL LIBRO LLEVA mi nombre, pero es la obra de muchos participantes que lo hicieron posible.

En primer lugar, el más importante. Le doy las gracias a Dios mismo, a quien le debo toda mi gratitud por todo.

En segundo lugar, no tengo palabras para expresar lo que mis padres han hecho por mí. ¡Estoy muy agradecido por el amor que nos transmiten! Gracias por los ánimos y el consuelo, por las oraciones y el apoyo incondicional y por creer siempre en nosotros. Gracias por las enseñanzas, valores y actitudes hacia la vida. Sin todo ello, mi viaje no habría sido posible.

Gracias a mi hermana, Annedore, y a mi hermano, Benedict, por prepararme y formarme desde pequeño para los peligros y aventuras de este mundo.

Gracias, Michal, la chica de mis sueños, ayuda en necesidad, alma gemela, chapati, mejor amiga y la alegría de mi vida. La cordura detrás de mi locura.

Gracias a mis abuelos, Greta y Hans Heinrich e Inge y Rudi, por todo el tiempo y energía invertidos en nuestra familia. Son mi inspiración y modelos a seguir en cuanto a dar generosamente con amor y vivir la vida. Gracias por las oraciones, apoyo y amor que han convertido a nuestra familia en lo que es hoy.

Gracias, Yanbemo Lotha, Mhasivonow, Areni, Christina y Longshio Humtsoe por la hospitalidad, generosidad y amabilidad. ¡Han sido pilares clave para que este libro sea una realidad! ¡No puedo expresar la gratitud que les debo por toda la ayuda y nuestra preciosa amistad! También gracias a Nzan, Chumbem, Lijan, los padres de Lijan, Akhrieo y Lotha Tribe.

Gracias a Karoline Kuhn por dedicar su incansable devoción al texto y sacarle el máximo partido. Gracias por compartir tu talento con nosotros.

Gracias, Janet Gesme, por todas las risas durante el proceso de traducción al inglés. De algún modo has hecho lo imposible por convertirte en mi versión estadounidense.

Gracias, Juli, por la paciencia cuando tu madre llegó a casa mucho más tarde de lo esperado.

Gracias, Lou Fox, por tu magnífica foto para la portada.

Gracias, Tina Teucher, por creer en mí y apoyarme desde el principio. ¡Tú sí que sabes hacer que las cosas sean posibles!

Gracias, Jochen y Claudia Hofmann, por el mejor helado del mundo, por estar a mi lado y por la hospitalidad incomparable. ¡Y un millón de gracias por Michal!

Gracias también a Mini por ser una increíble inspiración de altruismo, amor al prójimo, sacrificio y valentía.

Gracias a David y Jeschi Holey por decirle a Michal que soy el idóneo para ella y por las oraciones. ¡Son un grandioso ejemplo de vivir la fe!

Gracias a Noah, el abuelo Hofmann, Uschi y el equipo de Alfredo.

También quiero dar las gracias a la BHA: Hannes Fuchs, Hendrik Reinke, Robin Wegener, Leonard Rehfeld, Ole Werner y Eric Wohlgetan. ¡Son un ejemplo de lo que es la amistad verdadera!

¡También doy las gracias a muchos otros amigos y conocidos!

Gracias a Adam Yalcinöz y Sammy Frey, dos compañeros de habitación increíbles. ¡Gracias por el apoyo, los ánimos y todo lo que aprendí a su lado día tras día! ¡Son los mejores!

La lista gente a la que me gustaría escribir una dedicación personal es tan larga que no hay espacio suficiente (¡pero tienen mi agradecimiento más que merecido!). Por último, quiero transmitir mi más sincero agradecimiento a las siguientes personas:

ALEMANIA
Tino Schumann
Jörg y Dorothea Eymann
Willi Lanek
Peter Sutter
Gabi Meier
Frank Heinke
Milan Langer
Phileman Schott
Thorben Kreienbring
Jan Nickel
Jakob Justus
Micha Bührle
Markus Schäfer
Florian Tschapek
Finn Lucas Van der Velde
Sorush Ghods
Cynthia Sieber
Gideon Aßmus
Sabrina Buss

Misgana Gebremichael
Luisa Kolb
Paul Pfister
Miriam Dominique Popp
Manuel Rose
Jeremy Seelinger
Dominic Zimmerli
Marco Bergelt
Michael Schweitzer
Esther Koch
Doris Müller
Christina Kunz
Mirjam Schmidt
Duygu Aygül
A todos los que oraron por mí

PAÍSES BAJOS
Peter Hikspoors
Leon Strikwerda

BÉLGICA
Christophe Sepot

FRANCIA
Enrique Pavés Jiménez
Sonia y Sebastián Castaño
Jorge y Jodie

ESPAÑA
Enrique Pavés Jiménez
Sonia y Sebastián Castaño
Jorge y Jodie

ITALIA

Stefano Dagonoli
Roberto y Nok Gaziello
Fabrizio y Sergio
Matteo Chiarelli
Timoteo Pancin
Fabrizio y Tanja
Sonnenhof en Raas

INGLATERRA

El equipo de Te Natura

IRLANDA

Gerry (del Justin's Odyssey II)

VENEZUELA

Piter, Adela, Thais y Bisley Jiménez
Eleazar y Any Gamardo
Pastor Juan
Familia de Omar y Romeo en Curiapo
Jose Armando
Arature Dorf

GUAYANA

Roy Gooding
Melissa y Manella Ramkaran
Marwin, Eugene y Dave en Aranca
William en San Martín
Marc (camino a Kaikan)
Arau Dorf

BRASIL

Jeronimo, Elyziane y su familia
Manoel Andrade y su familia
Igreja Batista Bíblica Renovada
Felipe y familia Vazami
Filipe Faraon y su familia
Camila Costa
Mario Sérgio Guimarães
Deivid Mineiro
Eliane Lemos
Francisco Alferes Thesco
Paulo Ivan de Oliveira

PERÚ

Armanda Cornejo
Berto de Arequipa
Carla Perrein, Yadira y la familia Taipe
Golber Alan Acosta Saldaña
Pedro Pablo y su padre
Fredy Ramos Barrios

BOLIVIA

Mariana y Juliane Chávez
La familia de Abiel en La Paz
Arco Iris en Uyuni

ARGENTINA

Sebastian, Flo y Facundo Ponce

ECUADOR

Daniel Quevedo
Juan Francisco Ledergerber

COLOMBIA
Nadya Stephy
Nancy, Juan Alejandra Guasca
Mariluz Fuquen y su familia

COSTA RICA
Daniel Foulkes

PANAMÁ
Susy Rios

SOUTH AFRICA
Cedric Brown

QUEBEC
Ray

EE. UU.
Daniel Gann
Tony and Keith (Citylight)
Lauren Kish
Josh Rios

SUIZA
Familia Kaiser

SUECIA
Goeran Persson

NORUEGA
Tor Dahl
Idunn y su familia
Greta y Tom (Raratonga)

FIJI
Apisai Domolailai

VANUATU
Jefe Isaac Wan
Repacksvir Village
Kevin en Ouere

FILIPINAS
Henry, Adelina Fe, Fort, Henadel y Dominic Remigio
Albert, Lisa, Gilda, Cherissa y Alyssa Yap
Jane y James Matriano
Elvin y Kaye Villar
Pat y Crisina Catubig
Mark Esperancilla
Dioshame Cruzada
Therese y su familia de Manila

COREA
최용문 y su mujer
Doyoon Kim
Inhong Kim, su familia y congregación
Young Joon Chun
Nayul Lina Kim
이미래 y 황호영
희즌 y 박승흔
Yun Sup Park
Gyung Tak Sung
Hyungjin Jacob Cho
Leo Rhee
Yeasl y Chris Rowe

JAPÓN
Familia Kawamoto
Shintaro Kondo
Yumi Tabaru y su familia
Mitsumasa Uchigaki
Una pareja de Fukuoka
Kisuke Nishikawa y su amigo
Yadoya Guest House en Tokio

CHINA
Suzy y Peng Bo Li
Una pareja de Báoding
Lorin

VIETNAM
An Nguyen, Trung đạo, Toan, Hân

TAILANDIA
Jame, Pe Nyng, Pe Po, Kookkai

KUWAIT
Mohammed

MALASIA
Aj Anthony

NEPAL
Nepels

RUSIA
Alexander Nekrasov
Andrey Yakushev
Alexandr (North of Phuket)

INDIA
Mr. Bikash Nandi Maunder
Jimmy Naliyath y su familia
Arnie Rumberfield y su madre
Bankas y Sodid
Pramod Saha, Titu, Mantas, Sanji

PAKISTÁN
Familia y congregación del obispo Aher Khan

IRÁN
Farhad y Tara Toosi
Hossein de la zona de Nazarabad
Vahid y Hassan de Tabris

POLONIA
Adam y Asia Dzielicki
Marcin Sky Lanc

TURQUÍA
Merve Akarsu

AUSTRIA
Mathias Brugger

APÉNDICE

55 consejos para mochileros con presupuesto limitado

Preparación

1. Renueva o solicita el pasaporte con suficiente tiempo de antelación y asegúrate de que su validez dure para el periodo de tiempo necesario. La mayoría de países requieren que el pasaporte sea válido hasta un mínimo de seis meses después de la fecha de salida.

2. Al menos tres meses antes de entrar a otro país averigua si se requiere visado. Si no puedes solicitarlo en el extranjero, puedes hacerlo enviando el pasaporte por correo a la embajada en tu país del estado que quieres visitar. En la web http://travel.state.gov encontrarás los requisitos básicos para cada país. Para más detalles, visita la web de la embajada. **Advertencia:** asegúrate de investigar mediante la embajada

en tu país (p. ej., si eres de Estados Unidos y quieres ir a la India, busca «Consulado General de la India en Chicago»).

3. Ponte las vacunas necesarias con antelación. Pregunta a tu médico qué necesitas para cada país.

4. Regístrate en Couchsurfing (www.couchsurfing.com) y acoge a viajeros antes del viaje. Cuantas más valoraciones tengas, más probable es que otras personas te acojan a ti luego. Además, conocerás a gente de todo el mundo, descubrirás sobre sus culturas y recabarás consejos útiles de cara a la aventura.

5. Contrata un seguro médico si eres aventurero y quieres viajar sin mucho dinero. Busca el consejo de un experto. También es importante que incluya vacunas de emergencia. Con el seguro, la agencia cubrirá tu billete de vuelta si el país donde te encuentras no ofrece la atención médica que necesitas.

6. El equipaje debe ser ligero. Muchos mochileros tienden a empacar demasiadas cosas. Recuerda esta regla de oro siempre que sea posible: si no lo usas al menos una vez a la semana, lo mejor es dejarlo en casa. En internet es fácil encontrar consejos de listas de equipaje, pero te dejo este breve ejemplo que a mí me sirvió:

   a. Cinta aislante, navaja y una cuerda fina y resistente.

   b. Rotuladores para escribir los carteles para hacer autoestop.

   c. Medio rollo de papel higiénico por razones obvias (puedes quitarle el cartón del medio para ahorrar espacio).

   d. Hamaca y mosquitera. Es más cómoda que una tienda, especialmente en los trópicos. Si duermes en sentido diagonal, evitas que la espalda te quede colgando.

   e. Esterilla.

   f. Tienda de campaña y un montón de estaquillas extra.

   g. Calzado de calidad y una buena mochila (vale la pena).

   h. Ropa: siete pares de ropa interior, siete pares de calcetines, tres camisetas de manga corta, tres pares de pantalones (para climas cálidos, dos pares de pantalones cortos y uno de largos), una sudadera y una chaqueta. Puedes llevar más prendas para tener que lavar menos, pero ten en cuenta que deberás cargar más peso. La ropa ocupa la mayor parte del espacio y es lo que más pesa.

   i. Botella de agua. En entornos urbanos, con una de entre 0,5 y 1 litro basta. Fuera de la ciudad, es mejor llevar entre 1,5 y 3 litros. Averigua si el agua del grifo es potable en el lugar que visites. Yo la bebí en casi todas partes y no tuve problemas. Si no estás seguro, puedes llevar un purificador o filtro o hervir el agua durante tres minutos.

7. Emprende un viaje de prueba con el equipaje para descubrir qué podrías mejorar. Quizá te sirva para darte cuenta de qué otras cosas necesitas o cuáles son prescindibles. Adquiere un poco de práctica con el autoestop, así sabrás si la realidad se corresponde con tus expectativas.

Alojamiento

8. Lo más barato es dormir en la hamaca, tienda o usar Couchsurfing.

9. Si tienes intención de dormir al aire libre, no lo hagas en esquinas oscuras y aisladas. Lo mejor es ir a zonas transitadas, cerca de gasolineras, hospitales, comisarías o edificios con vigilantes nocturnos. Si eres chica, en según qué países y culturas quizá no sea buena idea dormir en exteriores. Si

tocas algún instrumento, sabes hacer algún tipo de espectáculo o fabricar bisutería (pulseras, por ejemplo), puedes
ganar algo de dinero para pagarte un albergue.

Movilidad

10. Haz autoestop para ahorrar dinero. Si dispones de tiempo
y te gusta el mar, procura entrar en la tripulación de algún
velero o busca trabajo en barcos. La última opción es más
fácil de conseguir en el lugar que por internet.

11. Muévete en transporte público en los países donde sea
barato y práctico.

12. Si cuentas con un teléfono inteligente, descárgate aplicaciones útiles, como la aplicación ÖV o mapas sin conexión.
Recomiendo Maps.Me (https://maps.me/).

Autoestop

13. Ten paciencia. No pasa nada si estás cinco horas esperando
hasta que te recogen.

14. No bebas demasiado antes de trayectos largos. Nunca sabes
cuán lejos estará el próximo lavabo.

15. Escoge un lugar donde los coches puedan parar fácilmente y
tengan tiempo para pensarse si quieren recogerte o no. Los
mejores sitios son gasolineras o estacionamientos. Si puedes
entablar algo de conversación, las probabilidades de éxito
aumentan.

16. Detrás de las gasolineras, estaciones de servicio, restaurantes
o empresas muchas veces hay cajas de cartón. Úsalas para los
carteles de autoestop. ¡No te olvides los rotuladores!

17. Escribe la dirección y la próxima gran ciudad en el cartel. Por ejemplo, en lugar de «Boston», pon «I-95 Norte: Filadelfia-Nueva York-Boston». Si los conductores ven su dirección en tu cartel, es más probable que te recojan.

18. Viaja de un área de servicio a otra y no te salgas de la carretera a menos que te lleven a la ciudad donde de verdad quieres ir. Si no, necesitarás mucho tiempo para volver a la carretera. Vale más bajarse en una estación de servicio antes que pasarse de largo.

19. Viste con ropa limpia, discreta y modesta. No lleves gafas de sol; que la gente pueda verte los ojos. ¡Sonríe! Cuánto más inofensivo parezcas, más probable es que te recojan.

20. Cuando un conductor se detenga, aprovecha el tiempo y hazle preguntas interesantes y amigables. Conocer más a la otra persona te ensanchará los horizontes.

21. Usa los mapas para planificar una ruta con antelación. Asegúrate de cargar el móvil para pedir auxilio si lo necesitas. No es mala idea llevar una batería portátil de respaldo y un mapa en papel por si el teléfono muere.

22. Aprovisiónate de comida y bebida suficiente para no tener que comprarlos en supermercados.

Para mujeres (de parte de Michal, que hizo autoestop sola por Europa)

23. Compra espray de pimienta.

24. No viajes por la noche y asegúrate de pasar por lugares con mucha gente.

25. Viste manga y pantalones largos, aunque haga calor. Cuanta más piel enseñes, más probable es que te recoja gente indecente.

26. Antes de subir a un coche, escríbele el número de matrícula a algún amigo.

27. Pregúntale al conductor por su familia, amigos y oficio. Si no te da respuestas directas, bájate cuanto antes.

28. Si se te muere el móvil, no se lo cuentes a nadie.

29. Ten en cuenta la cultura del país donde estás y cómo se trata allí a las mujeres. Hay países donde no deberías hacer autoestop sola bajo ningún concepto.

Alimentación

30. La comida local suele ser la más asequible. En cada país es diferente, pero mirando los precios es fácil encontrarla. Avena, arroz, cuscús, pan, plátanos, patatas, maíz y similares suelen ser los alimentos básicos más baratos.

31. Espiga en contenedores. Si no te supone demasiado reparo, la basura de los países muy desarrollados suele estar llena de productos totalmente comestibles, especialmente detrás de supermercados, restaurantes y similares.

32. Trabaja a cambio de comida. Muchos restaurantes se ofrecerán a pagarte con alimentos si lo pides.

Seguridad

33. No lleves joyas, relojes ni accesorios de lujo. La mejor protección contra los atracos es que parezca que no tienes nada digno de robar.

34. Esconde los documentos y objetos más importantes. En muchos países puedes pedir que te cosan un bolsillo oculto en la ropa interior por un módico precio. Es el mejor escondite.

35. Consulta las condiciones de viaje de cada país. En muchas regiones hay blogs que te ayudarán a estar bien informado.

36. Si vas a alguna zona sin señal telefónica o tomas de corriente para cargar el móvil, utiliza un rastreador GPS. A mí me sirvió el de SPOT Gen. Tu familia se alegrará de recibir señales de vida por tu parte de vez en cuando.

37. No confíes demasiado rápido en la gente. Haz muchas preguntas detalladas. A los mentirosos no se les da bien inventar detalles y solo dan información superficial. Confía en tu instinto; normalmente no es difícil identificar si alguien es de fiar o no.

38. Sospecha cuando se refieren a ti como «mi amigo». El 80 % de las veces van con segundas intenciones. Desconfía más aún si no dejan de enfatizar que no tienes nada que temer.

Salud

39. Si vas a zonas silvestres o desérticas abastécete de desinfectante, pomadas antibióticas, vendas y antibióticos por vía oral.

40. Protégete contra las enfermedades tropicales más comunes con las herramientas más eficaces: mosquiteras, ropa larga y espray repelente. ¡No subestimes la importancia de estas precauciones!

41. Por insignificante que parezca, cuídate los dientes. El dolor dental es muy molesto y no es fácil encontrar buenos dentistas en según qué lugares.

42. Bebe suficiente cantidad de agua y ten provisiones siempre a mano. Te harán falta entre 2,5 y 5 litros diarios de líquido, en función del clima y el ejercicio físico que desempeñes. Hay regiones montañosas donde se puede beber agua de

fuentes. Debe estar limpia, fluir y oler bien. A poder ser, sin civilizaciones río arriba. Si está fría, ¡mucho mejor!

43. Los apósitos antiampollas son imprescindibles si vas a caminar mucho. Si no tienes, puedes usar varias capas de calcetines para amortiguar el roce.

44. Ten ropa interior extra a mano. Al caminar mucho, es importante cambiársela a menudo y lavarte a fondo. Si no, se te desgarrará la piel de ciertas zonas y las bacterias te irritarán. Es muy doloroso.

Internet

45. En muchos países hay wifi gratis en plazas, áreas de servicio y cafeterías.

46. En las grandes ciudades hay internet gratis temporal en las tiendas de Apple o de otros comercios de tecnología.

47. Hay aplicaciones, como Wi-Fi Master Key o Wi-Fi Map, que te proporcionan las contraseñas del wifi de algunos lugares. Las contraseñas las comparten otros usuarios de la aplicación. **Cuidado:** para usar esas aplicaciones necesitas internet. Con Wi-Fi Map puedes guardar la contraseña con antelación.

Comunicación

48. Descárgate de antemano traductores sin conexión, como Google Translate. Vale la pena. El inglés es el mejor idioma para estas aplicaciones. Instálate el teclado del país para que la persona con la que hables pueda escribir su respuesta. Al final, cuando dos personas quieren entenderse, encuentran la manera.

49. Si tienes intención de quedarte en algún país por mucho tiempo, vale la pena aprender algunas de las frases más importantes en el idioma local. Cuando la gente ve que has invertido tiempo y esfuerzo en aprender su lengua, se te abren muchas puertas. Descárgate alguna aplicación para poder estudiar mientras esperas o vas de camino. Recomiendo Memrise (https://www.memrise.com/). El vocabulario es mucho más importante que la gramática. ¡No seas tímido y lánzate a hablar!

Trabajo

50. En los países desarrollados puedes buscar trabajo en Craigslist (www.craigslist.org).

51. Estés donde estés, pregunta y habla con la gente. Casi siempre puedes encontrar trabajo mediante conocidos y contactos (siempre y cuando no seas demasiado selectivo).

52. Las referencias son bastante inútiles de cara a trabajos poco comunes. Nadie me las pidió nunca. Con todo, un currículum bien escrito puede abrir muchas puertas.

Consejos básicos

53. La amabilidad y amigabilidad son buenas compañeras. Las personas son la clave de todo: trabajos, diversión, información, etc. Procura descubrir las tradiciones del país tan rápido como puedas para evitar malentendidos que puedan percibirse como negativos.

54. El mejor rompehielos es una sonrisa y una pregunta. Pide indicaciones, recomendaciones o lo que se te ocurra. Si

mantienes una actitud abierta y positiva, la gente te devolverá el favor.

55. Entabla conversaciones. En muchos países, la gente es curiosa y quiere saber cosas sobre otros lugares. En los países menos desarrollados tienen mucho tiempo para charlar. ¡Disfrútalo!

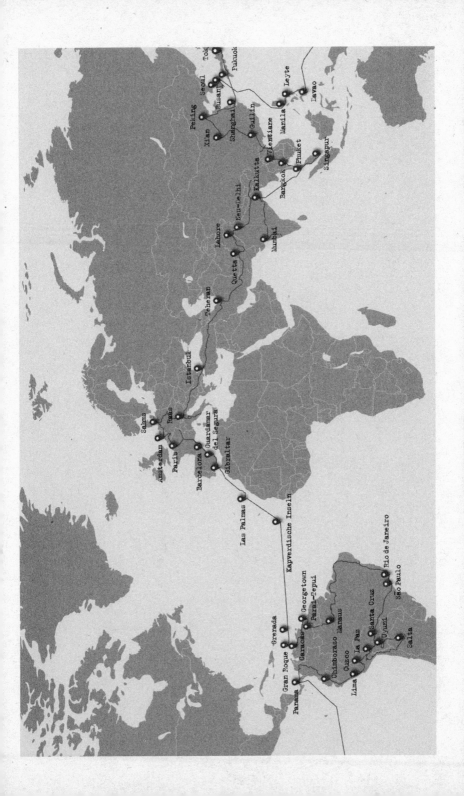

SOBRE EL AUTOR

Christopher Schacht, nació en 1993 y creció en Sahms, un pueblo de Hamburgo, al norte de Alemania. Estuvo viajando durante un periodo de cuatro años, recorrió casi cien mil kilómetros y visitó más de cuarenta y cinco países caminando y haciendo autoestop sin subirse a ningún avión (¿quién podría imaginarse que se podía cruzar el océano a dedo?). Sus únicas provisiones fueron un espíritu aventurero, una actitud positiva, una sonrisa encantadora y el deseo de abrazar lo que le deparara el trayecto, ya fueran personas, tradiciones, gastronomía u oportunidades de trabajo.

En su viaje se encontró con todo tipo de culturas, paisajes impresionantes, aventuras peligrosas, muestras de hospitalidad y, sobre todo, al Creador de toda grandeza. También conoció al amor de su vida, Michal. Al volver a Alemania en septiembre de 2017 comenzó a estudiar Teología. En junio del 2018 se casó con Michal.

El padre de Christopher es pastor luterano. También tiene un hermano gemelo (¡que es lo contrario a él!) y una hermana pequeña. Tras graduarse, Christopher recibió una beca universitaria en informática, pero decidió rechazarla y emprender un viaje alrededor del mundo con tan solo cincuenta dólares en el bolsillo, sin tarjeta de crédito, plan b, calendario ni itinerario. *Alrededor del mundo con 50 $* cuenta la historia de su extravagante trayecto y fue muy bien recibido por los lectores de Alemania.

Christopher y Michal están dispuestos a enfrentar cualquier nueva aventura que la vida les depare.